移民とドイツ社会をつなぐ教育支援

異文化間教育の視点から

伊藤亜希子
Akiko Ito

九州大学出版会

まえがき

わたしたちは、文化的背景の異なる他者といかにしてともに生きていくことができるのだろうか。

この大きな問いは、筆者が大学で学び始めたときから今に至るまで、日本にいようと、ドイツをはじめ、他のヨーロッパ諸国にいようと、常に向き合い続けてきた課題である。そして、多文化社会となって久しい欧米諸国や多文化化が着実に進捗している日本が向き合わなくてはならない課題でもある。筆者は、もともとは日本における外国人問題に対する関心から出発し、そこからドイツにおける外国人・移民に対する教育施策と支援の実際に関心を持ち、ドイツの異文化間教育を学び、研究を進めてきた。それゆえ、日本社会の多文化化とそれに関わる教育課題を考えるにあたって、常にドイツにおける取り組みを参照してきた。そして、ドイツ調査時には筆者がドイツの現状について聞き取るのと同時に、日本における外国人問題や支援について問われ続けてきた。その際、筆者が大学院時代から関わってきた地域日本語教室や外国にルーツを持つ子どものための進路ガイダンスでの経験を元に話をすると、ドイツ人の視点から見た日本における支援の良さを指摘されたり、気づかされることも多々あった。

こうしたやりとりや気づきは、本書で扱う事例である地域移民支援機関ＲＡＡを中心に、支援の場に関わる人々と筆者との交流の中で得られたものである。ＲＡＡについての説明は本書の中で行っていくが、ＲＡＡは、ドイツ諸州の中でも歴史的に外国人労働者を多く受け入れ、移民の多い州であるノルトライン・ヴェストファーレン州における移民支援に欠くことのできない存在である。一九八〇年に設立され、二〇一二年には法改正を受けて発展し、新たな支援機関として州内に拡充している。

ＲＡＡによる教育支援については、日本における他の研究者も注目しており、文献も散見されるが、その成立に至る背景、教育学における異文化間教育学の議論との関わり、その議論が影響を与えた組織の在り方、政策との関連などを含めて、まとまった研究はない。その意味においては、本研究は、一九八〇年代から今日に至るまで、ドイツにおける移民の統合政策の実効化に大きく寄与してきたＲＡＡという地域移民支援機関について総体的に捉えた初めてのものとなる。ＲＡＡを対象にしながら、移民に対する教育支援を総体的に捉える試みは、これまでの日本における外国人支援、特に外国にルーツを持つ子どもたちへの支援を振り返り、そしてそれを前進させていくためのなんらかの示唆をもたらしうるものだと考えている。

ドイツ教育学における異文化間教育学の議論が、移民の子どもたちによってもたらされた多様性をどのように受け止めようと試みたのか、実践現場はかれらを目の前にして、移民であると同時に現実社会のなかでドイツ社会の一員でもあるかれらに対して、どのように対応しようとしたのか。本書は、理論と実践が文化的背景の異なる他者にどのように向き合い、取り組もうとしたのかという点をドイツの事例から明らかにし、また、わたしたちの生きる社会における多文化の人々の支援を考えるための一助とすることも企図している。

ドイツの異文化間教育に関する研究は、天野正治編（1997）『ドイツの異文化間教育』（玉川大学出版部）が刊行されて以降、その研究動向や実践の動向を押さえた主立った研究書は管見の限りない。ささやかながらも、本書がドイツにおける異文化間教育や移民に対する教育支援についての関心を喚起し、理論研究及び実践研究の発展に寄与できればとの思いも込めている。

改めて、筆者の根源的問いである、「わたしたちは、文化的背景の異なる他者といかにしてともに生きていくことができるのだろうか」という問いをここに掲げておきたい。本書はこの問いに対する速やかな応答を目指したものではない。ドイツの実践現場においても、こうした問いに答えるための支援が容易に展開されてきたわけではない。本書はこの問いに対し、ドイツの異文化間教育に関する研究を志した者としての筆者の課題に対する向き合い方、関心、そして模索、また同時に日本において少なからず実践に関わる者としてドイツにおける支援を捉えようとする筆者のまなざしが、多文化共生社会のあり方やそれに資する支援のあり方についての議論を活性化する契機になることも目指している。

目次

ドイツ連邦共和国
0
200 km
スウェーデン
デンマーク
シュレースヴィヒ・
ホルシュタイン
メクレンブルク・
フォアポンメル
ハンブルク
ブレーメン
ポーランド
ベルリン
ニーダーザクセン
ブランデンブルグ
オランダ
ノルトライン・
ヴェストファーレン
ビーレフェルト
ザクセン・
アンハルト
エッセン
デュッセルドルフ
ザクセン
デューレン
ベルギー
ヘッセン
チューリンゲン
ラインラント・
プファファルツ
チェコ
ルクセンブルク
ザールラント
ヴァインハイム
バイエルン
バーデン・
ヴュルテンベルク
フランス
オーストリア
スイス

ドイツの学校系統図

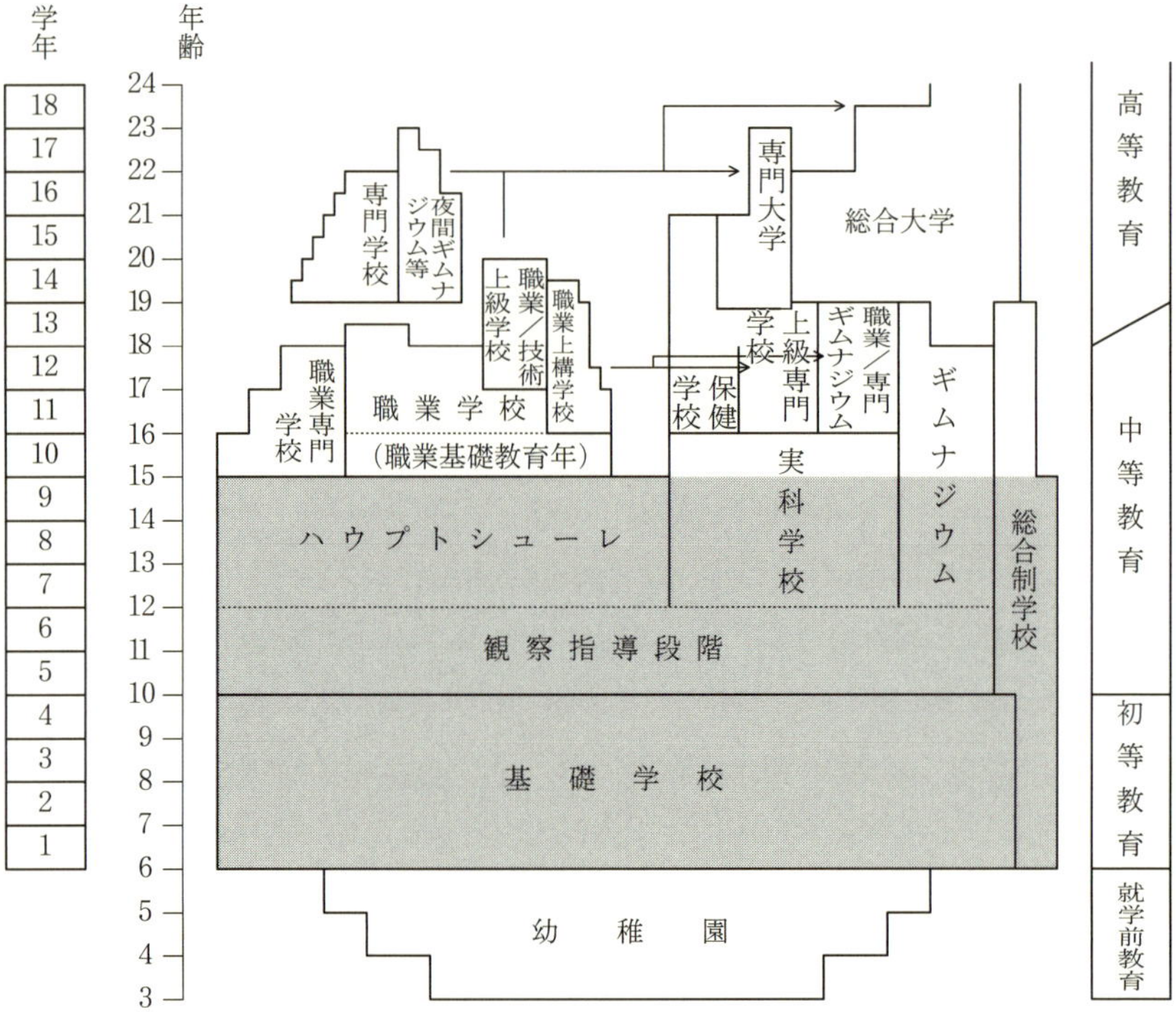

（□部分は義務教育）

就学前教育：幼稚園は満3歳からの子供を受け入れる機関であり，保育所は2歳以下の子供を受け入れている。

義務教育：義務教育は9年（一部の州は10年）である。また，義務教育を終えた後に就職し，見習いとして職業訓練を受ける者は，通常3年間，週に1～2日職業学校に通うことが義務とされている（職業学校就学義務）。

初等教育：初等教育は，基礎学校において4年間（一部の州は6年間）行われる。

中等教育：生徒の能力・適性に応じて，ハウプトシューレ（卒業後に就職して職業訓練を受ける者が主として進む。5年制），実科学校（卒業後に職業教育学校に進む者や中級の職に就く者が主として進む。6年制），ギムナジウム（大学進学希望者が主として進む。8年制または9年制）が設けられている。総合制学校は，若干の州を除き，学校数，生徒数とも少ない。後期中等教育段階において，上記の職業学校（週に1～2日の定時制。通常3年）のほか，職業基礎教育年（全日1年制），職業専門学校（全日1～2年制），職業上構学校（職業訓練修了者，職業訓練中の者などを対象とし，修了すると実科学校修了証を授与。全日制は少なくとも1年，定時制は通常3年），上級専門学校（実科学校修了を入学要件とし，修了者に専門大学入学資格を授与。全日2年制），専門ギムナジウム（実科学校修了を入学要件とし，修了者に大学入学資格を授与。全日3年制）など多様な職業教育学校が設けられている。また，専門学校は職業訓練を終えた者などを対象としており，修了すると上級の職業資格を得ることができる。夜間ギムナジウム，コレークは職業従事者などに大学入学資格を与えるための機関である。

なお，ドイツ統一後，旧東ドイツ地域各州は，旧西ドイツ地域の制度に合わせる方向で学校制度の再編を進め，多くの州は，ギムナジウムのほかに，ハウプトシューレと実科学校を合わせた学校種（5年でハウプトシューレ修了証，6年で実科学校修了証の取得が可能）を導入した。

高等教育：高等教育機関には，総合大学（教育大学，神学大学，芸術大学を含む）と専門大学がある。修了に当たって標準とされる修業年限は，伝統的な学位取得課程の場合，総合大学で4年半，専門大学で4年以下，また国際的に通用度の高い学士・修士の学位取得課程の場合，総合大学でも専門大学でもそれぞれ3年と2年となっている。

文部科学省「諸外国の教育統計」平成27（2015）年版より

移民とドイツ社会をつなぐ教育支援
――異文化間教育の視点から――

序　章　本研究の課題と研究の視点

1　研究の背景

「多文化共生」、そしてそれに類似する言葉は、今日、至る所で耳にする。こうした言葉が頻繁に用いられるようになったのには、国際化、グローバル化に伴い、人の移動がますます増加し、それにより異なる文化的背景を持つ人々が増え、社会の多文化化が進捗しているという背景がある。そして、異なる文化的背景を持った人々とホスト社会、すなわち、マジョリティとマイノリティが一つの社会で暮らしていく以上、分離や並存といった形ではなく、同じ社会に参加をしつつ、ともに生きていく必要があると考えられているからだろう。

しかし、こうした言葉が一般化していく一方で、その実際はどうなのだろうか。すでに移民を多く受け入れているような欧米諸国であっても、文化的背景の異なる人々をいかに受け入れるのか、そしてかれらとともに自分たちの生きる社会をどのように構築していくのかという課題をつねに突きつけられている。

これはすでに「事実上の多文化社会」となったドイツも同様である。ドイツでは、国籍を基準とした外国籍者数の統計しか存在していなかったが、二〇〇五年のマイクロセンサスで初めて「移民としての背景を持つ者(Menschen mit Migrationshintergrund)[1]」の統計調査が行われた。そして、その結果はドイツ社会に大きなインパクトをもたらした。まず、二〇〇五年のマイクロセンサスと比較するために、二〇〇五年の外国籍者数の統計を見てみると、ドイツの総人口約八二〇〇万人のうち、約七三〇万人が外国籍者であった（二〇〇五年一二月三一日現在）。これは比率にして、ドイツの人口の約九パーセントが外国籍であることを示している。ところが、移民としての背景の有無を指標とした統計では、外国籍者、ドイツ国籍取得者を含め、約一九パーセントが移民としての背景を持つ、すなわち、移民であることが示されたのである（Statistisches Bundesamt 2006）。ドイツの人口の約五分の一が移民であるという事実は否定しがたく、ドイツ社会という一つの社会において、このような多様な背景を持つ人々との共生の道を真剣に追求せねばならない状態にドイツの人々は直面したのである。

　このようにドイツ社会の多様性が高まったのには、次のような経緯が関係している。ドイツは第二次世界大戦後に経済復興のため、多くの外国人労働者を受け入れてきた。当初は単身で渡独してきたかれらが、次第に家族を伴い、あるいは呼び寄せ、一九七〇年代後半には定住化の傾向を見せ始めた。さらに、一九九〇年代に入るとロシア系ドイツ人と呼ばれる多くの帰還移住者（Aussiedler）[2]が東欧諸国からドイツに「帰国」し、それと合わせて戦争や内紛などにより国を逃れてくる庇護権請求難民が後を絶たなかった。これらの事情に加え、ＥＵの東欧諸国を含めた拡大は、ＥＵ加盟国の国民に付与される域内移動の自由権をもたらし、さらに人の移動を増進する要因になっている。以上のような要因がドイツ社会の多文化化を高め、多様な人々がドイツ社会に言語や文化、宗教などの多様性をもたらしている。

　ドイツ政府は社会の多文化化という事態に対し、外国人労働者受け入れの当初から様々な施策を講じてきた。そして、同時に移民に対する多様な支援が展開されている。これらの施策やその実践は、教育や福祉など様々な場面で行われており、その目標として「移民の社会統合」を掲げているのだが、そうではあってもその施策や実践が移民に対する「同化」の強制圧力と見なされ、批判されることもある。こうした批判は、とりわけ移民にドイツ語習得を求めることに向けられるが、それは極めて一面的なものである場合がある。確かに、移民の母語や母文化の放棄を求め、ドイツ語を強要し、ドイツ人的な振る舞い方を求めるのであれば、それは同化の強制圧力と言えよう。しかし、実際にはその意図は多様に取れるが、移民の母語を尊重したうえで、ドイツ語習得を目指すものもあり、それは移民の持つ文化的背景を尊重した上で、ドイツ社会への参加の機会を担保することになる。

実際、ドイツ政府は外国人労働者を受け入れ始めた比較的早い段階である一九六〇年代から外国人労働者の子ども、すなわち、移民の子どもに対し、ドイツ語教育や母語保障といった教育施策を講じてきた。その後も、今日に至るまでドイツ社会や移民の状況を鑑み、言語教育の意義の変化を認めながら、変更を加えつつ、移民の子どもの教育に関する施策を継続してきた。しかし、そうした施策の主な対象となる子どもが、親の労働移住に伴って渡独した世代から、ドイツに生まれ、育っている世代へと変化をしているにもかかわらず、依然として移民の子どもの教育達成度が低いという問題は解消されていない。そのため、これらの社会統合を目指した教育施策が功を奏していないともされている。世論によってなされるこのような評価は、移民の社会統合を目指して講じられた様々な施策にもかかわらず、結果としてドイツ社会になかなか馴染むことのできない移民を、「ドイツ社会に馴染む気のない、統合を拒否する移民」として問題視する傾向を生み出している。こうした経緯により、ドイツ社会のなかでも「労働移民の統合政策は失敗しているのではないか」といった声が一九八〇年代後半以降、社会の一部で大きくなった。

しかしながら、それは本当に「失敗」だったのだろうか。移民の受け入れ社会側のなかで支配的な論調として、移民の統合政策の失敗が叫ばれるなかでも、その政策の下で、あるいは逆に政策に影響を及ぼすような形で多様な実践が展開され続けている。こうした実践のなかで移民に向き合い続けている人々は、かれらを理解し、尊重し、そしてかれらがともにドイツ社会に参加できるような支援になるよう努力を重ねてきている。その結果、移民支援の実践のなかでは、移民とドイツ人やドイツ社会との間につながりが生まれ、最終的には移民やかれらのその次の世代の社会参加の実現へとつながるであろう、その萌芽が見いだされている。もちろん、その多くは様々な困難を抱えながらの試みや対症療法的な対応から始まっているものではあるのだが、試行錯誤を重ねながらも、その時々の課題に応じて続けられてきた支援の実践は、成功もあれば失敗もあるものの、豊富な経験を蓄積しているのである。こうした点は移民に関わる政策のみに焦点化して見えてくるものではなく、政策を踏まえつつも、とりわけ実践に注視するからこそ浮上する現実なのである[3]。

ドイツにおける移民の社会統合や多文化共生の現実については、メディアの影響もあり、統合政策の失敗という否定的な見解がよりクローズアップされるため、そうした世論に目が奪われがちである。失敗と言われるゆえんともなっている、移民の教育問題や就労問題、それに加え、ムスリム移民に関しては宗教回帰など、実際には課題が山積していることは筆者も承知している。これらの課題はドイツ社会の制度そのものや移民が定住するようになって久しいにもかかわらず、ドイツ社会に漂う不寛容さに起因しており、結局は、移民とドイツ人の分離を生み出すものとなってしまう。

こうした状況があるからこそ、場が限定されているとしても支援がうまく機能している実践に焦点化し、その場における移民やドイツ人、ドイツ社会との関係性が構築されている側面に注目する必要がある。そして、その関係性の築かれ方にも注視しなければならない。つまり、同化を強要するようなあり方ではない支援の実践を考えるには、とりわけ、その実践の場である地域や教育現場において、移民とドイツ人やドイツ社会とをいかにしてつなごうとしているのか、あるいはその実践がどの程度両者をつなぐ契機となっているのか、という視点から実践現場に焦点化する必要があるだろう。こうした視点をなくしては、様々な理念と工夫をもって、各所で展開されている実践も単なる「同化」を押しつけるものとしてしか捉えられないだろう。

2　課題設定

(1)　本研究の課題

本研究の課題は、移民とドイツ社会をつなぐという意味において、ドイツ社会の中で一種の「成功」とも言うべき、移民家庭に対する教育支援の事例を取り上げ、それがなぜそうなり得たのかという点をその場に関わる人々の立場から検討し、多文化共生社会の実現に必要不可欠となる要因を提示することである。その際、事例に取り上げる支援において、同化的ではなく、移民の持つ差異を尊重しつつ、かれらの社会参加を促進しうるような関係性の構築に焦点化し、前節でその重要性を指摘したように、教育支援がいかにドイツ社会と移民とをつなごうとしているのか、またつなぐ契機となっているのかという視点を重視する。

この課題に応えるために、以下の点を順に整理していく。

第一に、外国人労働者受け入れからかれらが移民となっていく経緯について、ドイツ政府の外国人政策から社会背景を読み解いていく。これを概観した後に、外国人労働者／移民の子どもの増加に伴って講じられるようになった連邦レベルにおける教育政策を整理する。そして、州レベルにおいて外国人労働者とその家族（移民家庭）に対して支援が始められるようになったその背景と州の統合政策との関係を明らかにする（第1章、第2章）。

第二に、移民の子どもを巡り、教育学ではいかなる議論が展開されてきたのかを概観する。この議論は、とりわけ、外国人教育から異文化間教育への展開に関係しており、その過程において検討されたコンセプトは、移民家庭に対して始められた支援実践にも影響を及ぼしている。そのため、異文化間教育に関わるいかなるコンセプトがドイツで展開されるようになった教育支援に影響を及ぼしているかという点を明示する（第3章）。

これらの政策動向や教育学の議論の動向を踏まえ、第三に、具体的実践に焦点化し、その実践の場に関わる人々の立場から、教育支援の実施体制や内容を捉えていく。さまざまに行われている支援内容の紹介を含むが、いくつかのものについては、その実践現場における移民と支援者の関係性や支援に携わる組織間の関係性にも着目し、その支援の実態を描く（第4章、第5章）。

そして、第四に、取り上げた具体的支援の実態から、移民とドイツ人、ドイツ社会との関わりという点に注目し、これら三者による互いの位置取りがどのような状態になったときに、移民の社会参加を促す関係性の構築に寄与できるのかを検討する（終章）。

政策動向を踏まえた上で、教育支援の実践事例を分析していくことになるが、その際に、本研究の方法において詳述する「関係性の組み替え」という異文化間教育の視点が提起する課題への接近を試みる。その課題とは、端的に述べると、関係性のなかに潜む権力性を明らかにし、そこから新たな関係性構築に至る実践の提示である。筆者は本研究においてその課題への応答を試み、そこに学術的意義を見いだすことも本研究の課題の一つとして捉えている。

(2)　研究課題に関わる先行研究

ここで筆者が設定した本研究の課題に関連する、ドイツの移民受け入れ政策や教育政策、実際の施策や実践に関わる研究に目を向けておきたい。

まず、ドイツの外国人政策については、受け入れに関わる政治上の議論と政策の変遷を丹念に整理した研究が見られる（近藤 2002, 杉町 1999）。特に政策の変遷についてはその主たる課題として扱われたのが国籍の問題であった。定住化が進み、ドイツで出生した移民が増加するようになると、かれらの滞在権や国籍取得、国籍付与を巡る議論は政治的イシューとなっていった。国籍をいかに扱うかという点に焦点化し、国籍法に関わる議論を整理した研究もこれまで行われている（久保山 2003, 広渡 1992）。国籍法の改正は、家庭内で出身国の国籍のままの者もいれば、ドイツ国籍になる者もいるという現象を引き起こすことになったのだが、これについて批判的に捉えている移民の存在を指摘するものもある（内藤 1996b）。

事実上の多文化社会となっていても、ドイツが移民国となっている点は常に政治家により否定されてきた。しかし、二〇〇〇年に入ると、こうした認識を転換する必要性に迫られ、「ドイツは移民国である」という認識の下に移民政策としてさまざまな政策の議論が始められるようになった。しかし、認識が現実に近づいたと言えども、二〇〇五年に施行された移民法の成立過程や二〇〇六年に始められた「統合サミット」に関する問題点も指摘されている（近藤 2007）。

これらは受け入れ政策に関わる主な先行研究であるが、では、次に、移民に対する教育についての先行研究はどのようなものが挙げられるだろうか。まず、教育政策に関しては、外国人労働者の子どもがドイツの学校に受け入れられるようになった一九六〇年代当初から一九九〇年代にわたり、移民の子どもの教育に関する政策の変遷から、かれらの抱える教育課題に関して政策上どのように取り組もうとしてきたのかが明らかにされている（天野 1997, 中山 1997, Ruskeppeleit & Krüger-Potratz 1999）。こうした教育政策の中でも、特に母語教育に関する部分に焦点化し、その意義や課題に関する整理も行われている（中山 1999b, 拙稿 2003）。

政策レベルでの対応が変遷するのと同様、移民の子どもを巡る議論は教育学においても行われてきた。移民の子どもの存在は、かれらに対する対症療法的な教育に始まる外国人教育をドイツの教育学のなかにもたらすことになった。そして、移民の子どもの持つ多様な文化的背景をいかに捉えるかという点から議論が展開し、かれらの文化的背景を尊重し、かれらとドイツ人との共生を目指す異文化間教育へと発展してきた。この発展過程については、アウエルンハイマー（Auernheimer 2003）、クリューガー＝ポトラッツ（Krüger-Potratz 2005）、ニーケ（Nieke 2000）、マールブルガー（Marburger 1991）、メヒェリル（Mecheril 2004）といった異文化間教育研究者の多くが整理し、了解されているものである。クリューガー＝ポトラッツもこの発展過程の通時的整理を行った第一の研究者として、ニーケの論を整理しているが、日本においても同様に、ニーケによる論が主として紹介されてきている（天野 1997, 生田 1998）。また、異文化間教育は外国人教育への批判の帰結として生じたとされているのだが、その外国人教育批判の論に着目し、外国人教育批判によって指摘されたマイノリティ側の視点の重要性が異文化間教育の理論的基礎となった点を強調した論もある（立花 2006）。

以上の先行研究は、政策レベルや理論レベルであり、移民に対する教育支援の実態というよりも、むしろマクロ・レベルに注目して行われてきたものである。移民を対象とした教育活動の実践に目を転じてみると、ユースワークの分野においては、生田（1998）がドイツ四都市における実践を分析し、公的関与や取り組みの質的側面から分析枠組みを作り、分類を行っている。また、ビボウヒェら（Bibouche（Hrsg.）2006）は異文化間の統合にユースワークがいかに寄与しうるのか、実践の方向付けを示している。この他、実践プログラムの内容やそれを実施するための体制に関する報告が多く見られる。例えば、移民の母親に対する言語学習コースに焦点化し、その学習内容を分析したもの（松岡 2007）、ドイツにおいて多文化共生事業として行われている活動の傾向を整理したもの（松岡・足立 2004; 2005）などが挙げられる。加えて、本研究でも注目する地域移民支援機関を中心とした学校と地域の連携について、中山（1999a）はいくつかの地域における連携体制の例を資料から提示し、活動内容を報告している。また、中山（2008）は地域における支援団体とネットワークという視点から、本研究でも取り上げるビーレフェルト市の事例を取り上げて、そのネットワークが動態的に構築されている点を指摘している。しかし、これは継続的な調査に基づいた観察によるものではないため、動態的なネットワークを構築する際に生じる組織間や支援者同士のせめぎ合いがあることも含め、連携体制が築かれていることについては触れられていない。

具体的な実践内容などについては、とくに近年、移民の子どもの就学前教育支援に関わる実践書や手引き書が多く出版されている。なかでも移民の子どもの言語教授に関する教材とともにかれらに関わる保育者の前提知識として挙げられるポイントを整理したシュレッサー（Schlösser 2001）によるテキストは、言語支援の現場で多く用いられている。さらに、移民の親と保育・教育施設との協働に関する具体的な方策を示した実践書（Schlösser 2004）なども見られる。また、移民の親や子どもに対応可能な異文化間能力を兼ね備えた保育者や教師の育成や研修に注目した実践研究（Johann *et al.* 1998）や、保育・教育施設において移民としての背景を持つスタッフを導入することの有効性を示した調査研究（Karakaşoğlu & Kordfelder 2004）も行われるようになってきた。

上記の先行研究は、政策レベル、理論レベルにおいてそれぞれドイツ政府による政策動向や学術動向の詳細を整理しており、参照するに値するものである。実践紹介については、実践プログラムの枠組みを作り、それに従って提供している側による資料や聞き取りが中心になっており、実際の支援従事者や実践プログラムの参加者の声が反映されていない点は否めない。

筆者は前節において、蓄積された実践や豊富な経験のなかにこそ、移民の社会参加につながるような、移民とドイツ人、ドイツ社会の関係性構築の契機が見いだせるのではないかと述べた。それには、政策のみに焦点化するのではなく、それを踏まえつつも、とりわけ実践に注視する必要があると指摘した。しかし、ドイツの移民受け入れに関連した、特に日本における先行研究においては、ミクロ・レベルで蓄積された実践、そしてその成果については看過されてきた感が否めない。つまり、総じて政策レベルや理論レベルでの議論はなされるものの、実践レベルになるとその紹介に留まることが多いということである。もちろん、日本の状況から見れば、実践プログラムそのものが興味深く、その事例を紹介するだけでも意味のあるものもある。しかし、そこからさらに、その実践に関わる人々や組織がその中で互いがいかに関係を築いたり、また関係を保とうとするからこその難しさを抱えたり、といった点にまで踏み込んだ上で実践を描いていくことも、多文化共生を目指した支援体制や内容を構築するのに必要不可欠なものだろう。特にこの点が日本における関連研究に欠けた視点として指摘できるだろう。

筆者はこのような視点を重視し、制度や政策といったマクロ・レベルを踏まえ、関係性の形成に大きく寄与するミクロ・レベルの実践の双方を意識し、具体的支援のあり方や支援がうまく機能する関係性のあり方を提示することを試みたい。その点が先行研究と本研究の大きな相違であり、また独自性となる部分である。

(3) 本研究で取り扱う事例

本研究では、設定した課題を追究するにあたり、ノルトライン・ヴェストファーレン州（Nordrhein Westfalen, 以下、NRW州）ビーレフェルト市（Bielefeld）における移民に対する教育支援の実践を取り上げる。具体的な対象は、当市に設置されている地域移民支援機関（Regionale Arbeitsstelle zur Förderung von Kindern und Jugendlichen aus Zuwandererfamilien, 略称、RAA《エルアーアー》）、及び当市のS保育施設（S Kindertagesstätte）[4]によって展開されている教育支援である。これらを一種の「成功」事例と捉えたのは、次のような理由による。

まず、支援の場において、移民同士や移民とドイツ人の関係性の構築に支援者がうまく機能している点が挙げられる。つまり、これは支援者が移民と移民、移民とドイツ人の関係性が築かれるような位置に入り込み、支援を行っていることを意味している。関係性の構築は、コミュニケーションの成立や活発化にもつながり、支援が提供されている場と限定はされるものの、その場に積極的に参加する様子が見られるようになる。換言するならば、支援によってエンパワメントされた移民が社会参加を果たしていくためのプロセスを歩もうとしているとも言えるだろう。さらに、関係性の構築、そしてそれによるコミュニケーションの成立、場への参加というプロセスのなかで、その支援の場に関わる人々に変化がもたらされている点が挙げられる。

では、なぜＮＲＷ州ビーレフェルト市に焦点化し、当市における事例を取り上げるのか、その理由を述べておきたい。表１は筆者が調査を行っていた二〇〇五年のデータを、表２は参考に二〇一四年の外国籍者とマイクロセンサスによる移民としての背景を持つ人口比率を挙げたものである。連邦諸州における外国籍者数とその比率を見ると、ハンブルクやベルリンなどのほうがＮＲＷ州におけるその比率に比べ、極めて高いことが分かる。当然のことながら、外国籍者数の比率の高いこれらの都市においても、多様な移民支援は展開されているが、本研究ではあえてＮＲＷ州ビーレフェルト市に焦点化している。ＮＲＷ州は州内にルール工業地帯を擁し、工業地帯での労働力を必要としたことから、ドイツ連邦諸州のなかでも移民を多く受け入れてきた歴史的経緯がある。そのため、州政府は移民支援やそのための施策に早くから取り組んできた。州人口に占める外国籍者の割合は一〇・七パーセントであり、本研究の事例として取り上げるビーレフェルト市では、人口の約一二パーセントが外国籍者で、州全体の割合よりも若干多い（筆者調査時の二〇〇五年一二月末現在）。都市の規模としては、人口約三三万人で中規模であると言える。外国籍者の数や人口から見ても、突出しているわけではないが、この点が非常に重要なのである。というのは、ベルリンやフランクフルトなどの大都市で、人口の約三割を外国籍者が占めるような都市はドイツの中でも少数であり、むしろビーレフェルト市のような規模、あるいはそれよりも小規模の都市が多くを占めるからである。また、このような規模の都市だからこそ、当市における移民支援に関連した行政のあり方や支援を実施するための連携、それに関わる人々の動きなど、移民に対する教育支援の総体的な把握が可能となる。筆者はこのような規模の地域に焦点化し、そこで展開される支援事例を取り上げることは、他の地域における移民に対する教育支援への応用可能な知見をより鮮明に見いだせると考える。

次に、本研究の事例として取り上げるＲＡＡとＳ保育施設は、以下のような特徴を持っている。

ＲＡＡはＮＲＷ州を中心に州内二七の諸都市に設置されている地域移民支援機関である。本部をエッセン市（Essen）に置き、本部がさまざまな支援プログラムの開発や研修の実施、ＲＡＡ同士の活動交流が行える機会の提供などを行い、州内諸都市のＲＡＡをコーディネートしている。他方、諸都市に設置されたＲＡＡは、地域の現状に応じて、本部が開発した支援プログラムを活用したり、独自の支援活動を作り上げたりと移民に対する教育支援の主体であると同時に、移民支援に関連する人や組織を仲介する役割や実践に関連するリソースとしての役割を担っている。ビーレフェルト市のＲＡＡ（RAA Bielefeld）も同様に、当市に存在する移民の子どもに関わる課題を解決するために活動を展開している。ＲＡＡは単独で支援を行ったり、学校や大学、教育委員会などの行政組織、その他、移民支援に関わる様々な関連組織と連携しながら、初等教育と前期中等教育段階における教育支援を展開している。[5] 当市において提供される移民支援の活動から、多様な関連組織との連携の実態を注意深く観察すると、ま

マイクロセンサス 2005 年（単位：千人）		
移民としての背景		比率
持たない	持つ	
8,038	2,637	24.6%
10,098	2,323	18.6%
2,595	774	22.8%
498	162	24.4%
1,272	458	26.3%
4,661	1,397	22.9%
6,721	1,259	15.7%
13,806	4,192	23.2%
3,351	700	17.2%
861	189	17.9%
2,474	345	12.2%
12,755	620	4.6%
67,132	15,057	18.3%

マイクロセンサス 2014 年（単位：千人）		
移民としての背景		比率
持たない	持つ	
7,774	2,893	27.1%
10,063	2,580	20.4%
2,532	911	26.5%
2,321	128	5.2%
470	189	28.7%
1,265	497	28.2%
4,385	1,675	27.6%
1,526	68	4.3%
6,444	1,356	17.4%
13,228	4,351	24.8%
3,186	811	20.3%
815	174	17.6%
3,840	205	5.1%
2,138	99	4.4%
2,462	357	12.7%
2,063	94	4.4%
64,511	16,386	20.3%

表 1　連邦諸州における外国籍者と移民としての背景を持つ人口比率（2005 年）

2005 年	人口統計			
連邦州	人口	外国籍	比率	人口
バーデン・ヴュルテンベルク	10,735,701	1,277,968	11.9%	10,728
バイエルン	12,468,726	1,179,737	9.5%	12,456
ベルリン	3,395,189	466,518	13.7%	3,390
ブランデンブルク	2,559,483	67,029	2.6%	
ブレーメン	663,467	84,588	12.7%	663
ハンブルク	1,743,627	247,912	14.2%	1,739
ヘッセン	6,092,354	697,218	11.4%	6,092
メクレンブルク・フォアポンメルン	1,707,266	39,394	2.3%	
ニーダーザクセン	7,993,946	534,001	6.7%	8,000
ノルトライン・ヴェストファーレン	18,058,105	1,927,383	10.7%	18,065
ラインラント・プファルツ	4,058,843	312,926	7.7%	4,060
ザールラント	1,050,293	87,627	8.3%	1,055
ザクセン	4,273,754	119,786	2.8%	
ザクセン・アンハルト	2,469,716	46,723	1.9%	
シュレスヴィヒ・ホルシュタイン	2,832,950	152,566	5.4%	2,829
テューリンゲン	2,334,575	47,773	2.0%	
旧東ドイツ諸州				13,387
ドイツ全体	82,437,995	7,289,149	8.8%	82,465

表 2　〈参考〉連邦諸州における外国籍者と移民としての背景を持つ人口比率（2014 年）

2014 年	人口統計			
連邦州	人口	外国籍	比率	人口
バーデン・ヴュルテンベルク	10,716,644	1,347,070	12.6%	10,667
バイエルン	12,691,568	1,306,213	10.3%	12,643
ベルリン	3,469,849	496,514	14.3%	3,443
ブランデンブルク	2,457,872	64,232	2.6%	2,449
ブレーメン	661,888	88,743	13.4%	659
ハンブルク	1,762,791	245,186	13.9%	1,762
ヘッセン	6,093,888	794,378	13.0%	6,059
メクレンブルク・フォアポンメルン	1,599,138	41,400	2.6%	1,594
ニーダーザクセン	7,826,739	521,559	6.7%	7,799
ノルトライン・ヴェストファーレン	17,638,098	1,844,455	10.5%	17,579
ラインラント・プファルツ	4,011,582	330,953	8.2%	3,996
ザールラント	989,035	77,880	7.9%	989
ザクセン	4,055,274	117,057	2.9%	4,045
ザクセン・アンハルト	2,235,548	59,587	2.7%	2,238
シュレスヴィヒ・ホルシュタイン	2,830,864	150,544	5.3%	2,819
テューリンゲン	2,156,759	54,003	2.5%	2,156
ドイツ全体	81,197,537	7,539,774	9.3%	80,897

Statistisches Bundsamt（2006, 2011, 2015, 2016）より筆者作成。

さにその中心に位置づいているのがＲＡＡビーレフェルトである。この点を鑑みると、ＲＡＡビーレフェルトは当市の教育支援の中核を担う組織と言える。

また、Ｓ保育施設はビーレフェルト市の南部に位置し、とりわけトルコ系移民の集住する地域に位置する保育施設である。そのため、この保育施設に通う子どもの常時半数以上が移民の子どもであり、基礎学校就学に備えた子どものドイツ語能力促進や子どもの教育に関する移民の親とのコミュニケーションが課題となっていた。この課題に取り組む契機をもたらしたのが、当市の政策にも少なからず影響を及ぼしているイニシアチブ・グループ「プロ・ビーレフェルト（Pro Bielefeld）」のプロジェクトである。このプロジェクトは、イニシアチブ・グループが当市の移民の社会統合に寄与する取り組みを目指して、教育を重点領域とし、二〇〇一年に始めたものである。当時は連邦レベルにおいても、州レベルにおいても、移民の子どもに対する就学前のドイツ語教育が盛んに議論されるようになっていた。そうした議論の影響も受け、このプロジェクトは当市の保育施設に通う移民の子どものドイツ語能力促進を目指すことになった。加えて、このプロジェクトは就学前の移民の子どもの言語能力促進支援を行うとともに、移民の親、とりわけ母親に対する支援を重視していた。Ｓ保育施設におけるこのプロジェクトの導入は、子どもの言語促進はさることながら、母親たちの関係づくりや保育施設への参加などに積極的な効果をもたらすことになった。この保育施設で展開された取り組みは、当市の中でも保育施設の取り組みのモデルケースとなっている。

当市の中で展開されている移民に対する支援のなかでも、筆者が上記のような教育支援に注目するのは次の理由による。Ｓ保育施設にプロジェクトを導入したイニシアチブ・グループが支援を通して移民の社会統合に寄与しようと試みるのと同様、そもそも、移民に対する教育支援の最終的な目標は、移民の社会参加にあると言える。一般的に、ドイツ社会の中で展開されている多くの教育支援は、短期的には移民の子どもの教育達成を目指している。

教育達成は、実際にドイツ社会に参加していくに必要不可欠であり、その達成度に応じて、労働市場への参入の可能性もまた左右される。このような点を考えると、移民の子どもに対する教育支援が将来の社会参加を促す支援であるのが明らかであろう。また、移民の親は、子どもの教育に関わることを通して、ドイツの保育施設や学校、学校外教育といった場と関わりを持つことになる。これは親にとっては身近なコミュニティへの参加を意味することになる。こうした比較的小さな、けれども身近なコミュニティへの参加をなくして、社会参加を考えることはできない。筆者はこのような関わりや参加を広く社会参加と捉え、重視している。

以上のことから、本研究の対象とした二つの実践の場は、繰り返し述べている視点、すなわち、移民とドイツ社会をつなぐという視点から、研究目的を達成するのに適切であると考えている。

(4) 移民とドイツ社会をつなぐとは

本研究において、筆者は「移民とドイツ社会をつなぐ」という点を強調している。筆者が言うところの「移民とドイツ社会をつなぐ」とは、移民がドイツ社会と分離せず、ドイツ社会に参入しうるような関わりをドイツ社会と持つことを意味している。つまり、移民の子どもであれば、ドイツの学校に就学し、修了資格を取得し、ドイツ社会において人生設計を築けることであり、移民の親は自身の生活を営むと同時に、子どもの教育を通してドイツ社会との関わりを持ちながら、子どものドイツ社会における生き方を支えるのである。付言しておかねばならないのは、これは決して「同化」ではないという点である。移民の持つ文化的背景、それに起因する差異を排除して、ドイツ社会に包摂することを述べているのではない。かれらの持つ差異を尊重し、かれらがそれを保持したままでドイツ社会に参加しうるという点が重要なのである。

移民とドイツ社会とのつながりを筆者が重視するのは、こうしたつながりのない社会は、マジョリティとマイノリティがそれぞれ独自のコミュニティを築くことになり、社会の分裂を引き起こしかねないとヨーロッパ社会では危惧されてきているからである。[6] そのため、多様性を尊重しつつ、一つの社会として機能しうるためには、移民とマジョリティ社会がつながりを持ち、移民がかれらの差異を保持したままで、社会参加を可能とする多文化共生の実現を目指さなければならない。

具体的に、子どもを持つ移民家庭の場合を考えてみよう。その子どもの成長に応じて、ドイツの保育・教育施設に子どもが通うようになると、保育・教育施設というドイツ社会を凝縮した場に否が応でも関わるようになる。また、その場で働くドイツ人保育者や教師、保護者といったドイツ人と、程度はそれぞれ異なるにせよ、関わりを持つことになる。また、進路選択や職業選択など、子どもの人生設計に重要な時期に入ると、子どもがドイツ社会でどのように生きていくのかということを視野に入れ、より一層、ドイツ社会との関わりが不可避なものとなる。すなわち、移民はこれまで有してきたものとは異なる、ドイツ社会に存在する西欧社会のあり方、原理や価値観の問題を突きつけられるのである。ただし、これは一方的に移民の側のみに西欧的なものの受け入れを迫るものではなく、ドイツ人の側にもその再考を迫るのである。

このような状態に直面した際に、移民とドイツ人の双方がそれぞれの拠り所となっている原理や価値観を振り返ることになる。これを通して、互いにとって相手を受け入れられる範囲が広がったり、逆に狭まったりしながら、受け入れの妥協点を見いだしていく。これは互いが自身とは異なるものに直面し、その受容や葛藤を繰り返しながら、相手と向き合い続けていくことから生まれる。つまり、異なる文化的背景を持つ者同士がつながり続ける努力を重ねるということでもある。

これは日常的な生活の場でも常に起こりうることである。移民にとっては、ドイツの保育・教育施設やそこで働くドイツ人、そこに関わるドイツ人保護者など、すべてドイツ社会を体現するものである。そのように考えると、日常的な場においてドイツ人と関係性を構築したり、その場に参加することは、ドイツ社会とつながることにほかならない。

移民とドイツ人という異なる文化的背景を持つ者同士がつながり続ける努力を重ねるには、両者の持つ文化的背景や価値観などに理解のある仲介者の存在が鍵となり、両者をつなぐ一助になると考えられる。移民に対する教育支援の現場においては、この仲介者の役割を支援者が担うことになるだろう。もちろん、異なる文化的背景を持つ者に対する受容と葛藤は、移民と支援者との間にも起こりうることであり、移民と支援者とのつながりも移民とドイツ社会をつなぐという点において重要なものである。

教育支援の現場においてもそうであるが、自分にとって身近で、かつ日常的な場において、関係性の構築や場への参加が果たせないような状況がマジョリティ側の要因によって作り上げられているとすれば、いつまでも移民の社会参加は不可能なものであり続けてしまう。それでは、移民とドイツ社会とをつなぐのではなく、移民とドイツ社会の分離になってしまう。それは避けなければならないだろう。

3　研究の方法――「移民とドイツ社会をつなぐ」視点に関わる日独異文化間教育研究からの示唆――

本研究は、研究の背景で述べたように、ドイツにおける移民政策が実践の場でいかにして実施され、どのような試みが効果的であり、その成果を上げているのかを、文献資料や研究書の検討だけでなく、実践の具体的な展開過程にまで、実際にあたって検討することを目指している。

そこで、本研究を進めるにあたり、移民に対する教育支援を現場レベルで捉えるために、まずは外国人労働者／移民に関わる政策動向の把握とその当時の社会背景、そして教育政策の動向について文献研究を行い、整理した。

とりわけ、外国人労働者の定住やそれを契機にかれらに対する支援が始められた社会背景については、移民支援に関する報告書や先行研究に基づき整理を行った。さらに、そうした社会状況に応えるべく盛んに議論されることになった異文化間教育に関する教育学上の議論の展開については、特にドイツにおける研究文献を精査し、発展段階の推移に関する整理を行った。他方、ＲＡＡビーレフェルトの支援の展開やＳ保育施設における支援の概要については、まず、それぞれの取り組みに関する報告書を中心に整理を行った。

次に、これらを基にして、実際の教育支援がどのように展開されているのかを総体的に把握するため、二〇〇五年から二〇〇六年にかけて、ＲＡＡビーレフェルトとＳ保育施設に訪問調査を行った。具体的には、ＲＡＡビーレフェルトやＳ保育施設により実施された支援及びＲＡＡビーレフェルトのスタッフ会議への参加、関係者（ＲＡＡビーレフェルトのスタッフ、保育施設の保育者、行政関係者、移民の親など）へのフォーマル／インフォーマル・インタビューである。ここでは支援に関する資料収集も行った。また、Ｓ保育施設のプログラムにも関連するものとして、就学前教育における教育支援に詳しいＲＡＡ本部のスタッフにもインタビューを行い、関連会議に参加した。[7]

現地調査の分析にあたっては、実際の支援現場への参加記録、インタビュー・データなどを用いた。さらに、ＲＡＡビーレフェルトやＳ保育施設がそれぞれの支援に関して作成した報告書も補完的に用いている。これらのデータを総合し、支援の実践を「移民とドイツ社会をつなぐ」という視点からまず描くことにした。そして、その中で移民が支援される側にとどまるのではなく、そこへの参加が求められ、そして参加する過程が認められるのだが、これを分析する枠組みとして正統的周辺参加（レイヴ&ウェンガー 1993）の議論を参考にした。正統的周辺参加は、実践コミュニティの周辺に置かれる者が実践コミュニティの活動に関わり、参加していくことで、そのコミュニティの実践を中心的に担う正統的参加者へと変化する点が描かれている。しかし、これに対して、この周辺性から正統的参加者へと単線的な道筋としてのみ捉えている点、実践コミュニティ内の権力関係は看過されている点が、批判として挙げられている（高橋 2009：85-86）。そのため、正統的周辺参加という枠組みでは、移民とドイツ人をつなぐことを試みている事例の把握・分析は不可能である。そこで、筆者が重視する「移民とドイツ社会をつなぐ」という視点に関わるものとして、日独異文化間教育研究から得られる二つの示唆を参照したい。それは、日本における異文化間教育研究において佐藤（2003）が異文化間教育学の基本的視点として示す「関係性の組み替えを目指す」視点と、ドイツの異文化間教育研究においてフート（Huth 2011）が示す社会参加がもたらす統合の四側面である。

(1)「関係性の組み替えを目指す」視点——日本の異文化間教育研究からの視点——

この視点の説明を加える前に、異文化間教育学における視点の移行について確認しておこう。これまで異文化間教育研究は、国際化、多文化化が進捗する社会での異文化間の課題に対して、既存の研究方法を見直し、新たな研究視点の確立を模索してきた。それは異文化間教育研究が、海外帰国子女教育研究として始まった当初の比較的安定した国家（日本）への児童生徒の再統合の時代から、ホスト社会である日本社会そのものの変容をも迫るような異文化（他者）受容による異文化間交流の実現という課題への推移に対応してなされてきたものである。具体的には、単一文化的視点、比較文化的視点、そして、佐藤（2003）が指摘する異文化間教育学の基本的視点としての「異文化間的視点」への移行である。この異文化間的視点では、「複数の文化間の接触、相互作用と、その結果生じる葛藤や統合などに焦点」（ibid.：29）を当てることが必要とされている。この視点から事象を捉える際には、「あらかじめ一定の枠を前提にするのではなく、相互作用を通してその枠が構築されたり、再生産されたりする過程や構造を明らかにすること」（佐藤・横田・吉谷 2006：24）が重視されている。

さらに、佐藤はこれまでの研究が人間形成や発達過程についての関係性に焦点化し、その関係性の分析に留まり、その組み替えという視点が弱かったことから、今後の研究視点として「関係性の組み替えを目指す」視点が必要とされると指摘している。この「関係性の組み替えを目指す」視点では、異文化間の相互交流の様態を分析し、その課題を指摘するにとどまらず、「関係性に介在する権力関係の分析にまで立ち入る必要があるし、その上で多文化共生の実現のための教育のあり方を提示」することが課題とされると述べている（佐藤 2003：44）。

もちろん、文化的な差異を背景とする当事者間の関係を分析し、それを記述することは容易ではない。しかし、さらに重要なのは関係性のあり方に関わる文化的な差異の影響、つまりそこにおける暗黙のある種の権力関係の存在を見逃さないことである。すなわち、ここで言及されている関係性とは、まずは単純に言えば、マジョリティ対マイノリティ、マジョリティである支援者対マイノリティである被支援者など、二項対立的なものであり、すでにある種の権力性を帯びたものである。またさらに、被支援者であるマイノリティが支援者に転じたり、支援者と被支援者が個人的に相互に影響しあうような、一見良好な関係が構築されるような場合であっても、それだけでは、相互の関係で優位に立つ既存のマジョリティ側自体は変化を迫られることなく、むしろ、無自覚的に、好意的な装いをもってその権力的関係性が支援者と被支援者との間で維持されることへの荷担が起こりうる。こうした関係性に注目すべきことが指摘されているのである。これは、権力性を帯びた関係性が、単にマジョリティとマイノリティの個人間の関係性によって構築されるのではなく、おのおのが所属する社会や集団にある文化的な背景からの影響を大きく受け、形作られることをも意味している。であるならば、現実に変容している関係性とそのメカニズムは、この関係性に意識的になり、マイノリティとマジョリティ、ゲストとホストとの相互関係とその変容を注視することによって、初めて見いだされることになる。つまり、これは、個人間の関係をミクロ・レベルで捉えるのみならず、個人と社会という関係、すなわちマクロ・レベルを意識して捉える必要性をも提起している。

これらを踏まえて、「関係性の組み替え」の視点が提起する課題を振り返り、その追究を考えるなら、権力的関係や固定的な二項対立的関係から脱却し、その関係性に変容をもたらすことが求められるということである。筆者は、マジョリティとマイノリティ、支援者と被支援者という関係性において、両者が関わりを持つなかで、関わり合いや相互理解、共同作業などが契機となり、互いに対する見方が変わったり、互いの位置取りがずれたりすることを、「関係性の変容」と捉えている。たとえば、支援されるばかりだと捉えられるような移民であっても、場合によっては、自ら、自身の可能な範囲で教育の場に参加したり、自身の持つ言語能力（ドイツ語と母語）をリソースとして用い、ドイツ人と移民の間のコミュニケーションの媒介を行うこともある。これは、ドイツ人の側から見た「支援されるだけの移民」という先入観を崩し、その場にドイツ人と同じく参与する者としての見方をもたらす。このような変化が、「関係性の変容」なのである。こうしたものが、「関係性の組み替え」という視点が提起する課題を意識して、初めて見いだされるということである。

以上のように、この「関係性の変容」は、関係性の在り様を丁寧に分析していくことでしか把握することができない。つまり、文献研究やアンケート調査、単発の現地調査ではなく、調査対象と課題を共有し、調査対象先（支援の場）の観察のみならず、それが存在する地域に入り込み、継続的に情報を収集することで、データを社会的文脈に位置づけながら、実態を把握することが可能になる。これにより、佐藤（2008）が指摘する、従来の異文化間教育研究が関係性を予定調和的なもの、あるいは常にうまく機能すると捉え、動態的な把握がなされなかったとの批判を乗り越える。こうした佐藤による従来の研究に対する批判を受け止めつつ、本論で取り上げる具体的事例では、関係性の在り様の丁寧な分析に重きを置き、「関係性の変容」を見いだしていく。最終的には、具体的事例に現れる関係性から、移民と支援者、ドイツ人やドイツ社会との関係性、そしてとりわけ支援者の位置取りを捉えたい。このような作業なしでは、事象や関係性の中に潜む権力性を明らかにし、新たな関係性を構築する契機を見いだすことはできないと考える。

(2) 移民の社会参加がもたらす統合の四側面——ドイツにおける異文化間教育研究に見る「参加」——

移民の子どもを巡る教育学の議論については、第3章で詳述するが、その議論において移民の参加がどのように語られてきたのか、その流れを確認しておきたい。

移民の子どもの教育に関して、外国人教育から異文化間教育へと議論が展開していった際に、参加や経験を指向した異文化間教育のコンセプトとして「コミュニティ教育」に目が向けられた。コミュニティ教育は一九八〇年代の教育改革の一つである学校開放の議論と結びついて、注目されたものである。コミュニティ教育とは、学校や地域といった生活世界への学びの還元、参加と機会の平等を重視するものである。これが異文化間教育に影響したのは、多文化社会においてそれらが求められるためである。ペトリー（Petry 1989）は、「多文化的に構成されている地域におけるコミュニティ教育は、ともに生きている人々が学び、相互尊重に基づき、ともに関わりを持つという重要な目的を持つ」（ibid.：12-13）とする。これは、移民の子どもの生活世界に根ざした人々との関わりや地域への参加を意識したものであり、ＲＡＡの実践にも影響を与えている。

これを見ると、移民の参加は異文化間教育の中では一九八〇年代から注目されていたと言える。ここで注目されている参加は、移民とドイツ人との相互の関わりの中で生じる参加である。これが理念として求められるものの、現実はそれが容易ではないことは想像に難くないだろう。移民とドイツ人との間はもちろんのこと、移民同士の関係構築も移民の孤立を防ぐには必要であり、子どもを持つ移民の親にとっては、教育はそうした関係形成の一つの契機になる。つまり、移民の親の保育施設や学校といった教育施設への参加や協働は、同じような環境にある移民の親との関係やドイツ人保護者や保育者および教師との関係構築の契機になるのである。

親の参加については、学校と家庭との間の相互理解や協働が子どもの学習の改善や公平な教育の提供の鍵になるとし、とくに子どもが学校に入っていく最初の段階で、学校と親、そして地域の三者の協働が重要であるとゴモラ（Gomolla 2009）は指摘する。さらに就学前教育における親の参加については、スタッフに移民を加え、多文化的なスタッフ構成にし、異文化間教育の方向性を打ち出すことで移民の親の参加を促す効果をカラカショギュルとコルトフェルダー（Karakaşoğlu & Kordfelder 2004）は認めている。このほか、具体的に移民の親との協働の進め方についてシュレッサー（Schlösser 2004）は支援者の立場から提示している。

こうした教育の場に移民の親が積極的に関わることも移民の市民参加の一つである。実際、このような移民の参加に大きな注意が向けられるようになったのは、フートによれば一九九〇年代後半になってからだという。彼女によれば、それまでは社会的な、あるいはボランティアによるサービスを享受する「受け手」として移民は見なされていたが、そうした見方が変化し、移民の参加やその可能性に目が向けられるようになったという（Huth 2011：208）。これは、ドイツ人市民と同様に、移民に対してもかれらが持つ様々な可能性やリソースをもとに、何らかの形での能動的な参加を求めるようになったことを意味すると言える。フートは、こうした市民参加は移民にとって一つの学習の場であり、文化的、構造的、社会的、情緒的の四側面で寄与すると指摘しており、具体的には以下のとおりである（ibid.：214）。

文化的側面：必要な日常の知識や文化的慣習、ルール、技能、言語に関する能力を獲得する機会を提供する。
構造的側面：参加のなかで求められる能力の職業生活への転移の可能性が生じる。参加は職業訓練や継続教育、職業的な地位に影響をもたらす。
社会的側面：参加のなかで移民としての背景を持たない人々との社会的接触や相互作用の機会を提供する。
情緒的側面：参加活動は承認や責任を引き受けることにより社会に対する所属感を引き起こす。

これらの四側面は、移民のドイツ社会への統合を考える際にいずれも重要なものとなる。なかでも、異文化間教育において注目された参加のあり方と関連づけて見ると、社会的側面が大きな意味を持つと言えるだろう。移民としての背景を持たない、すなわち従来からのドイツ人との関係構築は必須のものとなる。それにより、文化的側面で示されている、文化的慣習に関する知識や言語能力などの獲得がさらに促進されると考えられ、移民の社会参加は文化的側面、社会的側面において相乗的な効果をもたらすと推測できる。こうした効果は、教育の場における親の参加や協働にも同様のことが言えるだろう。

上記の点から、移民の親の教育への参加や教育施設との協働に関しては、つねに目を向けられてきたと指摘できる。これは学術的な関心を示すとともに、実態としてそうした参加や協働を強く求める社会背景があるのは言うまでもない。

本論において「移民とドイツ社会をつなぐ」という視点から、移民に対する教育支援を分析する際には、フートの提示する移民の社会参加が寄与する統合の四側面についても意識する必要があると考える。

以上のように、日独異文化間教育研究から得られる示唆を踏まえ、移民とドイツ社会における関係性については、日本において佐藤が提示する「関係性の組み替えの視点」を参考に「関係性の変容」を丁寧に描くことに努めたい。また、その教育支援のなかで移民の参加がいかに捉えられ、多文化共生を実現していくうえでの社会参加として意味を持つのか、フートの提示する四側面を意識しつつ検討したい。

最後に、本研究の独自性は次の二点にあると考えている。一つは、上述したとおり、移民に対する教育支援の実際を重視し、移民とドイツ社会をつなぐという視点から実践を捉えることにある。それにより、多文化共生や社会参加に不可欠な要素を提示し、ドイツに限らずとも、それを実践の場に還元することに寄与する。これは日本にお

図1　本研究の全体図

移民 （ミクロ・レベル）	仲介エージェンシー： 支援組織・支援者 （ミドル・レベル）	ドイツ社会 （マクロ・レベル）
・情報の獲得 ・学習支援の機会 ・移民同士や学校との関係性の構築 ・自分たちの関わり（参加）を考える	RAA ビーレフェルト ミクロとマクロの双方に働きかけ （第4章） ← 支援の提供　施策への提案 →	・移民に関わる施策の策定 ・受け入れ体制の整備
・情報の獲得 ・移民の母親同士，保育者との関係性の形成・維持 ・居場所づくり ・参加の機会	S 保育施設 主に移民の母親に対する働きかけ （第5章） ← 支援の提供　現状報告 ⇢	（保育施設における取り組みのモデルとして受容）
移民の子どもを巡る教育学上の議論 ・外国人教育から異文化間教育へ，教育支援の方向性（第3章）		
戦後ドイツの外国人政策・教育政策の動向（連邦レベル，州レベル）， 教育支援の始まり （第1章，第2章）		

＊点線矢印部分は本論では詳述していないが，働きかけは見られるものである。

ける多文化共生を目指した支援への示唆を得ることを意味する。そしてもう一つは、実践について、紹介にとどまっている既存の研究を乗り越えることである。本研究で取り上げるような実践は、実は蓄積されたものの一つであり、異文化間教育の一つとして評価されうるものである。しかしながら、それはとくにドイツにおいて、実践紹介として提示はされるものの、研究対象として扱われてこなかった。[8] 本研究は、取り上げる実践を異文化間教育であると捉え、それを将来のドイツ社会のあり方や多文化共生を見据え、社会との関わりの中で取り組まれている実践として評価し、その実践を描くことを試みる。

以上、本研究の課題と取り扱う事例、研究方法を述べてきたが、それを総じて図示すると図1のようになるだろう。

第1章、第2章、第3章は文献研究に基づ

くものである。第1章では、戦後のドイツにおける外国人政策と外国人労働者の子どもを巡って講じられた教育政策を政策レベルで概観する。

第2章では、本論で注目するNRW州における移民の統合政策についてその実効化に大きく貢献しているRAAの成立について確認し、特に二〇〇〇年以降のNRW州における移民の統合政策に焦点化し、RAAの役割と期待について整理していく。

第3章では、教育学の議論のなかで移民の子どもを巡っていかなる議論が展開されたのか、外国人教育から異文化間教育へと展開していく議論の流れを概観する。また、異文化間教育のコンセプトが拡大することにより、教育支援の方向性にも影響を及ぼしているため、教育支援に影響を及ぼした理念について確認する。また、教育支援に携わる者に必要とされる異文化間能力を巡る議論についても整理しておく。

第4章、第5章は、具体的な移民家庭に対する教育支援の現状について、収集資料と現地調査のデータの双方に基づくものである。第4章では、RAAビーレフェルトによる支援について、RAAの「仲介エージェンシー」としての機能に着目し、移民家庭に対して行われている支援を捉えるとともに、行政レベルとの連携や組織間の連携の難しさについても描く。

第5章は、RAAのリソースが教育支援にいかに応用されうるのか、S保育施設における言語能力促進プロジェクト導入の際に、検討された支援プログラムの内容を確認し、ビーレフェルト市の現状に合わせたその応用について確認する。そして、それを応用したこのプロジェクトが、とりわけ移民の母親たちの支援にいかに結びつき、母親同士の関係性や保育者との関係性の形成や維持に至ったのかという点に着目し、支援の中で形成・維持される関係性について述べていく。ここでは教育支援を通した移民の母親とS保育施設との関係性を中心に描いていくため、マクロ・レベルとの関係については多くを述べない。

第4章、第5章で取り上げた事例を踏まえ、終章では移民とドイツ人、ドイツ社会、支援者がそれぞれどのような関係に位置づくと移民と関係性を構築し、移民とドイツ社会とをつなぐ契機をもたらすことができるのか、そのあり方を考察している。そして、移民の社会参加を促す関係性の構築や多文化共生に寄与する移民支援を成功裏に進める要因を提示する。

以上のような流れで、本論を進めていくことにしたい。

なお、本論では「外国人労働者（ausländische Arbeitnehmer）」、「外国人（Ausländer）」、「移民（Migranten）」の用語を用いているが、一九六〇年代から一九八〇年代の外国人労働者政策との関連で述べる際には「外国人労働者」を、「ドイツは移民国である」と称されるようになった二〇〇〇年頃までについては「外国人」を、それ以降については「移民」と用いている。ただし、引用や参照した文献により、必ずしもこの通りの使い分けになっていない箇所もあることをあらかじめ断っておきたい。また、とくに断りのない限りにおいて「ドイツ」は、戦後から東西統一までの間は「西ドイツ」を、統一以後は「東西統一ドイツ」を指している。

第1章　外国人労働者の定住化に至るドイツの社会状況の変遷と政策的対応

本章では、外国人労働者がドイツ社会に定住するに至った経緯について、とりわけ、「ドイツは移民国である」と認識されるようになった二〇〇〇年頃までの外国人政策を中心に、政策及び社会的背景の面から概観する。第1節で詳述するが、本章で取り上げる、外国人労働者受け入れから二〇〇〇年頃までを四つに時期区分し、それに従って第2節に取り上げる教育政策について述べていく。そして、移民国として認識されるようになった二〇〇〇年以降、定住化により移民となったかれらを取り巻く統合政策に関わって見られる教育政策から、今日的な教育課題とそれへの対応について、その概要を提示する。

1　外国人労働者を巡る政策と社会背景

戦後のドイツ政府は経済復興に必要な労働力確保のために、一九五五年のイタリアとの双務協定締結を皮切りに、一九七三年の外国人労働者募集停止に至るまでの間、南欧諸国やヨーロッパ域外諸国から、多くの外国人労働者を受け入れてきた。戦後ドイツの外来民問題[1]を整理した近藤（2002）は、時代背景とともに外来民問題の中心に据えられる対象が変化することを示したうえで、その一つとして外国人労働者を挙げている。近藤は外国人労働者が問題の中心に据えられる時期を次の三つに区分している。第一期を、外国人労働者が積極的に導入された一九五

○年代半ばから一九七〇年代初期に設定し、第二期を、外国人労働者の家族の呼び寄せや定住化を特徴とする、一九七三年から一九九〇年頃としている。そして第三期を、外国人労働者とその家族の移民化に半ば対応した外国人法改正から始まる、一九九〇年から二〇〇〇年頃としている（近藤 2002：39）。

近藤と同様、杉町（1999）も外国人労働者政策に着目した時期区分を行っている。それは、近藤が示したものよりもさらに時期を限定し、ドイツ政府による外国人労働者導入が始まった一九五五年からドイツが再統一され、「本格的な移民政策が始動する一九九〇年」（杉町 1999：15）までの期間に注目している。杉町もこれを三期に区分しており、第一期（一九五五〜一九七三年）：募集開始から停止まで、第二期（一九七三〜一九八〇年）：統合構想の出現、第三期（一九八一〜一九八九年）：移民状況を巡る前哨戦とし、外国人労働者政策について分析を加えている。

外国人労働者が事実上の移民となり、移民国としての認識が見られるようになるプロセスの時期区分は、ドイツにおける外国人労働者研究や移民研究を行う者が注目する歴史的事実を押さえたものであり、妥当なものである。本節でも両者による時期区分を踏襲し、さらに両者によって異なって設定された時期についての整理も加え、各期における外国人労働者を取り巻く政策的特徴について整理する。

(1) 第一期（一九五五〜一九七三年）

戦後当初、労働力の供給源の一つとなっていたのは、東ドイツから西ドイツへと逃亡する人々であった。しかし、一九六一年にベルリンの壁が建設されると、今度は労働力としての外国人労働者が注目されるようになった。ベルリンの壁建設以前の一九五五年にイタリアと双務協定を締結していたが、一九六〇年代には、スペイン、ギリシャ、トルコ、モロッコ、ポルトガル、チュニジア、ユーゴスラビアとの間で次々に同様の協定が締結された。この双務協定は、期限付きで外国人労働者を雇用し、一定期間を経た後に帰還させる「ローテーション原則」に基づくものであった。このような形の協定となったのは、ドイツの労働市場に適した形で、労働力が必要とされたときに外国人労働者を補充し、景気が後退すればかれらを帰国させるという、ドイツ側の都合でコントロールできる「景気弁」として外国人労働者を捉えていたためである。もちろん、このような形の外国人労働者導入に関しては、ドイツ企業、労働組合、ドイツ政府それぞれが利益の一致を見たと言える。それは、ドイツ企業にとっては、労働力不足の解消、ドイツ人と比べて安価な労働力の確保、賃金上昇の抑制などが挙げられる。また、労働組合にとっても、劣悪な労働部門に外国人労働者が就くことで、ドイツ人労働者の労働条件の向上や昇進の機会を生み出すというメリットがあった。さらに、ドイツ政府にとっては、経済復興に必要な労働力を労働市場の情勢に応じて調整しながら確保できるということであった（近藤 2002：54-55）。

この時期の政策を特徴付けているのはローテーション原則であったが、上記の三者の利益に見るように、経済的観点が支配的なものであった（ibid.：55）。しかし、このローテーション原則に立脚した外国人労働者政策は徐々に破綻していくことになる。それは、雇用者である企業側から発せられた要求にあった。ローテーション原則では、外国人労働者は契約の形態にもよるが、一年から三年間ドイツで就労した後、帰国することが前提となっていた。しかし、その間にドイツ語を覚え、職業訓練を受けた外国人労働者を解雇し、また新たに外国人労働者を雇用するローテーションは、企業にとっては非効率的なものであった。そのため、企業側は政府に外国人労働者の労働許可期間の延長を求め、政府も外国人労働者の短期滞在から長期滞在を認める方向へと政策を転換した（杉町 1999：16）。

このほか、外国人労働者の導入は、実際には労働組合が想定したようなドイツ人労働者の労働条件の改善にはつながらなかった。一部では、単純労働において外国人労働者とドイツ人労働者の競合が生じ、労働力の安価な外国人労働者にドイツ人労働者が仕事を奪われていった（ibid.：17）。加えて、一九六〇年代後半から、ドイツの経済成長も停滞を見せ始め、失業率が上昇していったが、ドイツ政府が当初思い描いていたように、「景気弁」として外国人労働者をコントロールすることはできなかった。

そうして、オイルショックを契機に、外国人労働者受け入れ政策の転換を迎えることになる。

(2)　第二期（一九七三～一九八〇年）

一九七三年にオイルショックが起き、その影響を受けて生じた不況とドイツ人失業者の増加を理由に、ドイツ政府は外国人労働者募集の打ち切りを決定した。しかし、この直接の原因はオイルショックではない。企業の要請を受け、外国人労働者の滞在期間を徐々に延長したものの、一九六〇年代後半から見られるようになった経済成長の停滞を背景に、オイルショック以前から、ドイツ政府は外国人労働者流入の制限をすでに検討していたのである。

外国人労働者導入当初に考えられていた、「不要になればいなくなる」と思われていた外国人労働者は、すでに一九六〇年代後半から定住傾向を見せ始めていた。家族を呼び寄せることで、その数は増し、ドイツ社会に定住する傾向を見せ始めたことが、ドイツ人の不安を増長させた。特に外国人労働者の中でも大多数を占めるトルコ人に対する敵視は厳しさを増し、内藤（1991）は一九七〇年代を「トルコ人移民にとっての苦難を告げる時代の始まりだった」としている（ibid.：26）。このようなドイツ人からの敵視を避けるために、トルコ人は次第に集住する傾向を強めていったのだが、ドイツ人からは「ゲットー」と呼ばれるトルコ人集住地区が増えることで、逆に、近隣のドイツ人住民にはさらなる不安やゼノフォビア（外国人嫌悪）を抱かせる結果となった（内藤 1991：26-27）。

このような状況に対して、杉町は当時のドイツ政府が講じた外国人政策の特徴を、「（一九七三年の：筆者）募集停止に始まる外国人流入の抑止」と「国内に合法的に在住する外国人のドイツ社会への『統合〈Integration〉』

にあると指摘し、この時期を「統合構想の出現」と捉えている（杉町 1999：17）。この「統合」という概念の解釈については、これまで多くの研究者が議論を重ねているが、この概念が導入される文脈によってその解釈に異なりが見られる。[2] 例えば、外国人の諸権利を認め、社会の一構成員として認める「統合」もあれば、「統合」という名の下に外国人に「同化」を迫るものもある。一九七四年に成立した社会民主党（ＳＰＤ）と自由民主党（ＦＤＰ）の連立政権であるシュミット政権は、すでにドイツ国内に合法的に滞在している外国人をドイツ社会に統合する、すなわち、ある程度の社会的、経済的地位を外国人に与えてドイツ社会に統合することを基本方針としていた（杉町 1999：20，内藤編 1995：43）。この方針のもとに改訂された法令の一つに外国人法がある。一九七八年にこれは一部改正され、外国人が五年間合法的に滞在した場合には、無期限に滞在許可が与えられ、八年間合法的に滞在した場合には滞在権と無期限の特別労働許可が与えられることになったとされている（内藤編 1995：43）。このように一定程度の権利を外国人に付与し、ドイツ社会に統合しようとする政策方針が見られるなかで、さらにドイツ社会の現実に多くの人々の目を転じさせることになったのが、一九七九年に提出されたいわゆる「キューン・メモランダム（Kühn Memorandum）」である。

一九七八年にドイツで最初の連邦政府外国人オンブズマンに任命されたキューン（Kühn）は、翌年、「ドイツ連邦共和国における外国人労働者とその家族の統合に関する現状と発展」[3]（通称、キューン・メモランダム）という提言を発表した。彼はこの提言の中で、統合政策の重点領域を示しているが、その最初に「さらなる外国人労働者の募集が段階的に中止されていった場合であっても、事実上の移民を承認すること」（Kühn 1979：3）と明示している。これは、外国人労働者の定住が現実のものでありながらも、それから目を背け、かれらの出身国への帰国を促そうとしている多くの政治家への批判でもあり、外国人労働者が事実上の移民となっているということを承認し、積極的な対応をすべきと提言している。このように、外国人労働者を「一時的な」滞在者ではなく、「定住の意志を持った」移民と位置づけることで、キューンはこの提言の中で移民政策の具体的な重点領域を掲げているのである。これは上述の「事実上の移民を承認すること」を含め、下記の七点である（Kühn 1979：3-4）。

① とりわけ、子どもや青年に対し、就学前教育、学校教育、職業訓練の領域における統合的な措置に集中すること。

② 例えば、「民族学級（Nationklassen）」や類似の授業形態のような学校教育における分離的な措置を解消すること。

③ 職場や職業訓練の場に青年が支障なくアクセスできるよう要求すること。

④ ドイツ連邦共和国で出生し、成長している青年に国籍取得の選択権を付与すること。

⑤ 外国人労働者とその家族のより多大な権利保障や合法的かつ個別の利益を考慮することを目的として、外国人の権利や国籍取得手続きに関する全般的な再検討を行うこと。

⑥ 長期的な滞在期間により、地方参政権を承認することによる政治的な権利を強めること。

⑦ 問題に注意を払い、社会的なアドバイジングの提供を強化すること。

以上の点から明らかなのは、キューンがこれから成長し、ドイツ社会の構成員となるであろう移民の第二、第三世代を視野に入れ、かれらに対する教育を充実させることや経済的、政治的参加を保障しようとした点である。このように教育や経済的、社会的参加を保障することによって、外国人労働者とその家族の定住を真摯に受け止め、将来の「ドイツ市民」とも言えるかれらの今後を考慮したと読み取ることができるだろう。

外国人労働者とその家族に対し、厳しい目が向けられていたこの時期に、外国人労働者とその家族に対して社会が負うべき責任を初めて強調したこの提言は、注目に値するものである。このメモランダムは、当時の社会民主党勢力から支持されたものの、政府の公式見解となることはなかった。しかしながら、外国人労働者とその家族を「事実上の移民」と認識する重要性を訴えたこの提言は、ドイツ政府にあらためてかれらの定住を意識した政策の必要性を提起することになったと言える。

(3)　第三期（一九八一～一九八九年）

第二期において、「事実上の移民」を認める提言がなされたにもかかわらず、第三期では、一九八二年にシュミット政権から、保守であるキリスト教民主／社会同盟（CDU／CSU）とFDPの連立であるコール政権に交代したことも相俟って、外国人政策は厳しさを増すことになる。「ドイツは移民国にあらず」と主張するコール政権下で、超保守派のツィンマーマン（Zimmerman）が連邦内務省大臣に任命され、同省に設置された「外国人政策委員会」を率いることになった。同委員会は、コール政権成立直後の一九八三年に外国人労働者政策に関する報告書（略称、ツィンマーマン・パピア）を提出しているが、ここに示されているのは、コール政権における外国人政策の原則となるものであった。すなわち、これは、就労目的の新規入国の制限や帰国促進、既に長期滞在している外国人の「統合」である（杉町 1999：21）。この「統合」が意味するところは、ドイツ文化や社会への適応、つまり同化であり、当時のドイツ政府の見解を表している。この時期の外国人政策は、事実上の移民となった外国人労働者に対し、統合という名の同化か、そうでなければ帰国かを迫るものであった。

外国人労働者の帰国を促進するための政策として、すでにシュミット政権時に方針が決定されていた帰国促進法がある。これは時限立法として一九八三年に制定され、一九八四年の六月末までに帰国を申請し、同年九月までに完全帰国をする者に対し、帰国奨励金の支給や帰国後の職業斡旋、ケースによっては社会保障費の返還などを保障するものであった。不況による失業率の増加や家族の呼び寄せにより外国人の存在がさらに可視化することで、ドイツ人側の外国人に対する敵視が厳しくなっており、この帰国促進法は外国人労働者に関わる問題を解消する策として考えられた。それゆえ、政府は、外国人労働者とその家族がこの制度を利用して、帰国することを期待したのだが、実際にはこれを利用して帰国した者の数はそれほど多くはなかった。

新規入国の制限については、特にその対象が非ＥＣ諸国出身者に絞られていた。なぜなら、ＥＣ加盟国の国民にとっては、一九五七年のローマ条約によりＥＣ加盟国内の移動は制限できないことになっており、イタリア、ギリシャ、ポルトガルなど南欧諸国出身者に対し、流入制限をかけることはできなかったのである。そのため、この新規入国の制限はトルコをはじめとする非ＥＣ諸国を対象としたのである。このような対象国の制限は、その背景に、文化や宗教の異なるムスリムの流入を制限したいという考えがあったと理解できるだろう。

帰国促進や新規入国の制限など、コール政権の保守的な外国人政策が進むなかであっても、家族をドイツに呼び寄せ、ともにドイツ社会で生活することを選択した外国人労働者は、すでにドイツ定住の意志を持っていた。そうなると、すでに滞在している外国人の統合をいかに進めていくのかが重要になるのだが、外国人法改正論議のなかで、外国人の統合に関するコール政権と野党（ＳＰＤ、緑の党）の姿勢の相違が明確に現れた。とくに野党が示したのは、ドイツ国籍の有無にかかわらず、国内在住要件を満たせば、選挙権をはじめとする諸権利を認めるという、「定住権」構想と呼ばれるものであった（杉町 1999：22)。しかし、与党側は外国人への定住権付与はドイツ社会への統合にはならないとし、野党の提出した案を改正外国人法に盛り込むことはなかった。一九八九年に議会に提出され、一九九〇年に可決、一九九一年に施行に至った改正外国人法では、国籍取得の要件が緩和されるなどの改善点は見られたが、改正論議の争点ともなっていた、二重国籍の容認や出生地主義の導入については加味されなかった。[4]

(4) 第四期 (一九九〇〜二〇〇〇年頃)

一九九〇年前後、ドイツ社会は多くの変化を迎えることになった。外国人法の改正に至っただけでなく、外国人労働者募集停止が継続されるなかで、一部の請負契約労働者に関しては例外扱いとして、就労目的でのドイツ入国が許される募集停止例外令が一九九〇年に制定された。[5] また、社会の変化としては、東西ドイツが統一し、社会の大転換が起こった。

この頃から、ドイツ国内に流入してくる外国人が多様化することになる。それまでは、すでに定住している外国人労働者とその呼び寄せ家族が、ドイツ社会の外国人問題の中心であった。しかし、新たに庇護権請求者や戦争避難民、さらに、旧ソ連や東欧諸国からドイツに「帰国」するアウスジードラー(Aussiedler)と呼ばれる帰還移住者も、ドイツ政府が対応しなければならない集団となったのである。

ドイツ社会に存在する外国人が多様化していく一方で、一九九一年に施行された改正外国人法は、主として、すでに定住している外国人を対象とするものであった。第三期の終わりで述べた通り、改正外国人法では国籍取得の要件が緩和されたが、これは外国人労働者とその家族の定住化という現実を加味してのものであった。保守派のコール政権が「ドイツは移民国ではない」と標榜しながらも、定住化の現実に直面し、外国人にドイツ国籍を取得させることで、ドイツ社会への統合を果たそうとしたのである。しかし、二重国籍を容認しないドイツ国籍の取得は、外国人の統合ではなく、同化を求める色合いの濃いものであったことは否めない。

外国人法改正の議論の際に、野党が出した定住権構想や争点となった二重国籍の容認、出生地主義の導入なども関連し、一九九〇年代では移民法制定を求める論調が高まった。第二期に見たように、すでに一九七九年にキューンが長期的な統合政策を訴えていたが、ここに来てようやく、事実上の移民である外国人のドイツ社会への統合を構想するようになってきたのである。

一九九〇年代に入り、さまざまな領域において移民研究を行ってきた研究者や政治家たちが、移民法制定に関連して、そもそもドイツは移民国となったのか否かを巡る論争を繰り広げていた。[6] しかし、当初は社会の関心が庇護権請求者の増大とかれらに対する敵視や暴力行為に向けられていたため、それほど注目されなかったようである（近藤 2002：79）。ただし、一九九四年になり、移民研究の第一人者であるバーデ（Bade）が中心になり、法学や政治学、教育学などの領域の第一人者が名を連ねた『六〇人のマニフェスト』[7] が刊行され、これは論壇に大きな影響をもたらした。そして、このマニフェストに参加した人々を中心に、報告書の作成や政策批判を通して、政府や世論に働きかけることを目的とした移民評議会が一九九七年に組織された（近藤 2002：80）。

概略を記したに過ぎないが、移民法制定を巡る議論が行われる中で、一九九八年、一六年に及ぶコール政権が幕を閉じ、替わって、外国人政策に柔軟なＳＰＤが同盟90／緑の党（Bündnis 90/DIE GRÜNEN）と連立を組み、政権についた。新政権の首相となったシュレーダー（Schröder）は、ドイツ社会がすでに移民社会であることを認め、それに応じた移民の統合に取り組むと宣言し、キューン・メモランダムから一九年たってようやく、事実上、定住している外国人を「移民」として公式に認めるに至った。

シュレーダー政権は国籍法の改正に取りかかり、親のどちらかがドイツ生まれである第三世代の外国人に対し、出生により国籍を付与するという出生地主義を一部導入した。また、国籍取得の要件についても、一九九一年改正外国人法で規定した要件よりも更に緩和し、二〇〇〇年に新国籍法が施行された。[8] 一方で、改正外国人法制定の際にも争点となった、二重国籍の容認については、課題のまま残された。シュレーダー政権の当初の法案では、国籍付与に際して原国籍の放棄を一切求めないこととしていた。しかし、国籍付与は容認しつつも、二重国籍には反対するドイツの世論や州議会選挙での保守政党の巻き返しにより、二重国籍の容認については断念せざるを得なかったのである。しかし、その一方で、定住権を巡る政策、定住外国人でもとりわけ配偶者女性の滞在権強化、再入国制度などを整備していった。[9]

「ドイツは移民国である」との政府認識に至るまで、概観してきたような外国人政策の変遷を辿るのだが、そのなかでも、統合構想が現れた第二期の「キューン・メモランダム」は注目に値するであろう。このメモランダムは、政府の公式見解とはならなかったが、外国人労働者とその家族に対して社会が負うべき責任を初めて強調したこの提言は、ドイツ政府に改めてかれらの定住を意識した政策の必要性を提起することになったと言える。この背景には、一九七〇年代のドイツ経済の停滞、外国人労働者とその家族の増加や定住化に対する社会不安がある。このようななかで、すでに滞在が長期化し、定住化傾向を見せている外国人労働者の子どもに対し、キューンは具体的にドイツの学校や社会に参加し得るような教育の必要性を明言している。これは次節以降で見ていくことになるが、外国人労働者とその家族、すなわち移民に対する教育支援の方向付けに影響を及ぼすことになったと考えられる。

2 外国人労働者の子どもを取り巻く教育政策

外国人の子どもの教育政策は、当然のことながら、ドイツ政府の外国人政策と関連して進められており、その流れは一九六〇年代半ばより始まっている。具体的には、外国人の子どもの増加が学校現場に課題をもたらし始め、ドイツ常設文部大臣会議（die ständige Kultusministerkonferenz, 略称ＫＭＫ）[10]が一連の教育勧告を提案することになった。第1節で行った外国人政策の時期区分に照らし、教育政策について概観してみる。

(1) 第一期（一九五五〜一九七三年）：外国人の子どもに対する対応の始まり

まず、最初に出されたのは、一九六四年の「外国人の子どものための授業に関する決議[11]」である。これは、外国人の子どもの教育について、就学義務の適用と母語教育の促進という二つの基本理念を示したものであると、天野(1997)、中山(1997)らが指摘している。この二つは非常に重要なものであるが、それらと併せ、決議の中では、ドイツの学校への適応を容易にするためにドイツ語を集中的に教える準備学級（Vorbereitungsklasse）の設置についても記されている。一九六〇年代の段階で、外国人の子どもの母語保持について言及されている点は、注目すべきであるが、実際には外国人の子どものドイツ社会への適応が優先課題であったため、ドイツ語能力獲得に向けた対応が優先された。また、この決議が出された当時、すでにイタリア、スペイン、ギリシャ、トルコと外国人労働者受け入れに関して双務協定を締結していたのだが、この決議は建前としては「外国人労働者」を想定してのものではなかった。それは、前文に、「共通の労働市場に向けた欧州経済共同体の発展が、一時的、あるいは常態化して、ドイツにおける外国人労働者とその家族の増加に至る」と記されていたためである。当時、双務協定を締結した国の中で、欧州経済共同体にも加盟していたのは、イタリアのみであり、欧州経済共同体の発展に伴う外国人とその家族の増加に対する対応として示された措置は、外国人の間に不十分な状況を生み出すことになったのである(Ruskeppeleit & Krüger-Potratz 1999：6)。

一九六〇年代は、社会的不利益と機会の平等をキーワードに改革の議論が進められた時期であり、これに伴い、外国人の子どもの不利益をいかに補償するのか、ドイツの学校に就学するにあたって不十分であると認められる点をいかに支援するのかなどが、学校の課題として加えられることになった。こうした改革の流れや、一九七〇年代に入り、ドイツ語に関する知識を持たずにドイツの学校に入学してくる外国人の子どもの増加に直面し、ＫＭＫは一九七一年に「外国人労働者の子どものための授業に関する協定」[12]を提出した。この協定の前文では、就学年齢にある外国人の子どもをドイツの学校に首尾よく参加させることが課題であると示されている。規定のなかでとりわけ重要なのは、ドイツの学校での受け入れ、教員、母語授業に関する項目である。

学校での受け入れについては、外国人の子どもが言語的に問題なくついていける場合は、年齢及び能力相当の学年に編入させること、ドイツで就学義務が生じる年齢に達した子どもは、ドイツ人の子どもと同じように一年生に入学すること、ドイツ語に支障がある子どもはまずは準備学級で受け入れられることが記されている。また、準備学級に通う子どもであっても、言語活動を多く伴わない音楽や美術などの授業については、ドイツ人の子どもと同様に授業を受けることが勧められている。さらに、これらの授業や準備学級での授業では、外国人教員とドイツ人教員がともに授業しうるとされ、両者の密接な協働が必要であると記されている。

準備学級を担当する教員については、ドイツ人教員の場合、外国人の子どもの課題に関する継続教育がなされなければならないこと、かれらの課題について、将来、教員養成のなかで考慮されなければならないという点も明示されている。

母語授業については、外国人の子どもが母語授業に参加する機会が確保されるべきであるとされている。これは、かれらの出身国の言語や文化との結びつきの保持を目的としている。母語授業は、一部の初等教育と中等教育における必修外国語の代替となりうるとされている。

以上の点から、一九六四年決議、一九七一年協定は、外国人の子どもが出身国の言語や文化を保持するという観点から母語授業が重要であるとされながらも、むしろ、準備学級の設置やドイツ語学習支援に言及されているように、ドイツ語習得により重点が置かれたものであった。

(2) 第二期（一九七三〜一九八〇年）：ドイツの学校への統合と帰国能力の保持

先述した一九七一年の協定は、一九七六年と一九七九年に改訂されている。とりわけ、一九七六年の改訂協定[13]で強調された、ドイツ社会における編入措置と帰国能力の保持に向けた措置は、当時の外国人政策を色濃く反映したものであり、「外国人政策の二重戦略」として批判された（ibid.：20）。前節で述べたように、「統合構想の出現」とされるこの時期は、外国人労働者の定住化に直面していた。そのため、「二重戦略」と称される教育政策の特徴は、すでに定住している外国人労働者とその家族のドイツ社会への統合と、その一方でかれらの出身国への帰国を可能とする帰国能力の保持の二点であった。一九七六年の改訂協定の前文に、これは明確に示されている。前文では、「就学義務が適応される外国人の子どもにドイツの学校への成功した参加を可能とすること」と「出身国の学校に再適応する可能性を拓いておくこと」が連邦諸州において課題となっていると述べられている。より具体的には、外国人の子どもがドイツ語を獲得し、ドイツの学校修了資格取得のレベルに達すること、母語の知識を保持し、さらにそれを拡大することが問題となっているとされている。前者がドイツ滞在期間におけるドイツ社会への編入に、後者が外国人の子どもの言語的・文化的アイデンティティの保持に寄与すると考えられた。

この二重戦略の一つである母語教育は、外国人の子どものアイデンティティの保持に母語が重要な役割を果たすものとして認められており、そのこと自体は注目に値する。しかし、これは否定的に解釈することも可能である。というのも、当時の外国人政策を振り返ってみると、定住化が明確になったにもかかわらず、依然として、外国人労働者はいずれ帰国するものと考えられていた。子どもの母語能力の保持は、外国人労働者とその家族が出身国に帰国するための帰国能力の保持の一つとして捉えられていた。さらに、外国人労働者とその家族が、ドイツ社会への定住傾向を見せながらも、あくまで一時的な滞在者であると捉えられたことが、ドイツ滞在中は同化的な「ドイツの学校への統合」と帰国能力と考えられた「母語能力の保持」という、一見矛盾した課題を浮上させることになったのである。

以上のような批判点を見いだすことは可能であるが、その一方で、一九七六年、一九七九年改訂協定の中には、一九六四年決議や一九七一年協定の内容変更や細かく規定し直している部分も見られる。ルスケッペライトとクリューガー＝ポトラッツ（Ruskeppeleit & Krüger-Potratz）は次のように整理している。まず、基礎学校や基幹学校の代替としての民族学校の設立に関しては法的基礎がないという点、就学義務の遂行に当たっては住民登録課や職業安定所による効果的な支援が必要不可欠であるという点について、一九七一年協定においてはドイツの学校への就学義務という観点から述べられていた。しかしながら、この二点については、一九七六年の改訂協定で削除されている（ibid.：20）。

外国人の子どものドイツ語能力獲得については、ドイツの学校への受け入れの際、一九七一年協定では中心的措置として、外国人の子どもを集めてドイツ語を教授する準備学級が挙げられたが、一九七六年改訂協定では、準備学級の設置だけでなく、他の授業形態も提示された。具体的には、同一言語を母語とする外国人の子どもが一定数集まった場合には、かれらの母語とドイツ語を教授言語とするバイリンガル・クラスの設置や外国語としてのドイツ語を教授する集中コース（Intensivkurse）、すでに通常学級に編入している外国人の子どもで十分にドイツ語の知識を獲得していない場合には、ドイツ語の促進時間（Förderstunden）が提供されるべきであるとされた。

また、一九七一年協定では、ドイツの義務教育機関である特殊学校と職業学校における外国人の子どもの受け入れについては言及されていなかったが、これについては新たに一九七六年改訂協定の中に含められた。さらに、上級学校への編入の際の支援についても新たに加えられ、子どもの能力に応じた教育が継続されることや母語を第二外国語として承認することが言及されている。しかしながら、一九七六年改訂協定においても、ギムナジウムや実科学校など、すべての学校種や教育段階における編入の支援については言及されなかった（ibid.：21）。

一九七九年改訂協定では、すべての上級学校における外国人の子どもの促進についても含められた。強調されたのは、教科学習における付加的な促進支援と外国語授業に関するものである。特に、外国語授業については、上級学校においても必修外国語の一つの代替として母語を可能な限り提供し、提供可能でない場合においては、試験によってその能力を判断することなどが提示されている（ibid.）。上述の一九七六年改訂協定でも、母語を第二外国語として承認するという点が述べられているが、一九七九年改訂協定においては、第一外国語とするか、第二外国語とするかについては指定しておらず、「必修外国語の一つ」にするとの言及に留め、外国人の子どもの選択の幅を広げたと解釈できる。

外国人労働者とその家族の定住化に直面したこの時期においては、少なからずとも、それに応じた施策が講じられるように改訂が重ねられた。ドイツ政府の外国人政策が定まらないなか、ドイツ社会での滞在期間においては、外国人の子どもをドイツの学校や社会に統合することは大きな課題であった。また、それと同時に帰国能力の保持としての母語教育も重視された点は、教育政策が政府の外国人政策の影響を大きく受けたことを示している。

(3)　第三期（一九八一～一九八九年）：外国人の子どもからすべての子どもへ

第二期に見られたように、一九七〇年代には外国人の子どもの教育を巡って協定が出され、さらに二度にわたって改訂がなされた。それに比べ、一九八〇年代は外国人の子どもの就学を巡る特別な協定が示されることはなかった。しかし、一九八〇年代初めには、ＫＭＫとは別に連邦教育学術大臣のもとで活動していた教育計画懇談会が一九七九年に提出した「ドイツの教育制度への外国人の子どもや青少年の編入に関する提言」[14]にＫＭＫは同意した。これは外国人の子どもの教育について、ＫＭＫの立場を新たに適切なものとしたと言える（ibid.：28）。教育計画懇談会は、外国人の子どものドイツ社会への完全な編入とかれらの文化的アイデンティティの促進を求めている。具体的には、この提言においても、外国人の子どものドイツ語教育や母語教育について言及され、さらには外国人の子どもがもたらす文化的多様性を契機としたドイツ人の子どもの学びについても触れられている。これまでのKMK勧告や協定では、つねに外国人の子どもを主眼に置いてきたが、ここで初めて、外国人の子どもとともに学ぶドイツ人の子どもの教育について言及された。

このような提言内容になったのは、教育計画懇談会が、外国人の子どもの教育について、一時的な滞在や帰国ということから出発するのではなく、社会が変化しうる移住プロセスを辿っている点やヨーロッパ統合やグローバリゼーションの進行という点から議論を出発させているからである。これは、教育政策におけるヨーロッパの次元やKMKの決議の一つである「文化と外国人市民」[15]（一九八五年）などが背景にある。これらは以前の勧告や協定と異なり、すべての子どもたちを対象としている。というのは、事実上、ヨーロッパ内においても、EC構成国内においても、すでに言語的、民族的、文化的には不均質になっており、それを注意深く教育の中に反映させていく必要が生じたからである。

一九八〇年代以降、外国人の子どもという特定のグループを対象とするのではなく、すべての子どもを対象とするようになったのは、文化的価値や関心について偏見にとらわれない対話や国際理解、文化横断的な感受性の涵養、偏見の低減などの促進が教育政策の目標に含まれるようになったことを示している（ibid.：28-29）。

(4) 第四期（一九九〇～二〇〇〇年）：学校における異文化間教育勧告

一九九〇年代に出されたKMKの決議で最も重要なものが、一九九六年に出された「学校における異文化間教育勧告」[16]であろう。一九七九年に連邦学術大臣の下にあった教育計画懇談会が外国人の子どものみならず、ドイツ人の子どもの教育についても提言を行ったのは、先述のとおりである。そこでは、外国人の子どもがもたらす多様性がドイツ人の子どもにも利点をもたらすと言及されたに留まっていたが、一九九六年勧告は、外国人の子どもとドイツ人の子どもの双方を対象とし、共生を目指すことの重要性を明確に示したのである。

一九九六年勧告の内容は、マジョリティとマイノリティの双方を対象とした異文化間教育が求められる出発点や、異文化間能力の獲得ともいうべき教育目標、それに向けての実践的展開を含んでおり、それらについて詳述されている。これについては、天野（1997, 2001）が勧告の要点を整理し、簡単な考察を加えている。また、ルスケッペライトとクリューガー＝ポトラッツも、この勧告に見る新たな点について簡単な説明を付している。ここでは一九九六年勧告の全文について触れることはしないが、両者を参考にしつつ、注目すべき点について述べておく。[17]

両者ともに注目し、さらに筆者もとくに注目しておきたいと考えるのが、鍵となる資質としての異文化間能力である。これについて、教育目標として以下の九項目が掲げられている。[18]

① 各々の文化的社会化と生活関連について意識的になる。
② 他文化に関する知識を獲得する。
③ 他文化の持つ独自性に対して好奇心や開放性、理解を発展させる。
④ 他文化の生活形式や指向性と出会い、それに取り組み、その際、不安を認め、緊張感に耐え抜く。
⑤ 他者に対する偏見に気づき、真剣に受け止める。
⑥ 他者の持つ差異（Anderssein）を尊重する。
⑦ 自身の立場を内省し、批判的に検討し、他者の立場に対する理解を発展させる。
⑧ 一つの社会、あるいは国家における共生に対する共通の基礎についてコンセンサスを見いだす。

⑨　異なる民族的、文化的、宗教的な属性に基づいて生じる葛藤に平和裡に耐え、共通に取り決めた規定によって調停する。

これらは、勧告で述べられるように、自己や自文化に対して意識的になると同時に、他者の視点に立った他者理解や他文化理解を必要としている。さらに、自分とは異なる他者との出会い、そして理解するプロセスにおいては葛藤も生じることがあるが、それに耐える力も、他者との共生を実現する際には不可欠である。このように他者や他文化との出会いの際に、自文化の中で社会化され、そこで獲得した価値観を内省したり、自己と他者の双方の視点から他者や他文化を理解したり、そしてその際に生じる葛藤に耐える力を含めて、この勧告では、これからの多文化社会を生きる子どもや青少年に必要な鍵となる資質として、異文化間能力を表している。

以上の点について、ルスケッペライトとクリューガー＝ポトラッツも「視点の転換」と「自己の内省」がこの勧告の中で特に注目すべき点であると記している（Ruskeppeleit & Krüger-Potratz 1999 : 30-31）。また、こうした「視点の転換」と「自己の内省」は個人のレベルのみならず、政治や社会構造の中でも生じるべきであるとしている。この勧告が一九九六年に出されるまでの約三〇年間に、ＫＭＫや連邦諸州は「外国人」として規定した子どもや青少年の統合、かれらの学校における成功に関する決議や法令を出してきた。しかし、それは不十分なものであったり、分離的な措置や規定を生み出すことにもつながった。これまでと異なり、この勧告がドイツ社会に生きるマジョリティとマイノリティの子どもの両者を対象としたのは、言語や文化、宗教など、さまざまな要因に基づいた多様性が所与の条件となっている社会において、学校や教育の再考が多様な側面から求められるようになったことの現れでもあるだろう。

本節では外国人労働者の子どもを取り巻く教育政策を概観した。第1節で概観した外国人政策でとくに注目したのは、外国人労働者とその家族の統合構想の現れた第二期、なかでも「キューン・メモランダム」の重要性である。それと同じく、教育政策も同様に第二期にあたる一九七〇年代に激しい動きを見せていた。統合と帰国という二重戦略は変わらず持ちながらも、定住している外国人の子どもに対し、ドイツの学校や社会に参加しうる教育を提供しようとする努力が垣間見られたとも言えるであろう。また、その後、時を経て出された一九九六年勧告は、すでにドイツ社会が言語的、文化的、民族的に多様性を持った社会として構成されていることを認識し、マジョリティやマイノリティの子どもがその社会で生きていく力を身につけることを明確に教育目標とした初めての勧告であった。

3 二〇〇〇年以降の移民の子どもの統合を目指した教育政策

教育政策を概観してきたとおり、移民の子どもに対する施策や措置は一九六〇年代以降さまざまな形で行われてきた。それは、今日においても移民としてドイツに暮らす多様な文化的背景を持つ子どもたちに対し、継続して行われている。本節では、公式にドイツは移民国であると認識されるようになった二〇〇〇年以降の統合政策について、教育の領域に注目して整理しておきたい。

KMKは二〇〇二年の決議により、報告書「移住（Zuwanderung）」[19]を発表した。この報告書が提出された背景には、二〇〇一／二〇〇二年度にドイツの学校に通う子どもの約一一パーセントが外国人であること、ドイツ連邦内務省に設けられた「移住」に関する独立委員会が二〇〇一年に報告書を提出し、それに教育分野についても多くの推奨点が示されたこと、二〇〇〇年にＰＩＳＡ調査の結果報告がなされたことなどが関係している。「移住」に関する独立委員会の教育分野に関する推奨点は、就学前教育、学校、家族、イスラムの四領域一六項目にわたっている（Sekretariat der KMK 2002：4-6）。教師・保育者養成や継続教育における異文化間教育の必要性、第二言語としてのドイツ語を担当する教員の養成、移民としての背景を持つ保育者の積極的雇用、母親へのドイツ語コースなどは、ＫＭＫも当然必要と認識しているものであった。その他、促進措置として行われている第二言語としてのドイツ語の授業や母語授業などに関しては、すでに正規の授業の一環として行われているにもかかわらず、委員会が現状を十分に理解せずに指摘している部分も見受けられた（ibid.：6-7）。

これらの点を踏まえて、ＫＭＫは、就学前教育、学校での促進、学校から職業訓練への移行、親や学校外施設との協働、カリキュラムの基本、教師・保育者・社会教育士（Sozialpädagoge）[20]の養成、制度的な枠組み条件の七項目にわたり、移民としての背景を持つ生徒に対する促進措置のさらなる発展についてそれぞれ提示している。ここでは、特に第4章以降の教育支援とも関わる、就学前教育、学校での促進、親や学校外施設との協働、という三領域について整理しておきたい。併せて、二〇〇二年報告書は、二〇〇六年に決議を経て、再度発表されており[21]、二〇〇二年報告書発表後から二〇〇六年までのＫＭＫの取り組みや諸州の対応についての加筆も参照し、移民の定住化による今日的な課題とそれへの対応について概略を示しておきたい。

(1)　就学前教育——早期ドイツ語教育の必要性——

二〇〇二年報告書において、就学前教育の課題と目的は、子どもの包括的な促進、とりわけ、言語発達を促進することであると示されている（ibid.：14）。出身言語（Herkunftssprache）がドイツ語でなく、ドイツ語能力に比べ、家庭内で話されている言語の力が優勢な場合、さらに、教育から離れた環境にある家庭の場合、子どもの言語発達を促進する必要がある。子どもたちが集団のなかでの遊びやコミュニケーションの過程に積極的に参加し、就学に向けた学びに備えるためには、保育者が子どもたちの言語発達を促すような学習活動を計画しなければならない。それには、第二言語も含む言語獲得に関する知識、子どもの発達状況についての診断的能力および言語伝達に長けた人材が必要になる。さらに、就学前教育施設内における言語活動の促進とともに、持続的に子どもの言語発達を刺激するには、家庭との連携も不可欠であり、家庭への支援も重要なものとなる。

以上のような考えから、二〇〇二年報告書では、次のような措置を関連づけることが示された（ibid.：15）。

① 早期の言語促進の意義や制度的な言語促進プログラム、並びに家庭による言語促進の可能性についての助言を含む、多言語情報資料の開発
② 子どもの通う保育施設や学校における親を対象としたドイツ語コースの提供
③ 就学前の子どもを対象とした促進措置の展開
④ 子どもの言語発達の遅滞やわずかなドイツ語の知識しか持たない子どもを早期発見する方法の開発
⑤ 就学の柔軟化や就学前教育施設と学校により調整された言語促進授業に関する（組織的）モデルの開発

これらの措置は、教育を通した移民の統合を進めていくうえでの課題とも受け取れるのであるが、こうした課題に連邦諸州がどのように対応したのか、二〇〇六年報告書で確認しておく。ここでは、ＫＭＫによる報告書に依拠するため、制度面での対応を述べるに留まることだけは予め断っておきたい。

就学前教育における早期ドイツ語教育に関しては、連邦諸州すべてにおいてそれが課題であると認識されている。そのため、二〇〇二年報告書が出されてから、二〇〇六年に至るまでの間に、連邦諸州は就学前のドイツ語能力早期促進について法的基盤を徐々に整えている（Sekretariat der KMK 2006：9）。この法的基盤の整備は、言語

能力促進措置の提供とその予算化を意味している。

上記の③、④と関連し、この言語能力促進措置は、保育施設や学校で提供され、その子どもの言語発達の程度に応じて、六ヵ月から一年間行われる。子どもの言語発達の程度を可能な限り早期に把握するため、就学申請の時期を早め、それに関連づけて、言語発達の状況を確認し、就学に必要なドイツ語の知識を有しているか否かを判断している。その際に、スクリーニングや細かな促進診断、母語を使った診断などを行ったりもしている。

就学前教育を担う保育施設の管轄を文部省が有するのか、それとも青少年福祉関係を担当する青少年省が有するのかで、州によって相違はあるものの、二〇〇六年までに若干の州では保育施設における教育計画が策定された。この計画のなかでは、幼少期から基礎学校年齢まで、子どもの言語発達とその促進が継続的に行われなければならないと示されているとされ、上記の⑤と関わりのあるものと言える。⑤に関連し、就学前教育施設と基礎学校の協働に関しては、上述のとおり州によっては管轄が異なることもあるため、それが協働を困難にする原因の一つとなっている場合もあり、省間の協働を促進することも必要とされている。

二〇〇六年報告書とは異なるが、同年にはKMKとBMBF（Bundesministerium für Bildung und Forschung, 連邦教育研究省）が共同で「ドイツにおける教育」[22]という報告書を提出している。この報告書には、移民に特化した報告も掲載されており、就学前教育における言語能力促進について言及されている。その中でも、上記の④に関しては、多言語環境で育つ子どもの言語発達状況の把握の難しさが示されている。先に述べたように、就学申請の際に実施される子どもの言語発達状況調査の測定の質や診断能力に関しては、議論の余地を残している。多くの測定方法は、実施や解釈に専門的な知識を要し、教育の専門家の資質を越えたものとなっているとされる（Konsortium Bildungsberichterstattung 2006：166）。異文化間教育や第二言語としてのドイツ語が教員養成のなかに徐々に定着してきてはいるものの、今現在、現場にいる教師はそうした専門的知識が少なく、移民に対応し切れていないという指摘にもつながっている（ibid.）。

(2) 学校における促進——多様な促進措置の可能性——

第2節で述べたように、一九九六年に学校における異文化間教育勧告が出され、ドイツ人と外国人の子どもの両者を対象とし、ドイツ国内の文化的多様性に応じた教育や将来の流動性、欧州統合などにより生じる多様性の中で生きていくことに備えるという点が言及された。その点からも、学校における異文化間教育は重要な課題となっているのだが、二〇〇二年報告書は、移民の子どもに対する言語教育、ドイツ語の獲得や出身言語の授業に限定して言及している（Sekretariat der KMK 2002：15）。ＫＭＫが強調するのは、ドイツ語を確実に使いこなすことが学校での成功の鍵になるということである。そのためには、体系的で効果的な言語促進のストラテジーを発展させなければならず、その措置として、以下のものが挙げられている（ibid.：15-16）。

① 言語状況調査への診断的方法の導入
② 多様で集中的な言語学習を可能にするために、学校におけるケアの枠内で既存の可能性の活用
③ 基礎学校を越えて、ドイツ語獲得の促進に関する長期的かつ計画的な構想
④ 学校の促進措置に関する評価
⑤ 全般的かつ一貫した言語学習と教科学習の関連づけ
⑥ ドイツ語と出身言語、そして外国語の並行した獲得に向けての多言語教授法の開発
⑦ 通常授業と内容や構成の強い関連性を考慮し、母語／出身言語の授業提供のさらなる展開により、既存の二言語性や多言語性の促進

これらについて、二〇〇六年報告書では、ドイツ語や多言語性の促進、異文化間学習、子どもの能力に適した学校修了資格への到達が重要な意味を持つと言及し、そのうえで、言語に関する促進措置について以下のように述べている（Sekretariat der KMK 2006：11）。

ドイツ語能力の不十分な生徒に対し、単に特別な促進授業のみならず、授業内でのきめ細やかな支援など、広範にわたる促進措置が計画されるようになっている。[23] また、ドイツ語の促進にあたる追加的な時間を教師が使えるよう、それぞれ予算に計上されるようになっている。これらは、上記②の言語学習の状況を作り出すことに貢献していると捉えることができるだろう。促進措置については、諸州の規定によって提供される期間が異なるが、集中的なドイツ語の促進措置は二年までとなっている。この期間では、ドイツ語習得を効率よく行うために、個人の促進計画や言語学習の日誌、評価や学習をコントロールする方法、ポートフォリオなどを用いた学習活動が行われているとされる。また、学習の負担を考慮し、途中編入の子どもに対しては、ドイツ人の子どもと同様に外国語授業を受けさせるのではなく、母語を外国語の一つの代替として承認するために試験を実施している州もある。

二〇〇六年報告書の中で述べられた学校における促進に関しては、二〇〇二年報告書で示されたものを意識して記述されているとは言い難く、促進措置の現状を示したに留まっている。そのため、⑤や⑥の言語学習と教科学習の関連づけや多言語の教授法の開発については、二〇〇六年の段階でも重要な課題として残されたままであると認識されている（ibid.）。

⑥や⑦で述べられている母語授業については、移民の子どもの文化的アイデンティティや多言語性に母語授業が大きく寄与するという、母語授業の意義については明確に示されている。母語授業も文部省の監督下で行われるか、各国領事館の監督下で行われるかという管轄の相違がある。しかし、ドイツ語促進との関連もあり、各国領事館による予算、あるいは諸州と領事館が互いに予算を計上し、諸州が母語授業の責任を負うようになってきている

とされている。[24] それと同時に、多言語性や異文化間学習という目的に寄与するためにも、授業の質を向上させていくことが望まれており、母語授業についても州による指導要領が策定されるとより質の標準化を目指すことができるとされている（ibid.：12）。

一方で、母語授業にかける予算をドイツ語の促進に充てた方がよいとする動きがないわけではない。二〇〇六年に出された報告書「ドイツにおける教育」では、母語授業は次第に行われなくなってきており、その代わりにドイツ語能力促進措置に部分的に用いられるようになっているとされる（Konsortium Bildungsberichterstattung 2006：167）。母語授業の重要性は、文化的アイデンティティの保持や第二言語習得の観点からも認識されているのだが、原則として、母語授業はそもそも外国人労働者募集国の言語しか提供されていない。また、そのほとんどが基礎学校と基幹学校でしか提供されていないことも、ドイツ語促進措置へ予算を回す理由の一つになっていると捉えられるだろう。

学校における促進について、言語に特化しているわけではないが、次の点については指摘しておきたい。ドイツではＰＩＳＡショック以降、終日制学校拡充の議論が急速に進められた。ドイツの学校はそのほとんどが半日制であり、午後の時間に学校外の教育プログラムに参加することのできない子どもが多数存在することや学校での授業時間の短さなどが、ＰＩＳＡショック以降、終日制学校に関する議論を盛んにする要因となっていた。

実際、宿題の支援や補習授業を受けている移民の子どもは多く、また、年上のきょうだいの助けを得ている移民の子どもも多かった。そのため、とりわけ移民の子どもの割合の高い学校で、午後のプログラム提供に期待が寄せられた。午後のプログラムに宿題の支援や教科に関連した促進プログラムを組み込むと、それを選択する移民の子どもたちは多かったとされる（ibid.：169）。

このような宿題や教科学習の支援も、移民の子どもの言語能力が教科学習には不十分である場合のことを考えると必要不可欠なものである。こうした支援はこれまでまったく行われてこなかったのではなく、学校外で提供されていた。しかし、終日制学校に移行し、午後にこのような学習支援プログラムが提供されることは、子どもと親の双方に利点をもたらしている。子どもに対してはより教育の機会を拓くことになっており、親にとっては学校でそのままプログラムを受けることから、子どもの面倒を見るために仕事を半日で切り上げる必要がなくなり、家庭と仕事の両立が多少なりとも容易になったと言えるであろう[25]。

(3)　親や学校外施設との協働

就学前教育、学校での促進において、移民の子どもに対するドイツ語能力の促進がその中心的課題となっていることは一目瞭然である。これと関連して、強調されるようになったのが、親との協働である。就学前教育や学校、学校外教育の中で提供される言語促進は、親との協働が基本的に重要なものとなっている。就学前教育における課題として、ＫＭＫの二〇〇二年報告書から示した通り、移民の親が子どもの通う就学前教育施設や学校に足を運び、その場について理解する契機となるよう、就学前教育施設や学校において、親に対するドイツ語コースが開催されるようになっている。ドイツ語を学ぶとともに、ドイツの教育施設について理解を深めるというような親に対する包括的な支援システムにより、親との協働が強化されるとしている（Sekretariat der KMK 2002：17）。

また、移民家庭に対する教育支援は学校外でも多様に展開されている点や、親への支援も含めて、移民の子どもに対する教育支援を提供するには、学校だけでは対応しきれない現実を考慮に入れると、多様な組織の連携が必要となってくる。

以上を踏まえて、次のような措置が提供されるとしている（ibid.）。

① 言語促進のコーディネートを目的とした就学前教育施設、学校、学校外教育施設とのネットワークの構築
② 学校や学校外での促進の可能性や教育の提供を考慮した親に対するアドバイジングの強化
③ 移民の子どもの統合に向けた措置を行う際の相互支援を目的とした、学校外の活動団体や公的機関、施設との協働の強化

これらの措置に向けて、二〇〇六年報告書では親の活動とネットワークに関する記述が見られる。まず、②に関わる前提として、移民の親への支援が重視される理由が示されている。現在のドイツ社会を生きる移民家庭は、かれらの持つ伝統とそれとは異なった社会化の要求がせめぎ合うなかに置かれており、そのなかで家庭の教育力や教育に関する関心を高めることが重要であるとされている。また、移民の子どもに対する促進を成功させるには、教育施設と親との協働がその前提条件となっているとされる（Sekretariat der KMK 2006 : 13）。さらに、多くの州で展開されている親に対するドイツ語コースや統合コースは、親の不安を取り除き、教育や学校に関する強い関心をもたらし、子どもの進路に積極的に関わっていくことに寄与するとされている（ibid.）。

②の親に対するアドバイジングは、学校や学校外における子どもの促進支援の可能性や教育の提供を考慮するだけでなく、親にとってもその可能性のあるものを考慮するという点に焦点が移っている。実際に、諸州では、パンフレットや情報を母語に翻訳したり、個人面談や親の夕べの際の通訳支援などが行われている。このような支援が提供される学校においては、移民の親に対する支援や親の活動などにより意識的になっていると報告されている（ibid.）。

以上のような親に対するドイツ語支援やドイツの学校理解が求められるのは、移民の子どもの約三割が基幹学校に在籍しているためである。二〇〇六年報告書「ドイツにおける教育」は、ＰＩＳＡ２０００のデータから、学

校種別ごとに一五歳になるドイツ人と移民の子どもの割合を示している。基幹学校に在籍する移民の子どもはドイツ人の約二倍に相当し、一方で、ドイツ人の子どもは約三割がギムナジウムに在籍している（Konsortium Bildungserstattung 2006：152）。これには、移民の子どもの学習状況もさることながら、教師と親の抱える課題も関わっている。つまり、基礎学校の教師が移民の子どもの基幹学校進学を助長しているのではないかということであり、そしてその一方で、移民の親が教育システムを十分に理解していないために、基礎学校の教師に勧められるまま異議を唱えず、子どもを基幹学校に進学させているということでもある（ibid.：165）。そのため、移民の子どもが正当な教育機会を得られるように、親はドイツの教育制度について理解し、場合によっては、教師の勧めとは異なる決定を下せるよう備えておかねばならない（ibid.）。

①と③に示される多様な連携や協働に関しては、「若年層の移民の促進（Förderung von jungen Migratntinnen und Migranten）」という考えのもとに、州内や州を越えて多様なネットワークが形成されている。その目的は、移民の子どもに対する教育の質や教育や社会への参加を高めていくことである（Sekretariat der KMK 2006：13）。ネットワークの大きさやそれに参加している組織の数はそれぞれであるが、課題に応じてネットワークも増えてきている。それとともに、ネットワーク化することによる成果や活動の質も問われるようになってくる。その評価については、実際に連邦一〇州が参加している連邦・諸州教育計画委員会（Bund-Länder-Kommission für Bildungsplanung und Forschungsförderung, 略称ＢＬＫ）のプログラムの課題の一つであると二〇〇六年報告書は示している（ibid：14）。

このＢＬＫプログラムについて若干の説明を加えておきたい。このプログラム「FörMig（Förderung von Kindern und Jugendlichen mit Migrationshintergrund：移民としての背景を持つ子どもや青少年の促進）」は、二〇〇四年に開始された。ＢＬＫのモデル・プログラムの概要を示した資料によれば、その目的は、言語教育や言語促進プログラムの完成に向けた諸州の革新的なアプローチを発展させ、評価し、実践の応用を支援し、教育計画に対する成果に備えることであるとされている（BLK-Modellprogramm o.J.：1）。また、重点課題として、①個人の言語状況の把握に基づく言語促進、②ドイツ語や出身言語、外国語における一貫した言語促進や言語教育、③職業訓練と職業への移行、以上三点が挙げられている。このプログラムは、子どもの移行期、つまり、就学前教育から初等教育へ、初等教育から前期中等教育へ、前期中等教育から職業訓練へ、という各移行段階に注目し、その段階における移民の促進を重視している。この移行段階への注目もこのプログラムの一つの特徴であるが、さらなる特徴として、家庭や学校、保育施設、図書館、協会連盟、企業などを含め、言語教育に関わるすべての者が、このプログラムのコンセプトの発展に関わっていくことが挙げられている（ibid.）。

このプログラムは、諸州が重点領域と考える点において、言語教育を中心に人や組織の連携を促進するものとなっている。これは、二〇〇二年報告書で挙げられた①や③などのネットワークの形成や協働を促進するものとなっていると言える。また、このプログラムにおいても家庭が言語教育の重要なアクターとして捉えられていることから、②で挙げられた親へのアドバイジングを強化する措置であるとも言えるだろう。

以上の二〇〇二年、二〇〇六年報告書「移住」に加え、二〇〇七年には連邦政府による「国民統合計画（Der Nationale Integrationsplan）」[26]を受け、ＫＭＫは「機会としての統合――より多くの機会の平等のための共同（Integration als Chance-gemeinsam für mehr Chancengerechtigkeit）」と題する文書を提出している。国民統合計画では、連邦政府の管轄において取り組まれる中心的措置が九つ挙げられ、それに関わって一〇のテーマ領域にワーキンググループが設置された[27]。その中心的措置の一つが「教育による統合」である。教育が社会的、文化的、経済的な統合の鍵であり、ドイツ語獲得が教育や職業における成功の前提条件であるということを明示している。そして、就学前教育施設の拡充や学校修了資格未取得者に対する資格取得支援、就学前教育段階からのドイツ語教育に関する具体策が示されている。これらの教育の課題について、二〇〇七年文書では、ＫＭＫと移民組織は親と教育施設との協働に高い価値があるという意見で一致し、措置に関する申し合わせが行われたと示されている。これは先に見た二〇〇二年、二〇〇六年報告書において言及されているのと同様、移民の子どものドイツ語獲得や教育達成、教育を通した統合には、親との協働が不可欠であるとの立場を強調するものである。二〇〇七年文書では親と教育施設との積極的な連携について、一四項目が挙げられているが、なかでもドイツ語能力促進や親への支援に関わる部分を中心に、諸州文部省が取り組むもの、移民組織が取り組むもの、両者が協働して取り組むものを確認しておきたい（Sekreariat der KMK 2007：4-6）。

まず、諸州文部省が取り組むものとしては、親と子どもの学校生活を結びつけた親コースの設置、ドイツ語や非ドイツ語のメディアを通した親への情報提供の強化、学校と家庭の共同責任の下での子どもの福祉に資する教育活動への取り組みが挙げられている。また、異文化間教育に注目したものも挙げられており、学校内外の異文化間学習をこれまで以上に強化するために、学校生活への親の参加を強化すること、移民の比率の高い学校における異文化間性を考慮した学校特性を打ち出すこと、学校プログラムやカリキュラムにそうした目標を設定することを推奨している。

次に、移民組織が取り組むものとしては、親と教育行政の間の重要な仲介者であると自らを捉え、親に学校との協働可能性についての情報提供を行うことや、諸州によるプログラムに関与し、さまざまな教育プロジェクトを支援することが挙げられている。また、特に移民家庭における母親の役割を意識した取り組みの実施についても言及されている。さらに、ドイツ語能力の促進という点に注目すると、ドイツ語能力促進のための可能性として終日制プログラムを拡充する際のパートナーとなること、就学前教育施設における早期教育がもたらす効果について情報提供し、移民の子どもの教育や人生においてドイツ語が持つ重要な価値について啓蒙すること、早期からの言語発達の促進についてのアドバイジングを強化することが掲げられている。

そして、諸州文部省と移民組織の両者は、すべての子どもにとっての異文化間教育を行うためにも就学義務は守られねばならないとし、移民組織は移民家庭の親に対する啓蒙を通して、男児、女児双方に対する就学義務の遵守を求めるとしている。これは特に性教育、体育、課外学習への子どもの参加についても同様である。

これらのうち、移民家庭における母親の役割や男児女児を問わない就学義務の遵守、性教育や体育、そして、課外学習への参加についての言及は、特にムスリム移民家庭を意識したものと言える。また、全体的な特徴として、移民の子どもの教育を充実させるためには親の関与が不可欠であるとKMKは考えており、移民の子どもの教育をテーマにしつつも、親の教育への参加を同時に支援しようとしていると言えるだろう。


二〇〇〇年以降の移民の子どもの統合を目指した教育政策に見る今日的教育課題として、就学前教育、学校での促進、親や学校外施設との協働に絞って取り上げた。KMKによる二〇〇二年、二〇〇六年報告書「移住」や二〇〇七年文書から共通して言えるのは、移民の子どものドイツ語能力促進と親への支援が重視されている点である。とりわけ、ドイツ語能力は、ドイツ社会への参加の道を切り拓く上で非常に重要な鍵となる。ドイツ語が重視されるからと言って、移民の持つ出身言語を否定して、ドイツ語のみの使用を求め、同化的な言語獲得を移民に要求しているわけではないのは明らかであろう。それは、移民の多言語性を積極的に捉え、それを活かそうとしている点からも窺える。

ドイツ語能力の獲得は、外国人の子どもが増加するに従って、学校現場に突きつけられる大きな課題であり続けている。では、外国人の子どもが増加していく一九七〇年代における課題としての「ドイツ語能力の獲得」と、今日的課題としてのそれとは、その促進措置にしても何が異なっているのだろうか。それは、「移民の子どものドイツ語獲得」だけに着目するのではなく、それを中心的課題に据えながら、多角的にその課題解決に迫ろうとしている点であろう。それゆえ、「子ども」だけを支援するのではなく、子どもと密接に関係する「親」への支援が注目されるようになり、親と子を含め、家庭に対する支援を充実させることが不可欠になっている。さらに、その充実には学校だけでなく、多様な人や組織の連携が求められており、この点も見逃すことはできないだろう。

では、こうした二〇〇〇年以降の連邦レベルにおける教育政策が諸州ではどのように受容され、移民の統合政策が展開されていったのか、第2章ではノルトライン・ヴェストファーレン州を事例に概観していく。

第2章　ＮＲＷ州における移民統合政策の展開
――ＲＡＡによる受け入れの実効化――

第1章で概観した教育政策のなかでも、とりわけ二〇〇〇年以降の連邦レベルにおける教育政策が州レベルでいかに受容され、展開されているのか、本章ではＮＲＷ州の統合政策を事例に整理していきたい。ＮＲＷ州による統合政策の実効化に大きく寄与しているのが、地域移民支援機関であるＲＡＡである。本章では、ＮＲＷ州の移民支援の基礎を作り出したＲＡＡについて、その設立を時代を遡ってまず確認しておきたい。その後、二〇〇〇年以降のＮＲＷ州における移民の統合政策とそこでＲＡＡに求められている役割や機能について整理していく。

1　民間による教育支援の始まりとＲＡＡの設立

第1章において概観してきたとおり、一九七〇年代は外国人政策及び外国人の子どもを巡る教育政策が激しい動きを見せた時代であった。それと同時に、民間による外国人労働者とその家族に対する支援が始められるようになったのもこの頃である。今日、移民の統合政策の実効化において欠かせない存在となっているＲＡＡの起源もここにある。

(1) 民間財団による外国人に関わるプロジェクトの支援――一九七〇年代後半から――

一九七〇年代は、すでに述べてきたとおり、外国人政策の面でも教育政策の面でも、外国人労働者とその家族の定住に応じた政策が講じられてきた。と同時に、一九七〇年代には、雇用した外国人労働者とその家族の定住に直面した企業が中心となり、民間レベルでの教育支援に向けた動きが見られるようになった。とりわけ、外国人の子どもに関わるイニシアチブ・グループの取り組みに対して、一九七〇年代後半頃から連邦省庁や民間財団が大きな関心を示すようになってきた。主なものを挙げると、フォルクスワーゲン財団、ロバート・ボッシュ財団、フリードリッヒ・エーベルト財団などが、「モデル・プロジェクト」という形で編成されたプロジェクト・グループの助成に取り組み始めた（Marburger 1991：5-26）。大きなプロジェクトとしては、例えば、フォルクスワーゲン財団が助成した就学前教育や基礎学校における外国人の子どもの統合に関するものがあり、ロバート・ボッシュ財団は就学前教育に関する多くのプロジェクトを助成した。こうした民間財団はその名から想像がつくように、外国人労働者を雇用している企業が母体となっているものが多い。そのため、これらの民間財団が外国人労働者とその家族に対する支援を行うイニシアチブ・グループを助成したのは、企業の社会的責任を果たそうとしたとも受け取れる。

こうした動きがあるなかで、本研究で対象としているＲＡＡの設立やその後の助成に大きく関わることになったフロイデンベルク財団（Freudenberg Stiftung）について述べておきたい。フロイデンベルク財団は機械部品や医療機器部品を製造するフロイデンベルク社から発展して設立されたものである。フロイデンベルク家のハンス・フロイデンベルク（Hans Freudenberg）が、まずエトリンガー・グループ（Ettlinger Kreis）を創設し、その後、ヘルマン・フロイデンベルク（Herman Freudenberg）が一九七〇年代半ばまで約二〇年間にわたり、このグループを率いてきた。企業家や研究者からなるこのグループが特に焦点化し、議論を重ねていたのは、青少年の普通教育や職業教育に関する改革であった。このグループの議論は、その後、ドイツ学術財団連盟（Stifterverband für die Deutsche Wissenschaft）に引き継がれ、この連盟の中に「エトリンガー協議に関する財団（Stiftung Ettlinger Gespräche）」が設立され、エトリンガー・グループに引き続き、ヘルマン・フロイデンベルクがこれを率いることとなった（Freudenberg Stiftung 2004：3）。特にこのグループは「移民と統合」というテーマを引き継ぐことになり、外国人青少年の職業的、社会的編入（Eingliederung）に関するモデル・プロジェクトを発展させることになった。これは、フロイデンベルク社が資金提供し、バーデン・ヴュルテンベルク州（Baden-Württemberg）のヴァインハイム（Weinheim）で一九七九年に実現するに至った[1]。その後、フロイデンベルク社は一九八四年に自社財団であるフロイデンベルク財団の創設に至るまで、エトリンガー協議に関する財団に資金提供し、社としての社会貢献を行っていた。

　一九八四年にフロイデンベルク財団が設立されると、これまでエトリンガー協議に関する財団が取り組んでいたプロジェクトは、フロイデンベルク財団のプロジェクトとして引き継がれることになった。すなわち、フロイデンベルク財団が「移民と統合」というテーマを引き継ぎ、財団の重点支援領域としたことを意味する。このようなテーマが支援の中心に据えられているのは、民間財団の立場から、連邦政府や州政府が講ずる社会政策の中で欠如していると考えられる点、つまり、移民政策や統合政策に関わる措置を補完しようとしたためである（ibid.：4）。財団の主な目的としては、社会、言語、学校、職業などの領域における若い世代の統合の促進が掲げられている（ibid.：5）。ただし、この財団は、ドイツで今現在成長している世代のみを対象としているのではない。連邦政府や州政府が外国人労働者やその家族の第二世代に焦点化している一方で、その施策から外れる傾向にある親への支援も視野に入れた取り組みにも助成を行っている（Özdemir 2004：38）。

(2) ＲＡＡの設立へ——一九七〇年から一九八〇年——

上述のような一九七〇年代から一九八〇年代にかけての動きの中で、ドイツ学術財団連盟は教育改革によって生まれたＲＡＡの前身ともいうべき機関に着目している。それがドイツ教育審議会（Deutscher Bildungsrat）[2]によって設立された地域教育センター（Regionales Pädagogisches Zentrum，略称ＲＰＺ）である。ＲＰＺは、学校及び学校種を超えた協力モデルや学校と学校外パートナーとの間の協力モデルを発展させ、学校実践と教育計画の間、教師と研究者の間、学校、親、そして学校に関連した政治的、経済的組織の間の仲介を行っていた。これは当時、理論と実践の乖離が問題となっていたドイツの教育界において、両者をつなぐ役割を果たすことが求められてのものであった。

当時、学校と研究者、あるいは学校以外のその他の組織との結びつきが希薄であったことは、ＲＰＺが次のように捉えられていたことからも明らかである。学校に、そして実践に密接に関わるこのＲＰＺは、教師にとっては、自身の疑問に答え、実践的な支援を提供し、必要に応じて行政機関や学校外の組織との間を取り持つ施設だと捉えられていた。他方、研究者や行政機関、学校外の社会施設や文化施設などからは、このセンターが学校への道を開き、協働の可能性を切り拓くと捉えられていたのである（Hofmann, *et al.* 1993：10）。

理論と実践や組織間の乖離を解消するため、この組織は教育現場の中で生じる日常の課題を把握し、解決のために変化を生じさせる「変化のためのエージェンシー（change agency）」としての役割が求められた。それにより、関連機関に影響を及ぼし、単に課題解決に迫るだけでなく、そこから活動を発展させ、研修やアドバイジングを行ったりする組織であるべきだとされていた（RAA（Hrsg.）1995：27-28）。

こうした組織の機能が一定の評価を得て、困難な課題解決に向けて研究者と実践家を結びつけるなどしたことにより、課題解決に関する革新的な取り組みを支援する方法に利点が見いだされ、上述のエトリンガー協議に関する財団がこの機能に注目していた。また、学校内外における教育課題として外国人の子どもの存在が取り沙汰されるようになり、このような子どもたちを支援するためには、学校、ユースワーク、コミュニティに根ざした取り組みが必要不可欠であるとされるようになっていた。これらの認識に基づき、エトリンガー協議に関する財団は、自らが一九七九年に実施したヴァインハイムにおけるプロジェクトからも示唆を得て、翌一九八〇年に外国人労働者とその家族が多く暮らすＮＲＷ州のルール地域八都市にかれらに対する教育支援を行う実験モデルとしてＲＡＡを設立することになったのである。この実験モデルは、一九八〇年から一九八四年にかけての五年間にわたって、ＢＬＫやＮＲＷ州文部省、州内の地方自治体、エトリンガー協議に関する財団、そして後には、フロイデンベルク財団からの助成を受け、プロジェクトを実施した。実験モデルとしての試行期間終了後の一九八五年に、ＲＡＡはＮＲＷ州の地域常設機関として位置づけられ、存続した。また、フロイデンベルク財団は、その設立時に、エトリンガー協議に関する財団が重視し、テーマに掲げてきた移民に関するプロジェクトについては継続を決定していたため、実験モデルとしての助成終了後もＲＡＡとは引き続き協力関係にあった。

(3)　ＲＡＡ設立当時の目的と課題

一九七〇年代以降のドイツ社会において、外国人労働者とその家族の集住化やそれに対しドイツ人側が抱く不安やゼノフォビアは大きな問題となっていた。そのため、外国人側への支援もさることながら、ドイツ人と外国人との間の相互理解を生み出すことも重要な課題となっていた。設立を助成したＢＬＫやドイツ学術財団連盟は、その課題解決を期待し、ＲＡＡの設立当初の目的として以下の四点を掲げている（Hofmann, *et al.* 1993：21）。

① 異文化間教育の構想を発展させるとともに、マジョリティであるドイツ人と文化的マイノリティの間の理解を高めることに寄与すること。
② 学習の場をつなぎ、共同体を志向した（gemeinwesenorientiert）行動へと開かれていく際に学校を刺激し、支援すること。
③ 外国人の子どもや青年の促進のために地域のインフラストラクチャーを改善し、それを関連づけること。
④ 外国人の子どもや青年の編入のための州による措置の実効性を高めること。

ここで注目すべき点は、外国人の子どもや青年への支援活動が②の「共同体を志向した」行動へとつながるようにしていることや③の「地域のインフラストラクチャー」の改善を志向している点である。学校のなかだけでなく、外国人の子どもや青年を取り囲んでいる地域環境にも目を向け、地域に根ざした支援活動を試みようとしたと捉えることができるだろう。

また、これらの目的を実現するための優先課題として、次の三点が挙げられている（ibid.：21）。

① 措置を計画し、定着させるために、そして学習の場をつなぐ協働のためのパートナーを見いだすために、現場での促進措置やアドバイジングの提供をとりまとめること。
② 外国人の子どもの促進はかれらを孤立させるような措置ではなく、トレランスや理解を目標とした総合的なコンセプトから出発し、異文化間教育や異文化間コミュニケーションを推進すること。
③ 外国人の子どもの困難に関する一つの理由は親と学校の距離にあり、学校はこれを異文化間教育や異文化間コミュニケーションの可能性のための特別なチャンスを拓くことであると捉え、親の活動を改善すること。

これらの課題の中に見られる「異文化間教育」や「異文化間コミュニケーション」は、外国人とドイツ人の両者を対象にした教育、相互のコミュニケーションであることは当然であろうが、ここに外国人の親と学校の教師、という二者も含まれるだろう。この両者を結びつけるような、学校における親の活動は今日においても必要不可欠なものと捉えられている。ＲＡＡは設立当初から、その点を考慮し、これを優先課題の一つとして取り上げているのである。

(4) ＲＡＡに求められた機能

ＲＡＡの前身であるＲＰＺが注目されたのは、先述の通り、学校と研究者、その他関連機関との橋渡しをする機能が求められたためであった。ＲＡＡも同様に、上記の設立時の目的を達成するために、研究者と実践家、そして支援の対象者との間のコミュニケーションの仲介を求められた。とくに、外国人の子どもたちは学校内外において様々な課題を抱えており、学校の教師と社会教育に携わる者との連携も必要とされていた。これは行政上異なる管轄にある組織をつなぐことが重視され、ＲＡＡが課題とするものの複雑さに応じて、学校と学校外で行われている外国人労働者の家族に対する支援を関連づける必要があったためである。

ＲＡＡは単に外国人労働者とその家族に対する直接的な支援の主体であるということだけでなく、「仲介エージェンシー（Vermittlungsagentur）」として機能を果たすことが求められた。これは、いわゆる「リソース・システム」である大学や研究機関と「ユーザー・システム」である教師や学校、学区などの間の相互のコミュニケーションの道を作り出すことであった（ibid.：13）。このような道が開かれる必要があることの理由として次の二点が挙げられている。まず、研究や開発の成果は実践への入り口を見いだすためであり、そして、問題を考慮して、その問題解決のために重要な研究や開発がなされるためであるということである。

しかし、「リソース・システム」と「ユーザー・システム」の相互のコミュニケーションを円滑にするのは容易なことではなかった。というのも、研究者、学校当局、教師、親のそれぞれが有する知のヒエラルヒーがあり、それぞれが持つ知、すなわち情報がうまく共有されないのである。これは「ユーザー・システム」が課題解決の潜在的能力を有しているにもかかわらず、「リソース・システム」がそれを十分に認識しなかったり、逆に「ユーザー・システム」が課題解決のためのリソースの存在を認識せず、それらが十分に活用されないことにもなる(ibid.：13-14)。

そのため、「仲介エージェンシー」であるＲＡＡは、特に学校教育現場のニーズを把握し、行政機関と結びつけるためにも、スタッフには学校教員が加えられている。設立当初は外国人の子どもが多く在籍する基礎学校や基幹学校の教員が主であったが、その後、すべての学校種からスタッフを募集することになった。設立当初の段階におけるこれらの教員の役割には、現状や学校現場のニーズを把握する者として、教材開発やその実施、普及に重点が置かれていたが、学校現場だけでなく地域に関連した活動に従事することも求められるようになった。

以上のように、ＲＡＡは「仲介エージェンシー」としての役割を認識し、組織として研究者と実践者をつなぐ上での困難を理解し、それを打破するために、現場との密なコンタクトがとれる教員をスタッフに加えることで、「リソース・システム」と「ユーザー・システム」の両者をよりスムーズに仲介しようと試みていることを示していると言えるだろう。

第1章で述べたように、一九七〇年代は外国人労働者とその家族の定住化に直面し、かれらを巡る政策の激しい動きが見られた。それと並行し、民間財団によるモデル・プロジェクトも多数行われた。地域や教育現場において、外国人労働者とその家族をいかに受け入れ、支えるのかという点を考慮した民間財団による支援は、行政からのトップダウンではない形から始まったとも言えるだろう。もちろん、社会政策に影響を与えうる企業を母体とした財団である点や、RAAの設立に見るように、当時の教育改革の流れに乗じた形で始まった点など、必ずしもそれがトップダウンでないとは言い切れない。

しかし、政策とは異なり、民間財団による支援の始まりとRAA設立当時の課題、そして求められた機能などは、当時の現実に即したものである。現に定住している外国人労働者とその家族が学校や地域で生活する際に生じる課題、そしてかれらと関わらざるを得ない、例えば教師のような実践者の課題に密接に関わり、その課題解決に向けた体制を整えようとしたと言える。

RAA設立当初の目的や課題、求められる機能は、設立後三〇年以上を経た今も、移民に対する支援に共通するものである。この点を鑑みると、一九七〇年代から八〇年代のこの時期の取り組みが、NRW州における移民に対する教育支援の方向性を位置づけたと言ってもよいだろう。

2　NRW州移民政策に見るRAAに対する期待と役割

NRW州において、RAAは移民政策には欠くことのできない機関として存在している。それがNRW州移民政策の中にどのように現れているのか、RAAの役割と期待について二〇〇〇年以降の政策に焦点化し、整理していきたい。

(1)　二〇〇一年決議「NRW州における統合に向けた積極策」

NRW州では、二〇〇一年に州議会が移民の積極的な統合に関する「NRW州における統合に向けた積極策」[3]の決議を行った。この決議の序文では、「統合は同化ではない」と明確に示されており、真摯に統合政策に取り組むには、移民も受け入れ社会も同じ目線に立って向き合うことでなくてはならないとしている。そして、ドイツ国籍者のみならず、長期的にNRW州に暮らす人々も含む市民概念を発展させていくことが述べられている。このような意味での統合を念頭に置き、統合政策を成功させるためには、政策の実効化を担うパートナーが必要となる。これは当然のことながら、地方行政や福祉団体などさまざまな関連機関が挙げられるが、それらと並んで、二七都市に設置されているRAAとそのネットワークによる支援が不可欠であるとされている。具体的に統合政策を実行する行動領域として、①言語能力、②就学前教育、③学校、④イスラム教育、⑤青少年支援、⑥成人に対する統合コース、⑦職業訓練と就労、⑧経済、⑨都市の発展、⑩行政、⑪協会・政党・教会・組合・福祉団体、⑫移民自助組織、⑬文化とメディア、⑭健康と老年期、⑮安全と警察、⑯移民委員会の創設、⑰統合政策の調整、⑱反人種差別法の一八の領域が挙げられている。そして、それぞれの領域において、移民の統合を目指した提言がなされている。

この移民政策が示された三年後の二〇〇四年には、健康・社会・女性・家族省（Ministerium für Gesundheit, Soziales, Frauen und Familie）がこの決議に示された統合の基本原則を整理し、さらにそれぞれの行動領域に関して移民政策を反映した諸措置や現状に関する報告書を出している。この基本原則とは、『促進と要求（Fördern und Fordern）』の原則」、「社会的・横断的課題としての統合」、「すべての移民に対する統合支援」、「可能な限り早い段階での統合」、「機会の平等と同権の促進」、「社会参加と政治参加の促進」、「受け入れ社会の統合能力と統合の準備の強化」、「移民と従来からの住民との衝突のない共生の促進」の八点である（Ministerium für Gesundheit, Soziales, Frauen und Familie des Landes NRW 2004：90-92）。こうした八つの基本原則に基づき、先の一八の行動領域においてさまざまな措置が進められているのだが、とりわけ、就学前教育、職業訓練と就労、行政の領域においては、RAAが統合政策を実効化するための大きな役割を担う存在として言及されている。[4] ここでは、なかでも就学前教育に関係する基本原則「可能な限り早い段階での統合」について確認し、就学前教育における統合措置の当時の状況を整理しておきたい。

基本原則「可能な限り早い段階での統合」は、学校や職業訓練における成功の基礎となるドイツ語能力を確立するには、幼少期から統合を意識した教育措置を移民の子どもに提供しなくてはならないとの考えに基づいている(ibid.：91)。そのため、就学前教育における言語能力の促進や基礎学校におけるその継続性に重点が置かれている(ibid.)。就学前教育の領域においては、就学前教育施設における親を巻き込んだ言語能力促進プログラムの提供、移民としての背景を持った保育者の雇用促進、子どもの言語能力促進を意識した保育者養成、言語能力や発達の遅滞に関する調査の実施が推奨されている。これを受け、二〇〇二年には健康・社会・女性・家族省と文部省が協働で、「就学前教育における移民の子どもの言語能力促進指針」[5]を提出した。この指針では、言語能力促進コースの設置、コースの種類[6]、教育方法などについて述べられているのだが、特筆すべきは、言語能力促進コースで行われる言語教育を異文化間教育の一部として位置づけることを明確にしている点である。また、異文化間教育の全体構想として、ドイツ語の促進、母語の促進、親の参加、幼稚園から学校への移行、社会教育関係の人材の質向上を含む包括的なものであるべきとされ、その全体構想は地域における青少年支援の担い手が生み出すものとされている。そして、その担い手の例として、学校とともにRAAの名が挙げられているのである。

RAAは一九九九年から二〇〇二年にかけて州の助成を受け、「リュックサック・プロジェクト(Rucksack Projekt)」と呼ばれるモデル・プロジェクトを実施しており、二〇〇四年報告書でも、「可能な限り早い段階での統合」に関連した就学前教育における取り組みとして注目されている(ibid.：99-101)。このプロジェクトについては、第5章で詳細について述べるが、概略は次のとおりである。このプロジェクトは、ドイツ語能力や母語能力の育成のために母親の役割を重視した言語能力促進プログラムであり、母親がプロジェクトで学んだ手法で家庭で子どもに母語を教え、それと同様の手法で保育者が保育施設でドイツ語を教えるという家庭教育と就学前教育を結びつけたプログラムである。また、言語学習だけではなく、ドイツ人の日常生活と移民の日常生活の双方を保育施設の活動の中に取り込み、保育施設の日常生活を異文化間的なものにするという異文化間教育の側面を有している。現在では、RAAはこのモデル・プロジェクトのプログラムを確立し、州内のみならず連邦全土に広めている。

二〇〇一年決議以前から、RAAが州の助成を受け、言語能力促進プロジェクトを進めていたことを考えると、その経過は少なからずとも二〇〇一年決議の内容や二〇〇二年の言語能力促進指針に影響を及ぼしたと捉えることができるだろう。それは、二〇〇一年決議と二〇〇二年の言語能力促進指針において、親の参加が重視された点に窺える。つまり、RAAが移民の子どもの母親の存在を重視したプロジェクトを試行したことにより、移民の子どもの言語能力促進や言語発達を促すには、母親の子どもに対する積極的関わりが不可欠であることが確認され、それが二〇〇一年決議や二〇〇二年の言語能力促進指針の内容に反映されたと読み取ることができる。また、政策に影響を及ぼすと同時にそれがRAAの活動を推進する相乗効果も見られる。RAAはこうした親の参加を促すプログラムの普及に努めていたのだが、親の参加について二〇〇二年の言語能力促進指針で明確に言及されたことにより、それが教育措置を実施する際の根拠となっており、「可能な限り早い段階からの統合」を実効化するRAAの活動を後押ししたと言える。

(2) 二〇〇六年アクションプラン「統合」

二〇〇一年決議に従い、NRW州の統合政策は進められてきたが、二〇〇六年にはアクションプラン「統合(der Aktionplan Integration)」が提出され、移民の統合に向けてさらなる政策を進めることになった。二〇〇一年決議を引き継いだ形で、このアクションプランも二〇にわたる提言を行っている。それは、①就学前の言語能力促進、②家族センターの設置、③学校の終日制プログラムの充実、④ＲＡＡによる「教育を通した統合」に関するネットワークの発展、⑤職業訓練、⑥移民自助組織との協定、⑦イスラム系組織との協働、⑧移民としての背景を持つ教師の雇用促進、⑨国籍取得に向けた情報提供キャンペーン、⑩滞在が長期化し、社会統合されている外国人に対する滞在規定、⑪「社会都市ＮＲＷ」プログラム、⑫州・地方自治体との連携、⑬移民に対する専門サービスを提供する社会福祉事業の支援、⑭統合コースに対する評価、⑮強制結婚を迫られる移民女性の保護と支援の改善、⑯「スポーツを通した統合」プログラムの助成、⑰移民の文化的実践の促進、⑱ＥＵにおける統合政策議論の中核としてのＮＲＷ、⑲統合委員会の招集、⑳横断的課題としての統合政策の構想、といったものである。あらゆる場面における移民の統合を念頭においていることが、これら二〇にわたる項目から見て取れる。

ここでは、本論に関わり、ＲＡＡを掲げた提言④ＲＡＡによる「教育を通した統合」に関するネットワークの発展と⑥移民自助組織との協定について、アクションプランを具体的に訳出する形で確認しておきたい。

アクションプラン「統合」

④　州政府は州レベルで成果を上げるために、目下二七あるＲＡＡを「教育を通した統合」ネットワークにさらに発展させていく。

ＲＡＡは地方自治体の管轄にあり、州によって助成されている。われわれは、現在の立場を超えて、ＲＡＡの連携のノウハウが州全体に広く行き渡るよう発展させたい。これまでに、ＲＡＡはすでに設置されている二七の諸都市において、幼稚園、学校、学校から職業訓練への移行における子どもや青少年の統合プロセスに寄り添ってきた。その専門知識や開発された支援プログラム、そしてその手法を関心のある他の諸都市や行政区においても活用できるよう、そうしたレディネスとＲＡＡによる支援が今後結びつけられるべきである。だからこそ、「教育を通した統合」ネットワークが生み出される必要がある。このネットワークはエッセンにあるＲＡＡ本部が責任を持つべきものである。

⑥ 州政府は、移民の子どもの教育状況の改善に貢献するために、移民自助組織と教育協定を締結する。移住の歴史を持つ親たちが子どもの教育改善にともに取り組む「親ネットワーク・ＮＲＷ——共に統合していこう（Elternnetzwerk NRW – Integration miteinander）」を州の支援によって拡大していく。

今後、移民自助組織を助成する際、移民の子どもの教育を支援する措置に重点が置かれる。ＮＲＷ州においては、移住の歴史を持った親と連携し、ともに努力することで子どもの教育の過程を効果的に支援してきた好例がある。親ネットワーク・ＮＲＷにおいても、これらの経験が広がり、既存の親組織が組織的にも、内容的にも支援が得られるようにすべきである。

提言④から窺えるように、ＲＡＡはこれまで設置されている諸都市の地域関連組織と連携し、さまざまな教育支援の経験を蓄積している。また、ＲＡＡ間のネットワークも活かし、移民に対する教育支援に取り組んできた。ＮＲＷ州政府はこうしたこれまでの成果を認めつつ、その蓄積が、ＲＡＡの設置されていない諸都市においても有効活用されることを目指している。それは、「教育を通した統合」ネットワークにより、ＲＡＡがそうしたニーズのある諸都市と連携し、教育支援の助言を行うことが期待されているのである。

また、提言⑥の親ネットワークに関しては、ＲＡＡと明言されていないものの、親との連携の上で移民の子どもの教育を促進してきた一例は、まさに二〇〇一年決議を受け、二〇〇四年に提出された報告においても注目されているＲＡＡのリュックサック・プロジェクトであると考えられる。こうした教育支援の知見を、親ネットワーク・ＮＲＷを活用して広げていくことが暗に含まれていると言えるだろう。

この二〇〇六年のアクションプランを受け、二〇〇八年には統合報告書「ノルトライン・ヴェストファーレン：新たな統合のチャンスを持つ州」[7]が提出されている。これは、世代・家族・女性・統合省（Ministerium für Generationen, Familie, Frauen und Integration）がとりまとめたものである。統合報告書には、アクションプランが目指す統合政策の目標として、「社会的、民族的、宗教的な出自による区別のない機会の平等」、「救済ではなく参加」、「異文化間の開放性」、「レイシズム、外国人嫌悪、差別との戦い」の四点が明示されている（Ministerium für Generationen, Familie, Frauen und Integration des Landes Nordrhein-Westfalen 2008：30-31）。こうした目標を持ち、移民の統合を効率よく進めていくための組織として、ＮＲＷ州における省庁、州委員会、州センターなどが挙げられている。また、こうした州レベルの組織連携のみならず、地域における統合実現のためのパートナーが不可欠であるとの認識から、諸都市において活動を展開するＲＡＡも連携パートナーの一つとして重視されている。それは、ＲＡＡが異文化間の共生はすべての子どもや青少年にとってのチャンスであると理解しており、そうした理解を活動の出発点にさまざまなプログラムを展開しているからである（ibid：37）。また、支援や助言を行う組織として異文化間教育の考え方に基づいて活動をしていることや、諸都市において移民支援に携わる様々な関連機関との協力体制を構築していることが大きく関係している。

ＲＡＡの組織のあり方や活動が上記のように理解され、ＮＲＷ州における移民の統合に大きく寄与すると考えられていることから、アクションプランにあるように「教育を通した統合」ネットワークを充実することが求められるのである。では、二〇〇八年統合報告書の中で、RAAに求められている「教育を通した統合」ネットワークの進捗がどのように示されているのかを確認しておきたい（ibid：44）。

「教育を通した統合」ネットワークは、アクションプラン提言④を受け、二〇〇八年八月にスタートした。統合省（Integrationsministerium）と学校・継続教育省（Ministerium für Schule und Weiterbildung）の助成の下、RAAはこれまでの活動の成果から活用できるコンセプトやプログラムを集約した。これらは就学前の領域から、学校、職業への移行に至るまで多岐にわたり、就学前教育施設で進められる言語促進や親の教育（Elternbildung）の多様なコンセプト、バイリンガル識字教育の方法、「移民生徒のためのドイツ語」プログラム、ドラマ教育の手法を活かした職業選択トレーニング、「異文化間能力」の認定コース、継続教育の提供やアドバイジング・サービスといったものである。[8] こうした教育支援の実践例を集めたカタログを活用することで、諸都市は新たに支援プログラムを開発することなく、必要に応じて、すでにその有効性が現場で検証されたプログラムをそれぞれの課題に応じて援用することができる。

併せて、提言⑥移民自助組織との協定についても確認しておこう（ibid：47）。

先に見たとおり、移民自助組織に対する助成は、二〇〇一年一月以降、移民の子どもや青少年の教育機会の改善や親の教育能力の強化に資するプロジェクトや措置に重点化されるようになった。州レベルの親ネットワーク・NRWもさらに拡大し、他の組織との連携も見られる。二〇〇七年三月の設立時には、一〇九の組織がこのネットワークの活動に賛同し、参加しており、同年にはこのネットワークが州レベルの指導委員会（Leitungsgremium）を構成する一つに選ばれている。この委員会の課題は、ネットワークの性格をより明確にし、州政府との協働や移民の親との連携活動に向けたアプローチを見いだし、拡大していくこととされている。実際、州レベルで展開されているさまざまな活動の情報を収集したり、モデルとなるような実践[9]が進められている。この親ネットワーク・NR

Wの活動を推進する中で、ＲＡＡは親ネットワーク・ＮＲＷと共同で「ＮＲＷ州のための共同：教育への親の配慮(Gemeinsam für NRW. Eltern sorgen für Bildung)」というパンフレットを作成し、移民の親に焦点化した諸都市のＲＡＡの教育支援を取り上げ、普及に努めている。[10] ＲＡＡには、さらに、移民の親と教師の協働が促進されるように、教師に対する継続教育を提供することが期待されている。

第1節で述べたように、ＲＡＡは「ユーザー・システム」、「リソース・システム」をつなぐ「仲介エージェンシー」としての役割を果たすことが設立当初から求められていた。そうした役割とともに、二〇〇〇年以降の移民の統合政策に見られるように、ＲＡＡが「仲介エージェンシー」として様々な関連組織をつなぐ役割を果たしつつ、ＲＡＡ自身が「リソース・システム」の機能も強めている様子が窺える。また、第2節で指摘したように、ＮＲＷ州における移民の統合政策にＲＡＡの教育支援活動が影響を与え、また政策にＲＡＡの教育支援が反映されることでそれを根拠としてさらに活動を展開し、統合政策の実効化を促進していると言うことができるだろう。

次章では、移民の子どもの教育を巡る教育学の議論を整理し、教育学の議論がＲＡＡの教育活動を支える理念や実践にいかなる影響をもたらしたのかを検討していく。

第3章　教育学における移民の子どもを巡る議論の展開

外国人労働者とその家族が定住し、移民となっていく過程のなかで、かれらを取り巻く外国人政策や教育政策は微細ではあっても変化を示し続けていた。もちろん、こうした変化は、政策レベルだけではなく、教育実践やそれを巡る教育学の議論の中にも同様に見て取れる。本章では、教育学において移民の子どもを巡り、いかなる議論が展開されてきたのか、移民の子どもへの対応に関する議論から始まった外国人教育から異文化間教育へと発展するその過程を概観する。また、一九八〇年代以降、異文化間教育の議論も拡がりを見せており、それについても整理を行う。そして、それらの議論のなかでも、ＲＡＡの教育実践に影響を及ぼしたコンセプトや支援の鍵となる異文化間能力について提示する。

1　外国人教育から異文化間教育へ

移民の子どもを巡る議論は教育学のなかでも行われてきた。外国人労働者の子どもとして、移民の子どもを受け入れた当初は、ドイツ人の子どもと比較したときに見られるドイツ語能力の不十分さを補償するといった観点から、補償的な外国人教育が論じられていた。しかし、移民の子どもが有する差異を否定的に見る外国人教育は、その後批判されるようになり、その批判の帰結から、文化的差異を学校や社会を豊かにするものと積極的に捉えるような視点が生まれ、異文化間教育へと発展してきた。

外国人教育から異文化間教育への理論的な変遷については、日本においては、天野（1997）、生田（1998）、立花（2006）、中山（1997）、ドイツにおいては、アウエルンハイマー（Auernheimer 2003）、クリューガー＝ポトラッツ（Krüger-Potratz 2005）、ニーケ（Nieke, 2000）、マールブルガー（Marburger 1991）、メヒェリル（Mecheril 2004）など、多くの異文化間教育研究者によって整理が行われてきた。本論では、これらの先行研究の中でも、ドイツにおける研究動向を幅広く丁寧に整理しているクリューガー＝ポトラッツ（2005）の論考に注目する。

クリューガー＝ポトラッツは、外国人教育から異文化間教育への発展について、最初に通時的整理を行ったのがニーケ（Nieke 1986）であるとし、他の研究者も自身の視点を多少加えながらも、基本的にはニーケによる整理に依拠していると述べている。一九八六年当時にニーケが行った基本的な整理は次の三つに区分されるが、その後の論考（1995, 2000）では新たな段階を加えた整理を行っている。ここでは、一九八六年のニーケによる論考の概略を提示したクリューガー＝ポトラッツの整理と、ニーケ自身が当時の論を引き継ぎ、新たな段階を加えた論考（Nieke 2000）の双方を参照しつつ、外国人教育から異文化間教育の発展について概観する。

第一段階は、一九六〇年代末から一九七〇年代末までに見られた、「応急処置としての外国人教育（Ausländerpädagogik als Nothilfe）」である（Krüger-Potratz 2005：38-40, Nieke 2000：14-15）。当時のドイツの学校で問題となっていたのは、外国人の子どもがドイツ語の知識をほとんど持たずにドイツの学校に編入学することであった。そのため、かれらに早急に、可能な限り多くのドイツ語を教授することが大きな課題となっていた。当時、ドイツ語を解さない外国人の子どもを受け入れ、教育するという経験を有していなかったドイツの学校では、外国人の子どもに対するドイツ語教授について、外国語としてのドイツ語教育（Deutsch als Fremdsprache）の教授法を応用していた。しかしながら、外国人の滞在が長期化すると、外国人労働者とその家族が置かれている言語環境を考慮し、そのような条件下で言語獲得をしていく子どもが十分にドイツ語を習得するためには、第二言語としてのドイツ語（Deutsch als Zweitsprache）の教授法確立の必要性が指摘されるようになった。

それと同時に、通常学級での授業についていけるように、外国人の子どもにドイツ語を集中的に教授するため、準備学級が設置された。準備学級では、外国人の子どもがドイツ語習得のために通常学級から取り出されている間に、通常のカリキュラムでの学習内容すべてが遅れる事態に陥らぬよう、ドイツ語とともに中心的な教科の授業も行われた。外国人の子どもが準備学級を経て、通常学級へ移行するという体制が整えられてくると、次に、準備学級で教授されるドイツ語や教科の教授法、通常学級に移行してからのドイツ人と外国人の子どもを一緒に教授することの課題も浮上してきた。しかしながら、ドイツ人と外国人をともに教えるという点が課題になりつつも、教育課題の対象は常に外国人の子どもと特定していたことから、「外国人教育」という領域を確立していくことになった。

ニーケは一九八六年当初、この第一段階を「補償教育と同化教育としての外国人教育（Ausländerpädagogik als kompensatorische Erziehung und Assimilationspädagogik）」と特徴付けていた。ドイツの学校がドイツ語を解さない外国人の子どもの受け入れ経験に乏しかった点や通常授業に参加できるだけのドイツ語能力習得が優先された点を考慮に入れて捉えることは可能なのだが、ニーケは補償教育としての側面や同化的な側面をここで強調したとも言える[1]。この段階は、既存のドイツの学校システムの基準から、外国人の子どもを捉え、ドイツ人の子どもと比べ、ドイツ語能力やドイツ人同様の振る舞い、価値規範などに欠けるとして、その欠損を教育で補償しようとしていた。これは、ドイツ語の獲得やドイツ人の持つ行動様式、価値規範への適応、すなわち、同化が自明のこととして進められたことを表している（Krüger-Potratz 2005：40）。

このような同化的な教育に対して、一九八〇年代に入ると反対運動が行われるようになった。ニーケはこうした運動が生じた一九七〇年代末から一九八〇年代初めを、「外国人教育への批判（Kritik an der Ausländer-pädagogik）」という第二段階であるとしている（Krüger-Potratz 2005：40-41, Nieke 2000：15-17）。これが大きく議論されるようになったのは、一九八〇年に開催された「外国人活動におけるイニシアチブ・グループ連盟（Verband der Initiativgruppen in der Ausländerarbeit）」の年次大会を契機としている。年次大会のモットーとして掲げられたのは、「外国人問題の教育化に反対して（Wider die Pädagogisierung der Ausländerprobleme）」であり、これが当時の外国人教育に対する批判を象徴している。それまでの外国人の子どもの教育に関する実践的な、そして構想的な努力に対し、厳しい批判が生じた。これは、それまでの応急処置的な教育が、そもそも政治的に解決すべき外国人問題の本質を覆い隠しているのではないかということであった。つまり、外国人教育の応急処置的な支援が、外国人問題を効果的かつ満足した形で解決しうるのだという誤った印象をもたらしているというのが、批判の根本をなしていた（Krüger-Potratz 2005：40）。

また、そのような外国人問題の根本的な原因に目を向けるとともに、それまでの同化的な教育実践についても具体的に批判がなされた。外国人教育がその対象を外国人の子どもと特定している点が、かれらのスティグマ化につながるとされた。つまり、第一段階で述べたように、ドイツ人を基準とした際、外国人の子どもはドイツ語能力や行動様式、価値規範などが欠けており、欠損を持つ集団として外国人の子どもを捉えたことに起因している。また、そのような外国人の子どもの持つ欠損を補償するという考え方にも批判は向けられた。ニーケは、このような欠損を補完し、外国人の子どもにドイツ人の子どもと同様の行動様式を獲得させることは、外国人の同化やドイツ人化（Germanisierung）を望む傾向にあると批判している（Nieke 2000：16）。

このような批判がなされるようになったのには、二つの議論の方向性が見られるとニーケは述べている（ibid.）。第一に、公的には帰国能力の保持という目標が強く掲げられているのだが、実際を見てみるとドイツ社会への同化を求めており、教育政策でも二重戦略と批判されたように、目標設定と実態とが矛盾している点である。第二に、マジョリティの文化が支配的であり、その文化にマイノリティが同化しなければならないという風潮に対する異議が唱えられるようになったのである。

異文化間教育の構想は、外国人教育に対する以上のような批判が展開されるなかで生じた。この構想は、批判の帰結として、マイノリティは同化を強要されるのではなく、かれらの持つ文化や生活様式などの保持を妨げられず、またマジョリティからもそれが受容されるべきだという考え方に基づいていると言えるだろう。そして、このような構想の変化は、教育に新しい課題をもたらすことになったのである。これが、「多文化社会のための異文化間教育（Interkulturelle Erziehung für eine multikulturelle Gesellschaft）」と呼ばれる第三段階である（Krüger-Potratz 2005：41, Nieke 2000：17-18）。この段階の新たな特徴は、「多文化社会が構築されつつあるという事実を受け入れ、動的な文化概念から出発する」（Krüger-Potratz 2005：41）点である。

第三段階の出発点は、上述の通り、外国人教育に対する批判に見ることができるのだが[2]、外国人教育という用語やコンセプトに関する批判が展開される中で、論者によっては、内容を検討することなく、単純に「外国人教育」と「異文化間教育」の用語を置き換えただけのものもあると批判的な指摘を残している（Nieke 2000：17）。しかし、それと同時に、多くの論者は両者の用語を区分し始めたとも述べている。これは、ニーケ自身が二〇〇〇年の論考でこの段階を「促進教育と異文化間教育の差異化（Differenzierung von Förderpädagogik und Interkultureller Erziehung）」と名付けた点に現れている。つまり、外国人の子どもにとって、ドイツ社会において生きていくために必要不可欠な促進と、外国人とドイツ人の子ども、とりわけ、マジョリティであるドイツ人の子どもにとっての多文化社会において生きていくための備えという二つの方向性の中で異文化間教育は考えられたのである。

そのような方向性があるなか、ニーケは異文化間教育の多様な萌芽が浮かび上がってきていることはすでに指摘していた。しかし、その多様な萌芽とも関連して、文化と社会の関係性をどのように把握するかについては議論の余地を残していた。これは異文化間教育の構想が浮上してすぐに巻き起こった批判とも関連している。つまり、異文化間教育が移民の文化を重視するあまり、社会構造上、周辺に位置づけられている移民に対する差別の根本的な原因から目をそらしているのではないかという批判である。また、今のドイツ社会を生きている移民の持つ文化はすでに変容しており、出身国の文化そのものとは異なっているのだが、出身国の文化に注目するあまり、それを単なるフォルクローレとして守ろうとする危険性も生じた。十分に議論が尽くされぬまま、文化的差異が強調されることにより、意図せぬ差別を生むことになったり、逆に民族回帰の現象を助長する傾向も見られた（Nieke 2000：18）。

ニーケ自身はこのような文化と社会の関係を巡って、異文化間教育の実践としてテーマになるような葛藤状況においては、人権の視点が有効であるとし、「移民の文化のあらゆる構成要素が拒絶されるならば、それは人権侵害である」（Nieke 1986, zit. nach Krüger-Potratz 2005：41）と述べている。さらに、マジョリティとマイノリティのそれぞれの視点から課題を考えていくことが、今後一層重視されるとし、外国人教育から異文化間教育への発展に関する整理の試みを終えている（ibid.）。

以上が外国人教育から異文化間教育への発展を段階的に示したものであった。この三段階を基礎とするところは多くの研究者が認めており、それを踏襲した上で自らの視点を付加している。ニーケ自身もその後の著書で、「エスニック・マイノリティへの視点の拡大（Erweiterung des Blicks auf die ethnischen Minderheiten）」と「一般教育の構成要素としての異文化間教育（Interkulturelle Erziehung und Bildung als Bestandteil von Allgemeinbildung）」の二つの段階を付加しているので、それらについてもここで簡単に確認しておく（Nieke 2000：18-20）。

第四段階として示された「エスニック・マイノリティの視点の拡大」は、一九八六年の論考を結ぶにあたって、ニーケが重視した視点の一つをより具体化したものである。外国人教育から異文化間教育に発展する過程において、その対象は主として外国人労働者の子どもであり、かれらのドイツ社会への編入が課題となっていた。この課題に取り組むために、ドイツのみならず、言語的、文化的マイノリティを抱える諸国の対応に関する研究も盛んに行われ、マイノリティが置かれている状況の類似性も指摘されるようになった（ibid.：18）。そのため、これまで外国人の子どもにのみ向けられてきた視点が、難民やシンティ・ロマ、デンマーク系マイノリティやソルブ人など[3]の土着マイノリティといったエスニック・マイノリティに対して広がっていった。さらに、構造的に不利な立場に置かれている社会的弱者や障がい者、女性、性的マイノリティ、高齢者にまで広げられることになった（ibid.）。

　第五段階である「一般教育の構成要素としての異文化間教育」では、異なる生活世界を有する人々との共生とそれによる多文化社会への備えは、必然的かつ義務的にすべての教育努力の中に包含されなくてはならないという見解が徐々に定着してきたという（ibid.：19）。ニーケはこの段階では、教育政策や教授内容に重点を置いている。それは、一九九六年に出された「学校における異文化間教育勧告」や同年に大学学長会議が出した学生の異文化間能力促進に関する勧告なども関連している。一九九六年勧告及び大学学長会議の勧告は、双方とも異文化間能力を一つの鍵であると見なしている。しかし、異文化間能力を重視する双方が考える前提は異なっている。一九九六年勧告では、外国人労働者や難民の流入によってもたらされた多文化社会が前提であり、そこでの共生が目指される。一方、大学学長会議の勧告は、欧州拡大やグローバリゼーションに伴い、ドイツ人が国外に出て、言語的、文化的に異なる地域で生活するために異文化間能力が必要であると考えている。こうした国外に対する視野の拡大に、欧州統合のプロセスが影響を与えていることは見過ごすことができない。欧州域内移動の活発化や労働市場の拡大を考えると、ヨーロッパのための教育（Erziehung für Europa）も異文化間教育の主要なテーマであると言える。

ニーケは一九八六年の論考に加えて、外国人教育から異文化間教育への発展、そしてその後の展開とも言えるプロセスを上述のように五段階に区分した。第一段階、第二段階に関しては、年代区分をある程度明確にして、それと関連づけて議論の中に見る転換点を強調することができたのだが、第三段階から第五段階に関しては示されていない。クリューガー＝ポトラッツは、明確に提示することをニーケは「断念した」（Krüger-Potratz 2005：42）と述べている。これは、外国人教育への批判から異文化間教育へと発展していくなかで、実際に多様な萌芽が見られるようになり、それに関する議論が広がると、明確な転換点を示しづらくなったということにも起因するであろう。さらに、ニーケによる段階的区分は基本的な了解として受け止められているものの、異文化間教育への発展がこのように直線的に発展してきているわけではないとする研究者もいる。例として、アウエルンハイマー（1990）が挙げられる。彼は「ニーケによる段階区分は唯一直線的な発展の図を作り上げ、いくつかの論争は隠蔽された」（Auernheimer 1990：8）と批判している。このような批判に対し、ニーケはその指摘は正しいとし、しかしながら、「当時の議論のように、複雑で、統一されていない議論の展開を段階区分する試みは、かなりの単純化を避けられない」（Nieke 2000：14）とし、アウエルンハイマーの批判を受け入れて、第三段階以降の新たな段階を加えたのである。

　このようなニーケの試みは、異文化間教育に関する議論を活発化させたとも言える。クリューガー＝ポトラッツは、ニーケによる段階区分の議論に自身の視点を加えて整理を行った研究者として、マールブルガー（1991）、シュライナー（Schreiner 1992）、グリーゼ（Griese 2002）、アウエルンハイマー（2003）[4]を挙げ、各々によってなされた区分を提示している（Krüger-Potratz 2005：47-51）。ここでは、クリューガー＝ポトラッツの整理に従って、ごく簡単に見ておきたい。

　まず、マールブルガーはニーケの区分した段階以前に、外国人の子どもの教育が議論の俎上に載せられていた段階があることを指摘している。その段階は「表題のない前段階（überschriftlose Vorphase）」と称される。外国人労働者の受け入れが始まった当初である一九五〇年代から、外国人の子どもの就学や外国人学校に関する規定が作られており、その頃から外国人の子どもの教育は始まっていたのである。この点にマールブルガーは注目したと言えるだろう。

シュライナーは一九六五年から一九九二年までを四つの段階に区分している。第一段階は、一九六五年から一九七五年までを区切り、「非内省的な実用主義（unreflektierter Pragmatismus）」と名付けられている。第二段階は一九七五年から一九八一年の間で、「モデルに関する争い（Streits um Modelle）」とされている。第三段階は一九八二年から一九九二年までの「多文化社会のための異文化間教育（interkulturelle Erziehung für eine multikulturelle Gesellschaft）」であり、そして第四段階が「異文化間学習から平等へ（vom interkulturellen Lernen zur Gleichberechtigung）」とされている。シュライナーもニーケと同様、後半の段階になると正確な年代区分を行うことはしていない。

次にグリーゼによる区分であるが、これは学術研究の中で外国人の子どもの教育がどのように扱われてきたかという点に注目したものである。五つの段階に分けられるとされ、「外国人労働者研究」に始まり、「外国人教育」、「外国人問題の教育化に対する反対」、「異文化間教育と多文化社会」、そして「異文化間教育への批判」とされている。この区分に関しては、クリューガー＝ポトラッツは厳しく批判しており、「外国人、移民、外国人労働者というテーマに対するグリーゼ自身の取り組みに基づいて」（Krüger-Potratz 2005：48）いるだけだとしている。

アウエルンハイマーは、ニーケによる第二段階から第三段階に移行する間に、二つの議論の方向性が見られるとしている。一つは、外国人の権利や社会的不利益の中に決定的な問題があり、それゆえ、構造的、社会的統合にその解決を見いだせるという点である。これは文化的な問題よりも、社会的な機会の平等が重視される。それとは逆に、もう一つは、異文化間教育の主たる課題を差別の解消や理解に関連づけるものであった。この意味において、補償的な外国人教育とは異なり、異文化間教育の対象はドイツ人と外国人の両者が含まれる。異文化間教育の対象として、マジョリティであるドイツ人の子どもが含まれたこととも関連し、アウエルンハイマーは一九八〇年代後半から増加し続けている帰還移住者の問題や青少年の間に広がる極右主義についても異文化間教育の中で取り上げられるべきと考えたようである。一九九〇年代初頭以降、これらの問題が多くの議論を占めていたにもかかわらず、実際には異文化間教育に関する議論とは関連づけられなかったと指摘しており、だからこそ、これらを第四段階として議論すべきだとしている（Auernheimer 2003：40, Krüger-Potratz 2005：50）。

以上のように、移民の子どもを巡る教育学の議論は、外国人教育から異文化間教育への発展過程が整理されることにより、それを契機に多くの議論が展開されることになった。これにより、外国人教育から異文化間教育への発展段階だけでなく、異文化間教育の多様な萌芽やそのコンセプトに関する議論も拡がっていった。

2　異文化間教育の拡がり

異文化間教育研究において、その発展段階についてはニーケによる通時的な整理が基礎となっており、それに基づきつつ、他の研究者が独自の視点から捉え直していることは、既に述べた。そのなかで、発展段階を単に時系列的に区分するのではなく、各発展段階のコンセプトに注目した整理も行われている。クリューガー＝ポトラッツは、なかでもロート（Roth 2002）による整理に注目している。本節では、異文化間教育の拡がりを確認していくために、クリューガー＝ポトラッツによる整理に依拠しながら、ロートの論点を提示し、それに基づきつつ、異文化間教育の多様な萌芽として挙げられる、反人種主義教育（Antirassistische Erziehung）や多様性の教育学

表 3　異文化間教育の発展に関する歴史的一覧

<table>
<tr><td>90年代</td><td colspan="3"></td><td rowspan="4">異文化間コミュニケーション
「多様性の教育」
対象グループ：
すべて
主たる目的：
承認
異文化間コミュニケーション能力</td></tr>
<tr><td>80年代</td><td colspan="2"></td><td rowspan="3">反人種主義教育
異文化間教育
対象グループ：
「自国民」
主たる目的：
差異に対処する能力</td></tr>
<tr><td>70年代</td><td></td><td rowspan="2">異文化間教育
統合教育
(integrative Pädagogik)
対象グループ：
「外国人―自国民」
主たる目的：
統合</td></tr>
<tr><td>60年代</td><td>外国人教育
促進教育
対象グループ：
「外国人」
主たる目的：
言語学習</td></tr>
</table>

Roth 2002：43, zit. nach Krüger-Potratz 2005：52，筆者による訳出。

(Pädagogik der Vielfalt) についてその概略を提示する。

　ロートは、ニーケのような段階モデルの構築は断念しているが、ニーケによってなされた発展段階を彼は二つに区分している。これは、「ニーケによる第二段階と第三段階、並びに第一段階と第三段階は層を成して重なっている」(Krüger-Potratz 2005：51) からだと説明されている。つまり、これは、第二段階の外国人教育への批判が第三段階の異文化間教育に至る多様な萌芽を生み出していることを考慮に入れると、第二段階は第三段階の異文化間教育に含まれるものとして捉えられる。また、そのように捉えると、第一段階の外国人教育と第三段階の異文化間教育が層を成すとする考えも納得のいくものであろう。ロートは直線的な発展段階を示すのではなく、このようにそれぞれの段階における議論が積み重なって、異文化間教育の構想が成り立っているとし、「重層化した観察者モデル (geschichtetes Beobachtermodell)」を示している。その中で、彼は拡がりや意義に基づきながら、重点が置かれている四つの領域として、「外国人教育の側面」、「異文化間教育」、「反人種主義の活動」、「異文化間コミュニケーション」を挙げている（ibid.：52）。表3のように、この領域のそれぞれはある時期に組み込まれ、結果として時代を追った「重層化した観察者モデル」を示すことになっている（ibid.）。

この表の枠内で太字で一番上に示されるのが、その当時の外国人の子どもを巡る教育を代表するものであり、その下に示されるのが、それに結びついた考え方である。例えば、一九六〇年代において、外国人教育は学習が遅れている子どもに対する促進教育の考え方に基づき、発展してきたと言える。そのため、ドイツ人の子どもと比べて、ドイツ語の知識の少ない外国人の子どもが対象となり、かれらが授業についていけるようにするため、主たる目的が言語学習になっている。同様に、一九七〇年代の異文化間教育、一九八〇年代の反人種主義教育、一九九〇年代の異文化間コミュニケーションも何をその議論の契機とし、教育の目的や対象を設定したか読み取っていくことができる。このように見ていくと、外国人の子どもを巡る当時の教育が、次の段階の萌芽に結びついていると言えなくもないだろう。一九七〇年代の異文化間教育には、外国人教育への批判の段階も含まれており、この萌芽となっているのが「統合教育」とされるが、これは障がい児教育の文脈で行われてきた教育の考え方を応用したと言える。

このロートによる整理を見ると、ニーケによる段階区分の説明と若干異なっているように見えるのが、一九七〇年代の異文化間教育と一九八〇年代の反人種主義教育を分かつところであろう。これは、ロートが当時の教育のコンセプトに注目して区分したことを留意しておかねばならない。ここから読み取れるのは、外国人教育への批判から異文化間教育へと発展する中で、ロートが一九八〇年代に重視したコンセプトが反人種主義教育であるということである。

クリューガー＝ポトラッツは、ロートが示した上記の表3を基に、指標の並び替えや付加をし、彼女の見解を含みながらコンセプトやパラダイムに従った整理を行い、マトリックス（表4）を作り上げている。

表4　ロートによる「重層化した観察者モデル」の変形

コンセプト	出発点	主たる目的	対象グループ	措置
外国人教育	促進教育	言語学習	外国人	• ドイツ語コース • 社会相談 • 促進授業 • 母語授業
異文化間教育	統合教育	統合	外国人／自国民	• 異文化間学習（幼稚園／学校） • 授業や継続教育におけるテーマとしての移民 • 学校の試み（例：クレーフェルト・モデル*） • 異文化間成人学習 • 学校外ユースワーク • 継続教育 • 異文化間教授法
反人種主義教育	異文化間教育	統合 行動能力	自国民／外国人	• 反人種主義トレーニング • 学校にとっての反人種主義的な調和
異文化間コミュニケーション	「多様性の教育学」	承認 異文化間コミュニケーション能力	外国人／自国民	• 理解のトレーニング

Krüger-Potratz 2005：116-117，筆者による訳出。

＊これについては，「クレーフェルト・モデルとは，バイナショナルな教育のある一定の形である。ディコップ（Dickopp 1982）を参照のこと」と原注がつけられている（Krüger-Potratz 2005: 116）。

クリューガー＝ポトラッツは、表4のマトリックスについて、ロートの表と同様、コンセプトとその下位概念として示される出発点の考え方との間の関係性が未だに明確ではないと述べている（ibid.：117）。さらに、問題点として、「異文化間コミュニケーション」をコンセプトとして用いていることに対する疑問を呈している。というのも、彼女自身は「異文化間コミュニケーション」という用語は、単に「ラベル」以上のものではないとし、一般的に「コミュニケーション」という用語と概念を接合することが当時の流行であったとしている（ibid.）。

異文化間コミュニケーションについては、ルフテンベルク（Luchtenberg 2004）も次のように指摘している（ibid. 48-49）。異文化間コミュニケーションはビジネスの側面で検討されてきたものであり、特に国際コミュニケーションと強く関連している。ドイツ人雇用者と外国人労働者の間のコミュニケーションが研究でも取り上げられ、実際の異文化間コミュニケーションは学校でも生じているにもかかわらず、学校における異文化間コミュニケーションを扱う研究はごくわずかであると述べている。

このルフテンベルクの指摘も踏まえると、異文化間教育のコンセプトとして異文化間コミュニケーションを据えるのが、果たして妥当なのか疑問が残る。おそらく、多文化社会によってもたらされた多様性のみならず、ニーケが提示するようなマイノリティの視点の拡大として、多様性の中に障がい者なども含むと考えれば、多様性の教育学という考え方が契機となって、単にビジネス面だけではない、異文化間コミュニケーションの重要性を指摘することはできるであろう。しかし、そのように考えたとしても、ここで重要視すべきは、むしろ出発点として位置づけられている多様性の教育学である。

では、ロートが取り上げ、またクリューガー＝ポトラッツも異文化間教育に関連する萌芽として取り上げている「反人種主義教育」と「多様性の教育学」について整理しておく。

(1) 反人種主義教育

反人種主義教育とは、マイノリティの視点を重視したコンセプトに基づく教育である。反人種主義に基づく教育の構想は、一九八〇年代にイギリスやオランダで始まり、ドイツにももたらされた。両国ともに、旧植民地から移民が流入し、かれらに対するマイノリティ政策や反人種主義政策が行われているが、それらに関連した教育として反人種主義教育が行われるようになっている。イギリスにおいて一九七〇年代に人種間の衝突への対応として始められた反人種主義教育のコンセプトは、多文化教育への批判、あるいは対抗モデルとして意識的に発展してきたという（Krüger-Potratz 2005：143）。つまり、ここで述べられるのは視点の相違である。クリューガー＝ポトラッツによれば、多文化教育のコンセプトは「黒人マイノリティに対する白人マジョリティの視点から発展してきた」（ibid.）と反人種主義教育の立場から批判されるという。これに対し、反人種主義教育は黒人マイノリティの視点から形成されているとし、クリューガー＝ポトラッツはジョン（John 1990）を参照しながら、このような反人種主義教育が確立していく過程と黒人研究の影響を関連づけている（ibid.：144）。

一方、ドイツにおいては、反人種主義者と多文化主義者の間の議論が異文化間教育に関する文献の中で見られながらも、反人種主義教育の萌芽の発展はそれほど重要視されなかったとされている（ibid.）。しかしながら、この萌芽は異文化間教育の議論の中ではなく、むしろ異文化間教育に対する批判の中から発展しており、さらにこれはドイツ社会における極右主義や外国人に対する暴力の問題とも関連している。とりわけ、東西ドイツ統一後の一九九〇年代には、ドイツ社会の中に存在するレイシズムや反人種主義の構想に関する議論が高まった。このような議論に現れる重要な傾向をライプレヒト（Leiprecht 2003）は以下のとおり指摘している（Leiprecht 2003：21-24）。

第一の傾向は、上述のとおり、異文化間教育に関する議論があるにもかかわらず、教育学や社会学の中で反人種主義のコンセプトに関する議論がほとんど見られないという点である。ライプレヒトはこれには文化概念が大きく関係すると述べている。差別について議論する際に、文化概念が出発点として用いられ、それにより差別に対する教育的な考え方や行為の文化化（Kulturalisierung）、あるいは民族化（Ethnisierung）が助長される。これは文化に集中するあまり、レイシズムに関連する他の要因から目をそらすことにつながっている。移民が経験するレイシズムは、文化に起因するだけでなく、制度上の問題や日常的な問題に関わる。その点を考慮すると、教育学や社会学の中で、そして実践の中で扱われるべき重要なテーマである。

第二の傾向は、ドイツにおいてはレイシズムというキーワードの下で、とりわけ極右主義について議論されている点である。その際、極端な形で現れ、人々の注意が向けられる形のレイシズムに議論が集中し、日常的なレイシズムはテーマとならない。日常的なレイシズムは、マジョリティ側が意図せず、無意識的に行っていたりするものであるため、取り組みが必要である。しかしながら、それ以上に極右傾向にある青少年の増加が顕著であり、かれらに対する教育的対応が否応なしに中心にならざるを得ない。

第三の傾向は、ドイツでは、英語圏とは異なり、レイシズムという用語の代わりに、外国人敵視（Ausländerfeindlichkeit）、外国人嫌悪（Fremdenhass）、ゼノフォビア（Xenophobie）などの用語が用いられる点である。これらの用語が用いられる際には、すべての外国人が同様に敵対的なものとして扱われている。これは極右がこの言葉を用いて外国人に対する嫌悪感を示す場合のみならず、外国人を一枚岩として捉える場合にも用いられている。

以上のような傾向が見られるなかで、反人種主義教育の萌芽を持つ教育活動が展開されるのだが、ライプレヒトはその陥穽も指摘している。特に重要だと思われるのは、「個別化」と「制度的、構造的枠組み条件の看過」であり、双方が密接に関わっている（ibid.：29-30）。反人種主義教育の活動が個別化に焦点化されるのには、レイシズムが個人の偏見の結果として現れることに起因する。確かに個々人の考え方や態度に反人種的な変化をもたらすことは重要であるが、それに終始しており、その個人の行動空間そのものが制度的、構造的なレイシズムを帯びており、個人の変革の妨げになっている点が看過されている。社会において、どのグループに対し、どのような位置づけが想定されているのか、そしてそれがいかに都合良く語られているのかという制度的、構造的レイシズムは、学校や地域における日常生活の場面やメディアに反映されている。個人の変革と同時にこれらの変革もまた欠けてはならないのである。

こうした陥穽は、クリューガー＝ポトラッツが注目したランクとライプレヒト（Lang & Leiprecht 2000）による三つの説明モデルとも関わっている。第一は、「ホリスティックな説明モデル」であり、国家や経済、社会の急進的な変革がレイシズムを隠蔽するという考えから出発している。第二は、「個人に起因する説明モデル」であり、レイシズムは個人の偏見が集積された結果であるとする。第三は、「多面的な把握による説明モデル」であり、社会的条件や構造的条件に基づいている。社会的な意味、主観的思考、行動様式など、他のいずれかを欠くことなく、それらの関連の中でレイシズムの原因を捉えるものである。

ランクとライプレヒトは、第三のモデルを重視しているが、実際の教育実践と大きく関わるのは、個人に注目した第二のモデルである。これは、反人種主義トレーニングに顕著に表れ、人種差別的な考えや行動様式を持つ参加者がロールプレイなどを通して、被差別を体験することで、他者の立場や感情などへの配慮を学ぶ。これは、参加者の変化を促すことが目標とされるが、その際、制度的、構造的な問題に触れることも可能である（Krüger-Potratz 2005：146）。

(2)　多様性の教育学

反人種主義教育は「人種（Rasse）」に起因する差別に取り組むものであるが、マイノリティについてさらに幅広く捉えたのが、「多様性の教育学」である。クリューガー＝ポトラッツは、その代表としてプレンゲル（Prengel）による『多様性の教育学（Pädagogik der Vielfalt）』（Prengel 1993）[6] を挙げ、彼女の論点とそれに対する批判を整理している。

プレンゲルは、上述の著書の中で、フェミニストの教育、異文化間教育、特別支援教育を扱っており、これらには共通点があると述べている。その共通点とは、「女性や障がい者、周辺化された文化に属する者はラベリングや差別の経験を持ち、それにより、『他者』として市民である主体と対置されている」（Prengel 2006：13）点であるという。さらに、これら対象が限定された教育は、「既存のヒエラルヒーを再生産するのではなく、教育の中でそれを解消していく道を求めている」（ibid.：14）としている。そうすることで、それぞれがマジョリティから向けられる差別やレイシズムに立ち向かおうとするもので、解放教育の意味をもたらそうとしている。プレンゲルの議論の中心は、差異をどのように取り扱うかという点であり、差異のなかの平等から議論を出発させている（Krüger-Potratz 2005：149）。

プレンゲルはフェミニストの教育、異文化間教育、特別支援教育の立場から、既存の教育システムにおける差異の扱いについて疑問を呈し、差異と平等に関する議論を通して展開した批判から、異質性の承認に向けた教育プログラムの構築を導き出している。つまり、これが「多様性の教育学」なのである。彼女はこの構成要素として一七のテーゼ[7]を挙げている。この一七のテーゼは承認の三つの側面に分類されるとし、第一が間主観的な関係における個々人の承認であり、第二が制度的なアクセスに関連した同等の権利の承認、そして、第三が（下位）文化共同体（（sub） kulturelle Gemeinschaften）への所属の承認である（Prengel 1990：184, zit. nach Krüger-Potratz 2005：149）。これに応じて、一七のテーゼは自尊心と他者の承認、他者と知りあうことなど個人のレベルから出発し、異文化間のプロセスにおける開放性、個人や集団、社会の条件に続き、最終的には直接的な教育活動や教師の役割、そして制度的な課題へと至る。

この「多様性の教育学」のコンセプトについては、広く同意が得られているが、同時に批判も見られる。アウエルンハイマーは、テーゼにも挙げられている社会的、経済的条件に目を向ける点に関するプレンゲルの論述は安直すぎるとしている（Auernheimer 2003：136）。彼はまた、プレンゲルが女性や障がい者、および外国人がラベリングや差別体験を持つという共通性から出発している点について、かれらがそれぞれ有する異なった差異や差別の経験はそれほど互いに類似しているのだろうかという疑問を呈している（ibid.）。

これについては、同様の批判が示されている（Lutz 1999, Lutz & Leiprecht 2003)。ルッツとライプレヒトは、「性差や健康状態、民族や文化という差異の方向性を類似化し、その由来や影響との関連で差異を区別することを疎かにしている」（Lutz & Leiprecht 2003：120）とプレンゲルを批判している。この点について、クリューガー＝ポトラッツは、ルッツ（1999）を参照しながら、より詳細に示している。

クリューガー＝ポトラッツによれば、ルッツはプレンゲルがとくに平等と差異に関するアングロサクソン圏での議論を参照し、それをドイツにもたらしたという点で評価しつつ、その一方で、プレンゲルの構想について以下の四点にわたって批判を展開しているという（Krüger-Potratz 2005：150-152)。

まず、第一点は、それぞれの差異に応じた分類が生じた歴史やその多義性について看過したまま、文化概念を持ち込んでいることである。プレンゲルは文化を一義的に捉えており、例えば、イスラムを女性の抑圧というような単純化された形で捉えることにより、「外国人」が常に問題化、ステレオタイプ化されたままになっているとしている。第二点は、差異の類似性、あるいは対象グループを限定した三つの教育とそれにより示される新たな点の類似化が疑問視される点である。つまり、「差別経験の同列、主体と認知パースペクティブの同一視、それぞれの立場で経験する特定の差別体験が他の排除に対する感受性を意味するという想定」（Lutz 1999：143, zit. nach Krüger-Potratz 2005：150）は、ルッツの視点からするとあまりにも曖昧なものとして捉えられている。第三点は、プレンゲルが「多様性の教育学」において教師に示している役割に関して、教師そのものが「文化を超えて」存在しているわけではないことにほとんど注意が払われていないことである（Krüger-Potratz 2005：150)。教師自身も自分の属する文化に基づいた思考や行動様式を有しており、その点を考えると教師の自己省察を体系的に取り入れることが必要である。第四点は、世代の差異とさらなる差異の方向性の看過である。差異のなかの平等を承認していく中で、プレンゲルが構想する「多様性の教育学」がさらなる教育観を発展させることに貢献するには、性差、健康、文化／出自という三つの差異の方向性だけでは十分ではないと述べられている（ibid.：151）。例えば、社会的差異、あるいは宗教的、言語的、民族的差異など、様々な差異が存在し、それらが様々な形で交差する多様性を、「多様性の教育学」は批判的な見地から検討しなければならないとクリューガー＝ポトラッツは指摘している（ibid.）。

3　異文化間教育のコンセプトとＲＡＡの関連性

前節では異文化間教育の多様な萌芽の例として、反人種主義教育と多様性の教育学を取り上げた。実践や教育学の議論の拡がりに目を向けると、もちろんこの両者以外にも異文化間教育の多様な萌芽が見られるが、ここでは、本論で注目するＲＡＡによる移民支援に大きく関わる、参加や経験を志向したコンセプトについて触れておく。これは異文化間教育の萌芽の一つとして、クリューガー＝ポトラッツも指摘するものである。

参加や経験を指向したコンセプトとして、クリューガー＝ポトラッツはコミュニティ教育（community education）を挙げている。これは、ドイツの文脈においては、一九八〇年代の教育改革の一つである学校開放の議論と関連して取り上げられている。クリューガー（Krüger 1989）によれば、コミュニティ教育は「学びを生活世界に還元し、政治的な目標パースペクティブ、つまり、基本的な民主的参加と機会の平等に関連づけられている」（ibid.：53）とされる。コミュニティ教育の中心に据えられるのは、人々のエンパワメントであり、子どもや青少年、おとなが自律的で、しかし社会的に結びつき、コミュニティにおける生活を構築していく力を獲得していくことである。これは地域社会に参加しうる自律的な市民の育成に通ずるものである。そのため、コミュニティ教育は、どの年齢段階にあろうとも、年齢や学習状況に応じた学びを可能にし、個人の発達もそうであるが、地域社会の発展に参加しうるような試みとなっている。この意味において、クリューガーは、コミュニティの発展、つまり、そこに生活している人々が共同体を形成し、共同体の発展に向かっているとしている(ibid.)。

このようなコミュニティ教育が学校開放の議論と結びついたのは、ドイツ教育改革の流れの中で、次の点が目標として掲げられたためである。それは、すべての子どもに学校内外における総体的で、経験指向の学習を可能にし、親を子どもの学校生活に参加させ、学校は地域における他の機関と連携することであった(Krüger-Potratz 2005：146)。ここで、子どものみならず、親も含まれているのには理由がある。子どもは家庭、学校、地域の生活空間で、学び、育っている。その点を考えると、学校での教育とはいえども、親が子どもの教育から切り離されてはならず、家族全体がコミュニティ教育の対象となるのである。そのため、学校は子どものみならず、親に対しても開かれたものとなる必要があった。

コミュニティ教育と学校開放が結びついたその目的を考えると、学校開放には子どもに対して、親に対して、そして地域社会に対してそれぞれ開かれたものになるという側面があることが分かる。そうした側面がありながらも、ドイツ教育改革の中で特に議論が集中したのは、子どもの学びに関する点だった。クリューガー＝ポトラッツによれば、学校開放の議論における「開放」は、次の三点に焦点化されている(ibid.：146-147)。まず、第一点は、他の学習の場をつなぎ、専門家として親や他の大人を巻き込んでいくことによる「制度的開放(institutionelle Öffnung)」である。これは、子どもの教育のために、学校とその他の機関が連携することや教師のみならず、親や地域住民など多様な人々が子どもの教育に関わることができるように学校を開いていこうとすることである。第二点は、教科横断型やプロジェクト指向型の授業、生徒の自主性や「学習することを学ぶ」などを促進するような活動のテクニックの導入による「方法の開放(methodische Öffnung)」である。教科横断型やプロジェクト指向の学習形態は、生徒が自主的にテーマを設定し、それに対し学習を進めていくような取り組みを可能とする。従来の一方向的な教授法とは異なり、生徒の自主性や学びの促進のために多様な方法を用いることが求められる。第三点は、「時間的な開放（zeitliche Öffnung）」である。これは、第二点目と関連している。つまり、教科横断型やプロジェクト指向型の授業の実施といった「方法の開放」には、弾力的な時間編成が必要になるためである。プロジェクト学習を進め、その成果発表を行う際に、そのテーマの日を一日、あるいは一週間程度設定することがある。そのような時間的な柔軟性が求められるのである。

以上のようなコミュニティ教育と学校開放の議論が展開されるのだが、それを異文化間の萌芽の一つとして、異文化間教育のコンセプトと関連づけられるのは、多文化社会におけるコミュニティ教育の重要性が指摘されるからである。前述のクリューガーによるコミュニティ教育の特徴は、地域における外国人労働者とその家族の増加に特化して述べられているものではない。多文化社会におけるコミュニティ教育という点については、ペトリー（Petry 1989）がその意義を強く意識している。彼によれば、「多文化的に構成されている地域におけるコミュニティ教育は、ともに生きている人々が学び、相互尊重に基づき、ともに関わり合っていくという重要な目的を持つ」（Petry 1989：12）とされる。これは、異文化間教育の考え方とも通ずるものである。異文化間教育とコミュニティ教育のコンセプトの接合が、外国人の子どもに対する単なる補償的措置やドイツ人と外国人の子どもの相互理解の促進のみならず、地域における両者の生活空間にさらに歩み寄った教育を提供することの重要性を結果として導き出したのである。

多文化社会におけるコミュニティ教育と異文化間教育のコンセプトの接合は、ドイツにおける議論の中では特にＲＡＡによる外国人に対する教育支援活動と密接に関連づけられている。ＲＡＡの設立については、前章ですでに触れているが、ここで再度、簡単に振り返っておきたい。ＲＡＡ設立の際のモデルは、ドイツ国内のイニシアチブ・グループによる外国人支援の取り組みやイギリスのコヴェントリー（Coventry）におけるマイノリティのための促進プロジェクトなどであった。また、理論と実践の乖離が教育改革の議論の中で指摘されたことにより、外国人の当事者と、教師、研究者、社会教育士などの人やそれぞれが属する組織、学校や家庭、青少年施設、行政、研究機関などをつなぐ役割が重視された。これに加え、ＲＡＡ設立前後である一九七〇年代末から一九八〇年代初頭に展開された学校開放の議論もあり、ＲＡＡは学校と地域を結ぶプラットフォームのような役割を担うようになった。

ホフマン（Hofmann 1992b）は、ＲＡＡの活動の発展がコミュニティ教育の行動モデルに異文化間教育のコンセプトを落とし込むことになったと述べている（ibid.：30）。これは、ＲＡＡ設立に至る試行段階から継承されている点である。また、コミュニティ教育と異文化間教育が関連づけられるようになる以前は、区別して捉えられていた異文化間性と共同体指向が、ＲＡＡのコンセプトの中では関連づけられている。「異文化間性」という言葉で示されているのはここでは専ら外国人の存在であるが、教育支援を提供することにより、かれらがエンパワメントされ、学校や地域社会に参加するようになることは、地域の活性化、発展に寄与することになる。この意味において、異文化間性と共同体指向が結びついているのである。

この点を狙い、ＲＡＡは次の二つの側面から状況の改善を目指している（Hofmann 1992b：34）。第一に、自治体に参加しているすべてのパートナーとの集中的な協働に向けて動機付けを行い、より調和のとれた構想を作り、それまで互いに妨げ合っていたような実践を成功させようと試みることである。これは学校や家庭、青少年施設などが連携することで、互いのプログラムを重ならないよう配置したり、家庭が参加しやすい時間帯に設定したり、受け手のニーズに応じた実践提供を行おうとするものである。第二に、教育を行う上で「孤島」のような状況であることを学校に放棄させ、地域に学校を開放するよう働きかけることである。その際に、ホフマンは留意点を挙げているのだが、学校の中で見られる課題は必ずしも学校教育学の方法でのみ解決されるのではないということを教師に認識させておく必要があるという点である（ibid.）。これは学校外の人や組織と連携する際に必要な前提とも言える。学校開放は、従来の学校教育とは異なる考え方や手法、役割などを教師に求めている。というのは、学校開放が成功するか否かは、学校とその他の人や組織を仲介する役割を果たす教師に拠るところが大きいからである。

学校開放のあり方、そしてその際に教師が果たす役割や学校にとってのパートナーは異なってくる。ホフマンは、基礎学校、基幹学校、その他の学校種における学校開放について、それぞれ整理を行っている。これはＲＡＡの支援活動とも重なるところがあるので、各学校種において、どのような点が重視されているかについて、ホフマンの整理に従って確認していきたい。

まず、基礎学校では、親との活動に集中することが学校開放の第一歩だとされている（ibid.：35）。例えば、母親は子どもが入学したばかりの一年生の当初は学校の玄関まで迎えに来て、学校の外で授業が終わるのを待っている。その際、学校内の空き教室を親のための部屋に作り替え、そこに入ってもらうようにする。そうすると、空き教室にいる母親たちのニーズに応じて必要な情報を提供したり、外国人とドイツ人の母親が出会い、交流する空間が創出される。また、学校の近くで就学支援が行われるならば、外国人の親にとっては、子どもの学習機会を改善することに学校側が配慮しているというメッセージにもなる。このような外国人の親や子どもが集まり、情報交換、交流ができる場の保証は、彼らとの継続的なコンタクトを可能にする。さらに、継続的なコンタクトを通してかれらのニーズを把握し、かれらに対してドイツ語コースや子育て相談会などを提供することも可能となる。こうした基礎学校における親との活動を中心に展開されるコミュニティ教育は、親、特に母親にとっての居場所づくりとなっている。

ここで留意しなくてはならないのは、すべてを学校が組織し、学校内で行われる必要はないという点である。ただし、活動の出発点は、学校において行われ、信頼関係を構築していける親との活動であることが望ましいとホフマンは述べている（ibid.：36）。学校を外国人との信頼関係を構築する足がかりとし、その結果、学校と地域における他の組織との連携のもとで、外国人に対する支援が展開されていくのである。こうした外国人との関係づくりや支援の提供の最初の一歩を学校が担うことにより、学校は地域における外国人の受容を高めるという重要な機能を果たすことになっていると言える。

基礎学校における学校開放では、親との活動が重視されたが、基幹学校では子どもにより焦点化しており、学校外における余暇活動が注目されている（ibid.：37）。これは、子どもの居場所づくりを担っているとも言えるだろう。余暇活動といっても、従来のユースワークやスポーツ活動などとは異なり、多様な活動が教育プログラムの一環として提供されている。従来通りのただ一方的に教えられるような活動とは異なっており、目的にとらわれない自由な活動が魅力となっている。学校内における活動もそうであるが、学校外における取り組みもプロジェクト学習の性格を有し、個人を取り巻く環境にある実際の問題に結びついた意味のある学習を可能にするのであれば、この取り組みは子どもの自主性を高め、質の高いものとなるのである。

目的にとらわれない、自由な余暇活動が提供されるのと同時に、基幹学校は学校から職業への移行にも取り組んでいる。特に外国人の子どもはこの移行段階で困難を抱えている。こうした学校から職業への移行に取り組むには、職業訓練などと関係のあるパートナーが必要となり、こうしたパートナーとの集中的な連携が前提となる。また、職業訓練の場を得るために生じるような競争についても、必要のない競争や重複などを取り除いていくためにも、学校は学校外の担当部局とともに集中的に対処していかなくてはならない。これが多様な協定やユースワーク、職業相談、仕事の仲介、企業パートナーとの集中的な連携に至っている。この職業に関する支援においても、職業に関する決定は子どもだけですべて行うわけではないため、早期から体系的に親を巻き込む必要がある。

基幹学校の場合は、その修了後、職業訓練に進むのが一般的であるため、学校から職業への移行という面での連携が注目された。それ以外の学校種である総合制学校や実科学校、ギムナジウムにおいては、基幹学校のように喫緊の課題に対し、学校開放というアプローチを取るのではなく、校区や学校生活を中心に据え、コミュニティ・スクールの考え方を修正しつつ発展させている（ibid.）。そのような学校の場合、文化的活動の内容を豊富にし、発展させている。ここで異文化理解や文化交流などの文化的活動に焦点化されるのは、総合制学校や実科学校、ギムナジウムに在籍する外国人生徒の割合が、基幹学校に比べて低いということが一つの要因になっている。

学校に在籍する外国人の子どもの割合や地域における集住の程度によって、それぞれの学校種が学校開放の際に重視する活動が異なっている。基礎学校や基幹学校はどうしても他の学校種に比べ、外国人の子どもの割合が高く、学校に存在する課題を解決するためにも支援が必要な場合が多い。とりわけ、基礎学校や基幹学校における上記の学校開放の取り組みは、ＲＡＡが重視する活動領域とも重なっている。第2章ですでにＲＡＡの設立当時の目的と課題について述べたが、その優先課題の一つに親との活動の改善が掲げられている。外国人の子どもが抱える困難に関する理由の一つとして、親とドイツの学校との距離が挙げられている。学校は外国人の子どもや親を異文化間教育や異文化間コミュニケーションを促進する好機と捉え、親と学校との距離を縮めていくことが求められたのである。また、基幹学校で課題となっている学校から職業への移行についても、基幹学校の生徒に対する支援としてＲＡＡが重視するものである。職業訓練に関わる組織や企業など、学校外での地域におけるパートナーをＲＡＡは見つけ出し、学校との連携の橋渡しを行ったり、子どもを対象に職業への動機付けを図るプログラムを提供したりしている。

ホフマンが示した各学校種におけるコミュニティ教育の理念を取り入れた学校開放の可能性とそれがＲＡＡの活

動の重点領域と重なっているところを見ると、コミュニティ教育の理念は実践の中に着々と取り込まれている。しかし、ホフマンがこのような言及を行っていた一九九〇年代前半においても、コミュニティ教育や学校開放は「未だに開かれた概念であり、定義に関してはほとんど確立されていない。それゆえ、イニシアチブ・グループの相当な活動範囲に応用できるのである」(ibid.：38) とされている。ホフマンはコミュニティ教育の理念に基づいて、それが取り入れられているか否かの指標を次の八点にまとめ、提示している (ibid.：38-39)。

① 総体性：コミュニティ教育は、眼前に見いだされている問題状況や総体的なコンセプトとの体系的な関連の複雑性に応じるものである。
② 反パターナリズム：一方的に相手の面倒を見ようとしすぎるのではなく、相手を真剣に受け止めることに関心を持つ人々にとって、活動が形成されているような姿勢があって、コミュニティ教育は成り立つ。
③ 参加：人々の関係性の形成にともに積極的に参加するような状況に置かれるなかで、周辺環境との関連における学校の学びの世界や生活世界の形成が生じる。
④ 世代の超越：コミュニティ教育は選択された対象グループを超えて、世代を横断するような形で生じる活動を好み、促進する。
⑤ ニーズ指向：コミュニティ教育の枠組みにおける措置はニーズを出発点として重視している。措置はニーズに対して想定されるものであり、措置を実施することで生じる利益を想定して行われるものではない。
⑥ 多文化性：出自に基づいた異質性 (他者性) を好機と捉えるような、民族的、宗教的マイノリティとマジョリティの尊重に満ちた扱いは、コミュニティ教育の基本的な主張の一つである。
⑦ 生涯にわたる学習：コミュニティ教育は生涯にわたる学習プロセスの重要性を取り上げ、職業的発展や個人

の発展に寄与するような制度的、非制度的教育のあらゆる形を統合する。

⑧　共同体の発展：コミュニティ教育は、生活や住居の質及び具体的な生活環境におけるインフラや社会構造的な条件の改善を目指している。

以上の指標に「多文化性」が入っていることから明らかなように、ホフマンはあくまでも多文化社会におけるコミュニティ教育を意識していると言える。また、クリューガー＝ポトラッツも、これらの指標は異文化間の共同体を指向した教育活動のコンセプトに対する指標になると述べている（Krüger-Potratz 2005：148）。

これらの指標を提示し、ホフマンが結論づけているのは、コミュニティ教育の発展や学校開放は、学校にとっての好機に留まらず、地域の発展プロセスと強く結びつけられなければならないとされる（Hofmann 1992b：39-40）。その際に想定される地域とは、すでに多文化的な地域となっており、そうした地域において求められている異文化間教育は、単に学校内でドイツ人と外国人の子どもの間を仲介したり、異文化間教育に関連するようなトピックを扱って、授業を積み重ねていくことではない。コミュニティ教育の理念を取り入れた異文化間教育は、両者が生活している学校や地域における行動の機会を具体的に改善することに寄与しうるのである。

この点は、ＲＡＡが展開する教育支援の基本となるものである。ＲＡＡが教育改革の流れの中で、その影響を受けて設立されたことを考えれば当然のことではあるが、設立時の目的であった相互理解や学習の場をつなぐこと、共同体指向、地域のインフラの整備・改善などは、コミュニティ教育の理念に適うものである。これらの目的はその時々に応じて多少変化していくものの、今日のＲＡＡの活動においても、より具体的な活動目標となっている。

4 教育支援の鍵となる「異文化間能力」

前節まで、外国人教育から異文化間教育への発展と異文化間教育の拡がりに関する議論を整理し、そうした議論が移民に対する教育支援にも影響を及ぼしていることを確認した。本節では、移民に対する教育支援に不可欠な能力の一つである異文化間能力に関する議論を取り上げる。

異文化間能力については、多文化社会における共生に必要不可欠なものであるとされ、今日では職業上のキーコンピテンシーとして語られ、重視されるようになり、学問的なテーマにもなっている（Auernheimer（Hrsg.）2002）。そもそも、教育従事者の異文化間能力は一九九〇年代初頭の組織の異文化間オープンネスの議論の枠組みにおいてテーマとされるようになった（Auernheimer 2003：41）。そして、一九九四年にはヒンツ＝ロンメル（Hinz-Rommel）によって『異文化間能力――ソーシャルワークにとっての新たな要求の特徴――（Interkulturelle Kompetenz. Ein neues Anforderungsprofil für die soziale Arbeit）』という異文化間能力を議論した初めての著作が出版され、一九九〇年代半ば以降、議論がますます展開されることになった。

ソーシャルワークといった福祉の領域で異文化間能力が注目された理由は、次のような背景にある。外国人教育から異文化間教育への発展段階において、当初、ソーシャルワークは移民家庭の指向や行動規範に注意を向けていたため、大きな関心は移民家庭の出身国の文化であった。外国人教育的な視点から転じてみると、現実には出身国で自己形成した移民ではなく、ドイツで生まれ、成長した人々の学業達成や社会参加、かれらに対する偏見が問題となっていることが明らかとなった。加えて、第2節の反人種主義教育で述べたように、九〇年代以降、青少年の間で極右傾向が強まり、それへの対応が求められたことが、異質性（Fremdheit）との対応方法や移民の構造的な不利益から目をそらせることになった。それにより曖昧になりかけた問題が、組織に関する議論や異文化間能力に関する議論によって疑問視されるようになったのである（ibid.：42）。

異文化間能力が重要視されるようになった上記の背景を踏まえると、異文化間能力の獲得が必要であるとされたのは、移民家庭を対象に仕事をするソーシャルワーカーや移民の子どもに関わる教師、そして極右傾向を持つ青少年など、マジョリティである人々である。確かに、多文化共生社会の実現に向け、こうした人々が異文化間能力を獲得することは必要不可欠なことである。しかし、ある種無前提的に獲得すべきものとして描かれる異文化間能力については疑問を呈する研究者も存在する。

そこで、異文化間能力を巡る議論の中でも主たる批判となっている点を見ていくことにしたい。

(1) 文化主義批判

メヒェリル（Mecheril 2004）は、「異文化間能力は全体として領域をより包括した名称であり、この名称によって、異質性や差異への取り組みに関する専門的な可能性における欠損が特定の行動能力の獲得や強化によって補われうるだろうというイメージを明確なものとしている」（ibid.：108）と述べている。彼は異文化間能力が持つこうしたイメージこそ議論すべき点であるとしている。その理由は、異文化間能力に関するディスコースにおいて三つの視点が説明されうるとし、この三つの視点は移民に起因して生じる多元性を前提とした教育的行為の要求について熟考するために中心的なものとなるとしている（ibid.）。その第一の視点は、「文化主義的な兆しへの批判」であり、第二の視点は、「この批判から生じた内省的な帰結」、そして、第三の視点が「異文化間的なパースペクティブ」であり、以下のように簡潔に示されている（ibid.）。

メヒェリルが示した第一の視点である「文化主義的な兆しへの批判」では、異文化間能力のコンセプトは、文化的差異が存在する条件の下で専門的な行為と関連した知識や指向，経験，スキルなどにおける欠如がいかに補われうるのかという疑問に答えようとするものであるとされる。さらに，このような観点から提供される異文化間能力に関するプログラムは，簡略化した文化理解の中で不適切な方法でもって，本来の社会的関係性の問題を文化主義に収斂させる傾向にあるとしている。

これを受け，第二の視点である「批判から生じた内省的な帰結」では，こうした批判が，単に教育的な行動能力を強調するのではなく，洗練された「異文化間的自己理解」（ibid.）の分析や内省の手段を提供するのであれば，文化主義に対する批判は建設的なものとなる。

そして，最後に第三の視点である「異文化間パースペクティブ」であるが，多元的な転換が促されている社会において，一般的にそれに伴った教育的行為に注意が向けられることは重要であり，それが示されるのであれば，異文化間パースペクティブの特徴をより具体化することができるとしている。

このような視点から，メヒェリルは異文化間能力を巡る批判的な議論において，とくに異文化間能力の獲得についてマジョリティばかりがその対象となり，マイノリティを無意識に排除していることを指摘している。加えて，このようなプログラムの中では，一方的な文化理解の流れの中で文化主義が強まると批判している。そして，異文化間能力獲得の対象はマジョリティであり，マジョリティがマイノリティの文化を理解する必要があると無前提的に捉えることによって，二項対立関係の再生産へと導かれると述べている（Mecheril 2002：16）。異文化間能力は移民にとっても重要なものである。例えばドイツ人教師がそうであるように，移民もドイツ人の同僚やドイツ人の保護者とコミュニケーションをとるための能力が必要なのである。この点について，メヒェリルはルフテンベルク（Luchtenberg 1999）による類似した指摘を引き，異文化間能力の議論において文化的・民族的マイノリティである人々の能力について言及されておらず，議論の余地を残していることを指摘している。このようにマジョリティのみに限定して、異文化間能力を専門職のための特別な能力として示すことで、メヒェリルはドイツにおける差異に関する支配的な議論、つまり文化主義の議論がいかがわしく強められることを懸念しているのである。[8]

このような文化主義批判は、今に始まったことではなく、外国人教育から異文化間教育へと発展する途上で、すべての問題を文化的差異に収斂させる文化主義に対する批判が生じていた。[9] このような批判が異文化間教育の議論の中でなされてきたにもかかわらず、再度、異文化間能力の文脈のなかで繰り返し生じているのである。

生田（1998）の整理によれば、ラトケ（Radtke）やニーケなど一部の異文化間教育研究者によって使用されている「文化主義」という言葉は、ラトケが人種ということばに代わって、マイノリティの持つ経済的、社会的、政治的な差異を文化が覆ってしまうということに対し、批判的に用いたのが始まりであるとされている。すなわち、文化主義によって社会構造に起因するマイノリティの問題が教育における異なる文化への対応という問題にすり替えられるのだが、これはマイノリティがとらわれている社会構造の問題を解決するには至らないのである。

こうした文化主義の問題点が明示されてきたにもかかわらず、メヒェリルが危惧しているように文化主義はドイツ社会において支配的なディスコースであり、異文化間能力の考察においても、注意を喚起し続けねばならないのである。文化概念は国籍やエスニシティとの関連で結びつきやすく、文化的差異に対するアファーマティブな関係を築くことにより、かえって国家的・民族的な区別を強めることになるとされる（Mecheril 2002 : 21）。メヒェリルも指摘していることだが、文化的差異の受容に関して差異の側面を強調しすぎることによって、社会における問題の複雑さをより単純化してしまうことになるのである。

メヒェリルはこのように極端に文化に目を向けることが、不平等の構造的条件から目をそらすことになると述べ、ディームとラトケ（Diehm & Radtke 1999）による主張をもって、この点を強調している。かれらの主張は、「他」文化の属性ではなく、社会的に不利な位置に置かれていることや、差別の側面が、社会的機能システムの内外、例えば教育システムにおける移民の位置づけに関係しているというものである。

(2) 文化的パースペクティブに対する異議

上述のように、メヒェリル、ディームとラトケは外国人教育から異文化間教育への発展段階において生じた文化主義の問題点を指摘しているが、こうした文化主義批判は教育学研究だけでなく、ソーシャルワークの領域でも生じている。

レーネンら (Leenen/Groß/Grosch 2002) は、ソーシャルワークにおいて異文化間能力のコンセプトは懐疑的に議論されてきたとし、そこに含まれる文化的パースペクティブについては三つの主たる異議があるとしている (ibid.: 81-82)。この三つの異議とは、次のようなものである。まず、第一の異議は、異文化間能力を強調することにより問題の本質から目をそらしているという点である。かれらは、ジモン＝ホーム (Simon-Hohm 2002) の言葉を借り、「移民社会におけるコンフリクトの本質的な原因は、文化的差異や文化間の理解の欠如ではなく、社会的不平等や排除、不公平な取り扱いである」(ibid.: 82) と主張している。

第二の異議として挙げられているのは、文化的なスティグマとその結果生じる出身国の文化に結びついたステレオタイプである。こうした文化意識やステレオタイプというものは、民族や文化に対する集団的属性に目を奪われ、そこにある個に対する意識が消えてしまう危険性があるとしている (ibid.)。さらにこのようなステレオタイプ的な捉え方は、とくにドイツ社会で生まれ、ドイツ的なものを身につけて成長している移民には該当しないと考えられる。つまり、かれらの持つ文化はすでにかれらのルーツに関わるところの出身国の文化とは異なるものへと変容しているのだが、そのことが見過ごされる危険性をもはらんでいるのである。

最後に、第三の異議は、特定の能力のコンセプトを伴って単純化された異文化間性に関する解釈に関係するとされている（ibid.）。ここでかれらはマッテス（Matthes 1999）の批判を引いている。この批判は、「（異文化間能力の：筆者）トレーニングの議論でテーマに対する〝道具的な介入（instrumentalistischen Zugriff）〟、すなわちどのような介入が、異文化間のコンフリクトの回避、あるいは異文化間能力の伝達というテクニックでもって、文化との出会いの失敗可能性に対処するのか試みるような傾向」（ibid.）に向けられている。これは、異文化間能力の獲得を目指したトレーニングを実施する際、そこで措定されている文化が固定的であり、かつ、マニュアル的対応を引き起こすようなものであってはならないと指摘するものであると捉えることができるであろう。

こうした文化的パースペクティブに関する異議は、上述の文化主義批判に大きく通ずるところであり、文化概念の捉え方が主たる批判点として見られる。では、こうした批判がありながらも、求められる異文化間能力とは一体どのようなものであると考えられているのだろうか。

(3) 文化主義批判を超えて必要とされる異文化間能力

上記のように異文化間能力の必要性が語られる文脈における文化概念についての批判が展開されつつも、異文化との遭遇の際に求められる能力については言及されている。ここでは、文化主義批判、文化的パースペクティブ批判を行ったメヒェリルとレーネンらが述べている異文化間能力について見ていくことにしたい。

メヒェリルは、異文化間能力が一つの技術のような形で用いられていることを批判的に示し、それに対して皮肉を込めて「（異文化間能力という：筆者）能力を喪失する能力（Kompetenzlosigkeitskomptenz）」[10]という言葉を用いている。ここで彼の述べる「能力を喪失する能力」とは、「技術化する傾向との関連において、実行力（Performanz）と能力との間に隠された差異を思い起こすことであり、行動能力の性質や行動方法を思いつかせるような行動を起こすための構えを特別なスキルとしていることが問題だと思い起こさせる」ものだとしている（Mecheril 2002：

24)。彼が用いたこうした表現は、異文化間能力に対する批判やそれがマジョリティに限定されている点、文化主義の傾向、技術化の傾向に対する批判に起因しているのである。こうした「能力を喪失する能力」という表現は、異文化間教育の評価に対する質的な基準を暗にもたらすことになるとメヒェリルは述べている（ibid.：25）。この「能力を喪失する能力」という言葉を以て、メヒェリルが示したかった質的基準とは以下の三点である（ibid.）。

まず一点目は、異集団のメンバーの専門的能力の第一の前提条件として、異文化間教育の提供がかれらの生活状況をいかに反映させているのかという点である。二点目は、教育提供はどのように文化概念の問題設定を反映させているのかという点である。そして、三点目は、このような提供は教育的行為の技術化（Technologisierung）の不可能性を本来伴っており、異文化間的なコンテクストの中でどのように扱われているのか、という点である。

上記の点を基準とすることによって、メヒェリルが促そうと試みたことは、文化に関する固定的な姿勢を伴った異文化間能力を「能力を喪失する能力」という観点から捉え直すということである。文化主義に陥ってしまった異文化間能力によって無意識に規定された視点を批判的に見ることができるか否か問おうとしているのだと考えられるだろう。このように捉えると、メヒェリルが最終的に言及している「能力を喪失する能力」は、「社会的行為者によってもたらされた文化的カテゴリーに対する観察能力に基礎を置き、既知のことと未知のこと、さらには理解と不理解ということの相互に密接な関係によって作り出され、この作り出された密接な関係性の中で行動に備える方法において、ドミナントと差異の関係性に対する感受性を可能なものにする専門的能力」（ibid.：32）を意味するとしていることが理解できるように思われる。すなわち、これは他者に対し、接触するうえで前提として得ている知識や理解と、他者との遭遇により自身がこれまで得ていなかった知識や不理解の部分の双方を融合させ、それを踏まえた上で行動する必要性を指摘している。そうすることにより、文化主義的な行動を脱却でき、文化主義では不十分とされる、社会構造により生じる不平等についてもより注意を払うことができると指摘していると捉えるこ

表5　異文化間能力の4つの領域

①異文化間的に重要な一般的パーソナリティの特徴	②異文化間的に重要な社会的能力	③特別な文化的能力	④文化に関する一般的能力
・ストレス対処能力 ・不確実性や曖昧さの受容 ・認知的柔軟性 ・情緒的しなやかさ(Elastiyität) ・個人の自律性	〈自身との関連〉 ・明確な自己認識 ・現実的な自己評価 ・アイデンティティ・マネジメントのための能力 〈相手との関連〉 ・役割や総体的な見方を受け入れる能力 〈相互作用との関連〉 ・互いに満足いく関係を受け入れ，持続させる能力	・言語能力 ・異文化間の前体験 ・解釈に関する特別な知識	・思考や解釈・行動の一般的な文化依存性に関する知識，あるいは意識 ・異文化間コミュニケーションのメカニズムに精通 ・文化変容のプロセスを熟知 ・一般的な文化の差異とその意味に関する知識

Leenen/Groß/Grosch, 2002：91より，筆者訳出。

とができるだろう。

　次に、レーネンらが示す異文化間能力について論じていきたい。かれらは異文化間能力を論じる上で、動的な文化理解の重要性をまず指摘している。これは静的ではない、変容し続けるものとして文化を捉えることが前提であり、「異文化間」での文化の出会いやソーシャルワークの場面での異文化間性を重要視していることの現れである。そのような認識の下、かれらの示す異文化間能力とは、「文化の交差する状況の複雑さに生産的な対応をすることができるようないわば能力の束（Bündel）に存在する」（Leenen/Groß/Grosch 2002：90）としている。

　以下に詳細に見ていくことにするが、かれらは文化の交差する状況という点から出発して、異文化間能力を四つの領域に区分しており、これらの領域はそうした状況を乗り越える前提条件として考慮されるものである。この四つの領域に区分されるものは、①異文化間的に重要な一般的パーソナリティの特徴、②異文化間的に重要な社会的能力、③特別な文化的能力、④文化に関する一般的能力、であり、具体的な内容は次の表5に示すとおりである（ibid.：91）。

各領域についていかなる点に注目すべきなのか、レーネンらによる整理に基づきながら、若干の説明を加えていきたい。まず、①異文化間的に重要な一般的パーソナリティの特徴に関する領域であるが、これには異文化と対峙した際の精神的な耐性と並んで、「個人の開放性（Offenheit der Person）」が大きく関連している。すなわち、これは、個人が自身の価値規範とは異なるなじみのないものや他者性を偏見なく、そして価値づけることなく受け入れ、対応できるか否かという点に関わる能力なのである。レーネンらはこのような能力が「公教育によってどれほど獲得しうるものなのかが不明瞭であるため、個人に近い能力（personennahen Kompetenz）」（ibid.：91）と名付けている。

②異文化間的に重要な社会的能力では、個人が内省的に自分自身を捉え直すことで、他者への配慮から相互作用的な関係が生まれることとなる。ここで注目すべきは、相互作用との関連で、相互作用を長期的かつ成功裏に形成し、それを持続する能力である。相互作用と関連したこの能力により、文化間の境界線を常に関係性のなかで捉えようとすることになる。

上記の①と②の領域で求められる能力は、社会教育の基本的な能力であると考えられており、社会教育の領域では既に求められてきたものに属するとされるのだが、文化との出会いにおいて重要な意味を持つのと同時に、危険性をもはらむとレーネンらは指摘している（ibid.：92）。それは、従来の社会教育における基本的能力と同様のものであると安直な捉え方をしていると、その対象の特異性を見失うことになるということを懸念していると考えられる。

③特別な文化的能力は、言語や儀式、タブーなど、文化特有のものに関する能力であり、これは他者の持つ文化に関するものだけでなく、自身の文化に浸透しているものについても内省的に捉えることを含んでいる。

最後に、④文化に関する一般的能力については、心理的、社会的な適応のプロセスに関する知識を持つことは当然のこととして考えられている。さらに、他者の文化だけでなく、自己の文化についてもどのようにステレオタイプ化されるのか、そして民族に関連づけられていくのか、という点に関する知識が求められているとされる。

これらの能力は個々に独立しているのではなく、互いが組み合わされることによって、効果的な能力となり、さらにはその能力を持つ個人の職業生活のなかにも組み込まれなければならないものである。すなわち、「異文化間能力」というものは、文脈に関係せず、独立して成り立つものではなく、日常生活、職業生活等における行動領域を横断した形で、すべての場で生じうる異文化間の接触にとって重要なものであると指摘しているのである(ibid.：92)。

以上のように文化主義批判を超えて求められる能力について記述したが、メヒェリルやレーネンらの指摘から、文化主義に陥ってしまった異文化間能力を批判的に捉える目を養うこと、さらには、相互作用に注目し、その中で自己と他者の双方が変容していくことを受容する能力が、現在求められている異文化間能力であると考えることができるだろう。

本章では、外国人教育から異文化間教育への発展、異文化間教育の拡がり、そして異文化間能力について確認した。異文化間教育を巡る議論の拡がりが、多様なコンセプトを生み出し、それが教育実践や支援に大きな影響を及ぼしている。クリューガー＝ポトラッツがロートの論考を参照し、異文化間教育の発展過程について整理したが、コンセプトが多様になるにつれ、教育の対象も単に移民の子どもだけを対象とするものから変化してきている。異文化間教育の拡がりの例として取り上げた、反人種主義教育や多様性の教育学がその例であり、マジョリティ側の人々や、マイノリティ、マジョリティ関係なく被差別の経験を持つものなど、対象が拡大していた。マジョリティとマイノリティの双方を対象とすることが異文化間教育では重要なのであるが、第3節の最後に取り上げたコミュニティ教育については、理念として、移民とドイツ人の双方を射程に入れてはいるものの、現実的にはニーズを多く抱える移民にどうしても焦点化されている点は否めない。ただ、留意しておかなくてはならないのは、単にドイツの学校や地域が自らは変化することなく、移民に同化を要求しているわけではないのは明らかである。コミュニティ教育の理念を用いることで、移民の参加や機会の平等を保障しようとしているのである。さらに、こうした教育に関わることにより、マジョリティ側に位置する教師自身の外国人に対する意識変革の可能性も有している。

教育の対象という面においては、外国人教育で批判されたように対象を限定したものであるかもしれない。しかし、移民の置かれている生活空間に根付いたコミュニティ教育には、自ずとドイツ人も関わることになり、最終的にはコミュニティ教育と不可分である地域の発展に双方が関わるであろうことが想定される。そのように考えると、クリューガー＝ポトラッツが「異文化間の萌芽」として、参加や経験指向のコミュニティ教育を取り上げたのは当然のことである。また、コミュニティ教育がＲＡＡの活動に影響を及ぼしたように、これは異文化間教育の拡がりにおいて議論されたコンセプトの中でも、とりわけ実践的なものであると言える。

異文化間能力に関する議論については、いささか概念的な議論であるものの、教育支援に携わる者に必要な能力として掲げられる異文化間能力に関する批判的な議論を取り上げた。移民に対する教育支援に携わる際、移民の出身国やその文化に関する知識は必要となるものの、固定的な文化理解では不十分である。教育支援の受け手である移民それぞれの価値規範や生活状況を理解するには、固定的な文化理解にとらわれない、柔軟性が必要となる。そして、支援者自身が教育支援の中で自身の認識を変容させていく態勢を持つことが重要である。

次章以降で、ＮＲＷ州ビーレフェルト市における教育支援の事例を取り上げ、具体的にＲＡＡの機能を活かした教育支援を見ていくことにしたい。そして、それらの事例に見る異文化間能力についても検討していく。

第４章　仲介エージェンシーとしてのＲＡＡ――ビーレフェルト市の事例から――

コミュニティ教育や学校開放の影響を受け、移民に対する教育支援を始めたＲＡＡは、支援の主体でもあると同時に、多様な人や組織の間を仲介する「仲介エージェンシー」として、さらにリソース・センターとしても機能している。このような機能を果たしているＲＡＡは、ＮＲＷ州における移民家庭受け入れに必要不可欠な存在となっている。では、具体的にどのように仲介エージェンシーとしての役割を果たしているのか、ビーレフェルト市のＲＡＡを事例に述べていくことにしたい。

1　ビーレフェルト市行政機関とＲＡＡビーレフェルトの連携による受け入れ体制の構築

一九九〇年代前半、ビーレフェルト市においては、移民の子どもや青少年の多くが前期中等教育から職業への移行段階で困難を抱え、そのことが課題となっていた。このような課題に対し、当市では、外国人審議会(Ausländerbeirat)がイニシアチブを執り、ＲＡＡの設立に向けて動き、一九九五年にＲＡＡビーレフェルト(RAA Bielefeld)[1]が設立された。設立されたのは一九九五年であるが、設立に向けた議論はすでに一九九二年から始められていたという。議論の始まりから設立までに時間を要したのは、設立に向けた助言や市議会の承認、そして、外国人審議会、学校監督局、教育委員会、市当局、積極的に参加する多くの市民の関与が必要とされたためである。こうした多くの人や組織の共通課題は、移民青少年の学校から職業への移行を支援し、また、学校生活や職業生活における統合をよりスムーズに進めることであった。このように課題を共有している多様な人や組織の関与は、RAAの活動の基礎を成すものとなっている。

以上のような設立の経緯から、NRW州の支援の下、移民の子どもや青少年の学校生活や職業生活における統合、とりわけ、設立当初は学校から職業への移行段階を支援の重点領域に設定し、当市におけるRAAの活動が始まった。もちろん、課題は学校から職業への移行段階に留まらず、支援の重点領域を、主として前期中等教育、初等教育における移民の子どもやその親に対する支援に拡大していった。[2]

NRW州のRAAは活動の第一の目的として、「移民としての背景を持った子どもや青少年の教育機会の改善、移民の平等な社会参加」を掲げている。この目的の下、RAAのスタッフは、[3]移民への支援体制の整備に向けて、行政機関と連携し活動を行っている。RAAのこうした連携は、直接的な移民への支援体制の構築だけでなく、当市の移民の統合政策の策定や実施にも大きな影響をもたらしている。これは、移民とドイツ社会をつなぐ機会をマクロ・レベル（行政レベル）で捉えるためにも注目すべき点である。以下、市民課、教育委員会、異文化間事務所および移民評議会とRAAとの連携について概略を提示する。

(1) 市民課（Bürgerberatung）との連携

市民課では、新規転入の移民家庭が住民登録に市民課を訪れた際、子どもがいる場合は、相談窓口としてRAAという組織が存在することが伝えられる。RAAは、新たに当市に移住してきた移民の子どもや青少年について市民課から連絡を受ける。それに基づき、まだ相談窓口を訪れていない家庭に対しては、相談に来るよう招待している。こうした相談窓口への来訪を移民家庭に迫るのは、とりわけ、子どもが前期中等教育段階の年齢や成人している場合である。とくに、前期中等教育段階の子どもを持つ親の多くは、可能な限り早急に子どもの編入手続きをしようとするのだが、三分岐の学校制度に戸惑うことも多く、手続きには苦労が伴っている。

他方、初等教育段階の場合には、上記のようなＲＡＡによる一般的な相談は計画されていない。基礎学校に該当する子どもについては、市民課の連絡が学区の基礎学校に直接送られる。この段階では、子どもが受け入れられるか否かにかかわらず、管轄の基礎学校に申請がなされるのだが、その学校での受け入れが不可能で、他の学校を探さなければならないときには、ＲＡＡがコーディネートを行うことになっている[4]。

以上のように、ビーレフェルト市に転入してきた家族の情報をまず最初に把握する市民課とＲＡＡの間で連携を図っている。それにより、初等教育よりも複雑な前期中等教育段階への子どもの編入に際して、移民家庭が直面する困難を少しでも解消するような体制が整えられている。

(2)　教育委員会との連携

上述の市民課とＲＡＡの連携は、子どもを抱える移民家庭が新たにビーレフェルト市に転入してきた際の教育面に関わる最初の対応である。これには、子どもの編入先の学校に関わる教育委員会との連携も不可欠である。そのため、当市の教育委員会は、「帰還移住者や外国人の子どもの学校編入手続きに関する規定」[5]を作成している。ここでは、子どもの年齢や就学経験、ドイツ語能力を考慮し、どの学校へ配置するかの検討をＲＡＡと教育委員会、学校が連携して行うことが明記されている。この点については、編入してくる子どもが初等教育段階に該当する場合も前期中等教育段階に該当する場合も同様であるが、それぞれの段階で対応の仕方が若干異なっている。

子どもが初等教育段階に該当する場合、居住地の学区の基礎学校に直接編入申請を行う場合とＲＡＡを介する場合と二つのパターンが見られる。子どものこれまでの成績や申請通知書、出生証明書など、編入に必要な情報を揃え、学校に赴くことになるのだが、移民家庭が自身の力でできない場合もあるため、ＲＡＡが編入に必要なデータ収集と相談を直接行っている。基本的には、管轄の基礎学校の学校会議で、その学校が子どもの能力を伸ばしうるのか、それとも判断を保留し、教育委員会による決定までの一時的受け入れにするか否かが検討される。しかし、通常学級での受け入れがその子どもにとって本当によいのか、それとも他の学校の促進学級で受け入れたほうがよいのか、判断に悩むようなケースもある。その場合、教育委員会がＲＡＡにコーディネートを依頼する。学校は子どもの配置に関する学校側の提案や子どものデータをＲＡＡに渡す。ＲＡＡは学校側の判断や移民家庭との面談結果などに基づき、自分たちの提案を教育委員会に提出することになる。教育委員会はそれらの提案を入念に検討し、その結果を学校、親に通知する。この手続きの間、子どもが一時的な受け入れもなされていなかった場合は、親は速やかに通知のあった学校に子どもを就学させなくてはならない。

次に、子どもが前期中等教育段階に該当する場合、初等教育段階の場合と大きく異なるのは、まず、親はＲＡＡに申請するという点である。どの学校が子どもの能力を最も伸ばしうるのか、あるいは、後の職業訓練に向けてどのような方法で備えるべきなのか、子どもの実態に合わせてＲＡＡが検討する。その際、学校や関連する行政部局、支援組織などとの協議が必須となる。移民の親と子どもとの面談や子どもの実態、関連組織との協議の結果を踏まえて、ＲＡＡはその子どもをどの学校に配置するのか、案を作成し、その案と子どもに関する情報を合わせて、教育委員会に提出する。教育委員会はＲＡＡからの提案を検討した後、対応を決定し、それを学校、ＲＡＡ、そして親に通知する。

以上のような手続きの他に、実際に子どもが就学しているか、親が就学義務を果たしているかという点での管理面でも教育委員会とＲＡＡは連携している。とくに、ＲＡＡは親を教育相談に招いたり、外国人局（Ausländerbehörde）に滞在権の確認を依頼することなどから、学校編入以降の移民家庭の実態を管理する側面も有する。実際に、親が教育相談に現れなかったりすると、社会福祉課やＲＡＡのスタッフによる家庭訪問を行い、状況を確認することになる。

(3) 異文化間事務所 (Interkulturelles Büro)、移民協議会 (Migrationsrat) などとの関係

異文化間事務所や移民協議会は、ＲＡＡとともに、連邦政府、州政府の移民の統合に関する動向を受けつつ、ビーレフェルト市におけるプロジェクトの実施や協力、その方向性について政策文書の検討や提言を行ったりしている。両組織はＲＡＡと連携し、移民に対する情報提供会などを開催することもあるが、実際には、移民支援の実働を担うというよりも、政策に影響を及ぼす面が大きい。ここでは、両組織との関連で、ＲＡＡが政策文書に関する具体的検討を行っていた例を挙げてみたい。

筆者がＲＡＡのスタッフ会議に参加していた際（二〇〇五年五月から七月）には、教育政策文書の内容と施策の方向性について集中的に議論していた。この教育政策文書は、移民協議会の「教育（Bildung）」ワーキンググループが「教育を通した統合（Integration durch Bildung）」というタイトルで当初草案し、ＲＡＡも含む関連機関との協議の上、最終的に「より良い教育を通しての成果のある統合（Erfolgreiche Integration durch bessere Bildung）」と改め、ビーレフェルト市に提出したものである。

この文書は、当市における移民の子どもの教育についての理念や目的、具体的措置を示している。ＲＡＡが最も関係するのは、具体的措置の部分であるが、この文書で提示された措置は、まず、短期的措置として、領域横断的な措置、就学前の領域における措置、学校領域における措置が挙げられている。また、中期的措置についても掲げられているが、これは短期的措置に基づくものである。ＲＡＡはこれら全般的な措置についての検討も当然行うが、実際には自分たちの活動に大きく関わる部分については、実行可能性を含めて集中的に検討し、活動への反映

に努めている。

この政策文書について議論していた際に、ＲＡＡの責任者が重点的に取り上げたのは、途中編入の移民の子どもに対する対応と相談業務に関するものであった。これは、学校領域における措置で、「すべての形態の学校の関与の下で編入者の就学に関する新しいコンセプトを作成すること」、「ＲＡＡによる首尾一貫した指導助言と学校実践への研修内容の応用」、「ＲＡＡが教育事務所の機能を担うこと」など、具体的にＲＡＡの関係する点が政策文書の中で明記されていることにも拠る。新規編入の子どもの就学については、上述の市民課や教育委員会との連携で示したが、ＲＡＡは就学段階の手続きのみならず、ドイツの学校編入に必要なドイツ語能力の獲得に向けた支援体制の整備を図ろうとしていた。これは、スタッフ会議における検討事項に見て取れる。[6] スタッフ会議では、ドイツ語促進授業のあり方について、移民の子どもの編入先の学校で各自対応するのか、あるいは、ドイツ語促進の必要な子どもを一ヵ所に集めて、そこで集中的にドイツ語獲得を促した後に、編入先の通常学級に移行するかなど、具体的に検討されていた。いずれの対応にも、外国語としての、あるいは第二言語としてのドイツ語教育を担当できる教員の問題や子どもの適応への環境づくりなどの課題が挙げられ、そうした一長一短も含めて綿密な議論が展開されていた。また、スタッフにはそれぞれがビーレフェルト市内の学校における対応だけでなく、参考となる他都市の取り組みを調べることも課されていた。

相談業務については、教育事務所としての機能の一例として政策文書に明記された、親のホットライン（Eltern-Hotline）の検討を行っていた。ＲＡＡは電話での相談も受け付けていないわけではないが、基本的には問い合わせが来た段階で、ＲＡＡでの面談日時を設定するようにしている。これは、電話相談では十分に情報が伝わらないこともあり、それを避けるためである。政策文書では親のホットラインの設置について示されているだけで、電話でどこまでの対応を目指すかは明記されていない。この政策文書に関する検討会議に参加していたＲＡＡ責任者によれば、「ＲＡＡに電話をかけても常に通話中でつながらない」といった苦情が出されたという。[7] 対応策として、対応時間の延長や留守番電話対応をトルコ語で録音しておくなどが挙げられたが、基本的にＲＡＡは電話での相談は最低限の情報のみと考えている。個別的かつ集中的な相談・助言は電話ではできないので、日常的に相談を受けているスタッフから見れば当然のことである。

スタッフ会議で挙げられた以上のような検討内容については、移民協議会の定例会議にＲＡＡの責任者も出席していることから、そこにフィードバックされ、場合によっては提言内容や施策の方向性について再検討を迫ることもある。さらに、移民協議会には、異文化間事務所や主要政党のメンバーも含まれていることから、こうした政党のメンバーが定例会議に挙げられる意見を各政党に持ち帰ることで、各政党の今後の政策案に反映される可能性がある。

(4)　組織間の関係性構築の難しさ

これまで述べてきた例を考えると、ＲＡＡは移民家庭受け入れの体制づくりやそれに関わる政策決定にも関係しながら、関連諸機関と連携し、活動を行っていることが分かる。しかし、組織間の関係性、連携が常にうまく動いているわけではない。

上述の教育政策文書を検討している際には、移民協議会からＲＡＡの存在意義が問われた。[8] 教育に関する支援は、ＲＡＡが担うべきであるにもかかわらず、移民家庭にアクセスしていないのではないか、一体、何をしているのか、といった疑問が投げかけられたのである。ＲＡＡの責任者は、このような移民協議会の発言やＲＡＡに対する姿勢が批判的なものばかりで、これでは協働体制をうまく構築できないと述べている。それに耳を傾けていたスタッフの一人が、移民家庭へのアクセスという点についてはＲＡＡのみに責任があるわけではないと付け加えている。というのも、移民協議会は移民や多文化をテーマとしているドイツ語の情報誌にＲＡＡの電話番号を掲載し、その広告料を支払っている。スタッフに言わせれば、その情報誌を移民が読むかというところが問題であり、それに支払うのであれば、ＲＡＡが翻訳をして、コピーを配布したほうがよほど良いのではないか、とのことだった。

移民協議会は必ずしも教育現場における移民支援に通じているわけではなく、むしろ、政策提言や行政関連機関との連携など、どちらかと言えば、マクロなレベル（組織レベル）での取り組みに強みを持っていると言える。学校や教育委員会などは、具体的にＲＡＡと連携しながら、移民家庭の受け入れ体制を構築したり、支援活動を展開したりしているので、ＲＡＡの活動について比較的理解があると言えるだろう。しかし、移民協議会のように、教育のみならず、移民がドイツ社会で暮らしていく際の課題全般を扱ったりすると、ＲＡＡの存在は知りつつも、その活動内容については十分に把握されないこともあるだろう。そう考えると、移民協議会やＲＡＡなど互いの組織が展開している活動の利点や欠点を含めて、情報発信をし、それを認識したうえでの連携が必要であると言える。

以上、行政関連機関とＲＡＡの連携体制について、とりわけ、新規編入の移民家庭の子どもを学校に受け入れる際の体制や政策文書の検討など、行政に関わる側面に注目した。諸機関と連携し、受け入れ体制は整えられていると言えるが、重点領域の異なる組織との相互理解の難しさも連携を模索するなかで垣間見られる。

2　学校や学校外組織とＲＡＡビーレフェルトの協働

前節では、行政レベルの組織との連携の例を提示した。それは、新規編入の移民家庭の子どもを受け入れる際の体制についてであり、手続き的な側面のものであった。本節では、実際のそうした子どもや親に対し、学校や学校外組織とＲＡＡの協働の下で行われている教育支援について見ていきたい。協働による主な活動は、移民の子どもに対する学習支援や職業訓練に関する情報提供、進路相談、移民家庭の保護者を対象とした教育に関する情報提供などがある。これらの連携・協働は、移民としての背景を持つスタッフや仲介教員によって支えられている。

(1)　子どものための学習支援――移民の子どもと学びをつなぐ――

ＲＡＡによる移民の子どもに対する学習支援の主な部分は、ドイツ語教育支援が占めている。これは、ドイツ語の初期指導から教科学習指導までを含み、その実施体制も、ＲＡＡが単独で対応するものから、学校やビーレフェルト大学との連携に基づき実施されるものまで多様である。また、これらの学習支援は移民の子どもの就学歴、学習歴を考慮して提供されている。

基本的には、ドイツ語の知識を持たず、ビーレフェルト市に編入してきた移民の子どもの場合、まずは「受入／促進クラス（Auffang-/Förderklasse）」でドイツ語を集中的に学ぶ。このクラスへの在籍期間は原則として二年以内であり、最大二年が経過すると移民の子どもは通常学級で学ぶことになる。しかし、集中的にドイツ語を学び、通常学級に移行しても、当然のことながら通常学級での学習に十分についていくことはできず、通常学級への移行後もドイツ語支援のニーズは高い。通常学級でのドイツ語の授業はもとより、社会や経済などの科目では、より複雑なドイツ語が求められ、さらに各教科の専門用語やそれに適した表現なども必要となる。このような背景から、受入／促進クラスとは別に、移民の子どものドイツ語学習をさらに補完するために、有償スタッフにより少人数グループでの言語促進支援が行われている。特に、基幹学校と協働して行われる支援は、学校の授業で扱う素材に基づきながら集中的に言語促進を行うものであり、これは教師との密な連携に基づいている。受入／促進クラスと別に提供されることから、移民の子どもにとってはドイツ語の反復学習の機会となっている。この言語促進支援は、受入／促進クラスに在籍している移民の子どもを対象とする場合と、在籍の有無にかかわらず、十分な言語能力を有していない子どもを対象とする場合があり、基礎学校三校、基幹学校三校の計六校（二〇〇五年現在）で実施されている（RAA Bielefeld 2005：31）。

二〇〇五年頃に見られた傾向として、アフガニスタンやイラクなどの戦争地域からの移住者が増えている。こうした地域から編入する子どもの場合、就学経験がなく、出身言語においても読み・書き・計算のための基本的な識字能力を有していないことが多い。また、ドイツにおける前期中等教育の年齢に達している子どもが多く、ドイツ語の習得や学校への編入を一層困難なものにしている。ＲＡＡはこうした子どものために、受入／促進クラスが設置されているＬ基幹学校と協力し、三クラスある受入／促進クラスのうち一つを識字学級とし、該当する子どもに適した学習支援が提供されるようにしている。二〇〇五年現在、一一歳から一六歳の一五名の子どもがこのクラスで学んでおり、その大部分がイラク出身である（ibid.：32-33）。特に、Ｌ基幹学校に在籍している子どもを中心に受け入れているため、教員との連絡、連携がうまく機能していると言える。しかし、異年齢集団での学習になるため、それぞれの年齢段階や学習状況に適した教材を揃えることが課題となっている（ibid.：33）。

これらの学校との連携によるドイツ語学習支援に加え、ＲＡＡはビーレフェルト大学言語・文学部「外国語としてのドイツ語」コースとの共催で、ドイツ語を母語としない約二〇〇名の子どもに対し、外国語としての、あるいは第二言語としてのドイツ語支援と、ドイツ語や英語、数学などの教科学習支援を大学内で提供している。ここでは、このコースに所属し、外国語としてのドイツ語教授法を学んでいる学生が学習支援にあたっている。指導は少人数グループで行われ、それぞれの子どもの能力が考慮され、各自の学習目標が設定される。

この学習支援で注目すべき点は、移民の子どもが前期中等教育修了資格を得るために必要な専門的支援が得られることである。また、多くの学習支援は子どもが在籍する学校で放課後に実施されることが多いが、このプロジェクトはその場を大学に移すことに特徴がある。他の子どもが下校した後の学習支援は、移民の子どもに課外の時間に残されたという劣等感を与え、不参加の原因になってしまうこともある。しかし、大学を支援の場とした場合は、「大学へ出かけ、そこで大学生と一緒に学習する」という積極的な印象を与えている。また、学習支援に携わる大学生の多くが自身も移民としての背景を持っており、かれらの姿は、移民の子どもにとって一つの成功モデルとなっている。こうした要因が、移民の子どもの学習に良好な影響をもたらしている。

以上のような学校や大学との連携に基づいた学習支援とは別に、ＲＡＡでは英語の学習支援を行っている。ドイツにおいて前期中等教育修了資格を得るためには、必修外国語としての英語の修得が義務づけられている。これに対して、移民の子どもの場合、ドイツ語が第二言語となり、必修外国語である英語が第三言語となる場合も出てくる。このような子どもに対して、必修外国語の代わりに出身言語でこれを満たす道も設けられている。[9]

しかしながら、すべての出身言語が必修外国語の代替として認められているわけではなく、また、さらに上位の学校修了資格の取得や条件のよりよい就職を目指す場合、国際語としての英語は重要なものとなる。そのため、実際には、ドイツ社会で教育上の成功を収めるには英語学習が必須のものとなることが多い。そこで、ＲＡＡは受入／促進クラスから通常学級の六年生から八年生に移り、英語の基礎知識を持たない移民の子どもに週に一回、英語の促進クラスを提供している。

ＲＡＡはこれらの他に学習相談に直接訪れた移民の子どもと時間を設定し、宿題の支援や教科学習の補充などの個別対応も行っている。これには、ＲＡＡに常駐しているトルコ系二名、ロシア系一名のＲＡＡのスタッフやＲＡＡでインターンを行っている学生[10]が携わっている。ＲＡＡだけで移民の子どもの学習支援を行うには限界があるが、学校や大学などと連携することにより、より多くの学習機会の提供が可能となっている。さらに、学校を学習支援の場とすることで、教師との連携が生じ、子どもの学習進度など情報交換しながら進められるという点で効果が上がっている。また、大学における学習支援では、子どもの自尊感情を高めたり、同様に移民としての背景を持つ大学生を自身のロールモデルとして子どもが身近に感じることできる点が利点として挙げられる。多様な学習の機会が、移民の子どもと学校や大学などの学びの場をつなぎ、またそこでの出会いが学習の動機付けを高めることにもなっている。これは移民の子どもがドイツ語での学習に困難を感じ、学校での学びそのものを放棄することを未然に防ぐという側面も持ち合わせていると言えるだろう。

もちろん、こうした学校や大学との連携が生み出す利点がある一方で、当然のことながら課題も見られる。学校での言語促進支援の場合、新規編入の移民の子どもを対象としており、すでにドイツで生まれ育った移民の子どもはその対象から外れている。このような子どももドイツ語能力が十分でなく、学習に困難を抱えていることも多く、かれらに対する支援も途中編入の移民の子どもと同様に必要である。大学で提供されている学習支援は、生まれた時からドイツで育っている子どもも対象となっているが、少人数で個々に応じた学習支援を目指していることから、すべての子どもに支援が行き届いているわけではない。約二〇〇名の子どもが学習支援を受けているとされているが、それ以上の約三〇〇名が待機リストに名を連ねているという（Hinrichs 2003：52）。これは学習支援のニーズが高いことを示しており、多様な場面で移民の子どもが活用できる学習支援をさらに充実させていく必要があると言える。

(2) 子どものための職業訓練に関する支援——移民の子どもと職業をつなぐ——

ＲＡＡの設立以降、その活動の重点の一つは、学校から職業への移行段階における移民の子どもの支援に置かれてきた。経済が低迷し、依然として失業率が高いドイツにおいて、移民の子どもが職業訓練の場を得るのは容易ではない。とくに移民の子どもの場合、前期中等教育修了資格を得ることなく、学校を退学するケースもあり、これが就職難に一層の拍車をかけている。そのため、ＲＡＡでは、前期中等教育修了資格のない子どものためのアドバイジング・プランを策定している。

表6は、学校から職業への移行に向けたアドバイジング・プランの流れを示したものである。こうした支援が必要な移民の子どもが多く在籍するのは、特別支援学校や基幹学校、総合制学校である。そのため、これらの学校で職業訓練関係の相談業務を担当する教師と、青少年と成人に対する職業訓練と職業資格のための協会（Berufliche Ausbildung und Qualifizierung Jugendlicher und Erwachsener, 略称ＢＡＪ）の相談窓口担当者が主に連携し、学校から職業へ移行するまでの指針や上記のような支援が必要であることを学校や移民の子どもに示している（RAA Bielefeld 2005：35-37）。

このアドバイジング・プランは、第一段階から第四段階にまで分けられている。前半の二段階では、学校や家庭、本人との協議、企業訪問、職場体験などに重点が置かれている。それに引き続き、後半の二段階では、前段階での経験を踏まえ、職業訓練講座の申込書作成などの実質的な手続き、受け入れ状況の把握、職業訓練に受け入れられなかった子どものアフターケアが行われる。

これらの各段階を具体的に見てみると、第一段階（主として、第八、第九学年の約半年間）では、まず、学校の担任、相談業務担当教師、移民の子どもの親、子ども本人との話し合いを実施し、職業訓練の場を得るための相談用紙を作成・記入する。子ども本人の希望や適性に基づきながら、職業に関する情報収集に努める。第二段階（翌半年間、特に二月以降）では、企業訪問の計画・実施、職場体験を行う。この第一段階の情報収集、第二段階の企業訪問や職場体験などで、移民の子ども本人の職業への動機付けが高まるようにしている。これらを踏まえて、第三段階（五月から夏季休業まで）において、移民の子どもは相談業務担当教員とともに職業訓練講座の申込書を五月に完成させ、夏季休業前に再度変更点がないかを確認する。最後に、第四段階（夏季休業終了後から秋季休業）で

表 6　前期中等教育修了資格のない生徒のための早期アドバイジングや職業訓練講座の登録のためのスケジュール

第一段階 （第 8，9 学年の半年間）	第 8，9 学年の担任との話し合いを通し，RAA とコンタクト • 相談用紙の記入 • 職業情報会を計画・実施 • 両親との話し合い • 会議や面談による記入内容の具体化 • 成績会議への参加 • 更なるアドバイジングの調整
第二段階 （次の半年間―特に 2 月以降）	• 職業情報センター訪問の計画・実施 • 企業調査の計画・実施 • 労働組合や BAJ の職業相談とコンタクト • 職業訓練の試行の計画・実施 • BAJ の「開かれた扉（offene Tür）」の日に参加 • RAA での申請（3 月/4 月）
第三段階 （5 月から夏季休業まで）	• 職業訓練講座の用紙の記入（5 月） • 修了資格のない子どもへの更なる案内 • 記入内容の改訂，変更事項の申請（夏季休業前の最終週）
第四段階 （夏季休業終了後から秋季休業まで）	• 職業訓練に参加していない子どもへの措置のリストアップ • 作業委員会（Arbeitsgremien）を通して，担当教師と話し合い • 学校ソーシャルワーカーによる学校中退者のアフターケア

RAA Bielefeld 2005：37 より筆者作成。

は、連携体制にある教師や担当者によって、職業訓練への受け入れ状況の把握と受け入れられていない子どもに対するアフターケアが行われる。

こうしたアドバイジングとは別に、ビーレフェルト市南部の移民の人口比率の高い地区では、基幹学校、RAA、労働福祉事務所（Arbeiterwohlfahrt Kreisverband Bielefeld e.V., 以下、AWO）が連携して相談窓口を開いている。これは、M基幹学校とAWOの国際センターでそれぞれ週一回開かれており、M基幹学校に籍を置く仲介教員が相談業務に当たっている。ここでのアドバイジングで重点が置かれているのは、前期中等教育から職業訓練への移行に関する一般的な相談、申請書類の記入方法、面接や職業適性テストのための個別支援、さらには夜間学校などでの学校修了資格に関する情報提供などである。この相談所は一九九七年にM基幹学校に開設した後、ＲＡＡとＡＷＯが連携したことで相談所を二ヵ所に増やすことができた。週に一回の相談窓口であるが、それぞれ実施する曜日、時間、場所を重ならないようにすることで、可能な限り多くの青少年が活用できるようにしている。

学校から職業への移行段階における上述の支援から明らかなのは、移民の子どもの職業への動機付けを高めるところから出発し、職業訓練の場が得られるまでの一貫した支援が重視されていることである。職業に関する情報収集や相談の機会を設け、企業訪問や職場体験の場を設定し、それへの参加申請や実際に職業訓練校の入学申請などの手続き的な支援なども含め、段階的かつ総体的な支援が行われている。このような支援は、学校やＲＡＡ、職業訓練関係の組織などの連携により可能となっている。さらに、ビーレフェルト市南部の相談所のような場所は、実質的な職業へと結びつく支援とは別に、同世代の青少年や支援者との人と人との結びつきが生まれ、青少年にとっての居場所にもなっている。

これは、序章で述べたフートの提示する移民の社会参加が寄与する統合の四側面からも捉えることができる。一貫した支援の中で、まずはドイツ社会において就職するに至るプロセスについての知識を得るという文化的側面がある。そして、さまざまな手続きや企業訪問、職場体験などにより、就職に必要な能力を獲得していく構造的側面が見られる。また、この一貫した支援のなかでは、ＲＡＡのスタッフ、職業訓練をサポートする教師やＡＷＯのスタッフ、訪問企業や職場体験で出会う人々など、他の移民やドイツ人と関わりを持つことになる。こうした関わりを持つ機会は、社会的側面から統合に寄与する。最後に、職場体験であっても責任を持って作業に取り組むという経験は、その職場の一員として所属感を持つ情緒的側面にも関係する。以上のように捉えると、この支援に移民の子どもが参加することは、移民の子どもたちをドイツの労働世界に統合していくことに寄与することにつながると言えるのである。

(3) 移民家庭の保護者のための教育に関する情報提供——移民の親とドイツの学校をつなぐ——

ＲＡＡが力を入れているプロジェクトの一つが、移民の親の第一言語を用いた情報提供である。これはとくにドイツにおける教育制度や子育てに関するテーマを扱っている。移民の親にとってこれらの情報が必要な背景には、基幹学校に占める移民の子どもの比率の高さや不十分なドイツ語能力に起因する特別支援学校への就学などがある。基幹学校や特別支援学校への進学は、その修了後の道が職業訓練にほぼ限定されることになる。安易にこれらの学校を選択するのではなく、子どもに適した学校を選択するためには、親自身がドイツの学校教育システムを十分に理解していなければならない。しかしながら、ドイツ語を十分に理解することのできない親にとっては、これらの情報を得ることさえ困難である。そのため、ＲＡＡは移民の親が必要な情報にアクセスできるように、特にニーズの高い言語であるトルコ語とロシア語を用い、「親と学校の対話（Eltern-Schule-Dialog）」というプロジェクトを実施している（表7）。

実施に際し、ＲＡＡはとりわけ移民の集住地域にある基礎学校と連携している。基礎学校側は会場として教室を提供し、直接、学校に関するテーマが取り上げられる時には、教師が話題提供者として参加する。ＲＡＡ側は、テーマに即した話題提供者を大学や移民支援に関わる関連組織から見つけ、実施に向けて交渉し、年間を通して七回から一〇回開催されるこのプロジェクト全体のオーガナイズを行っている（RAA Bielefeld 2005：20-22）。また、当日には、トルコ系、ロシア系スタッフがそれぞれ通訳を行い、移民の親が必要な情報を得たり、疑問を率直に語れるよう支援している。

筆者が参加した会（二〇〇五年五月二三日開催）では、参加したトルコ人やロシア人の親たちが、通訳を行うＲＡＡのスタッフが側にいたことで、自分たちの抱える個々の疑問を説明者である教師に率直にぶつけていた。それらは、「どの学校に行くのかが重要なのではなく、修了することが大切ではないのか」、「途中編入したので、基礎学校に四年間通っていないが、前期中等教育に進んだ後も支援措置はあるのか」、「障がいを持つ子どもは基幹学校卒業後にどのような可能性があるか」などであった。これらに対し、RAAのスタッフが学習相談や支援に携わる立場から、また説明者である教師が学校教員の立場から説明を行っていた。このようなやりとりが、ドイツ語だけでなく、参加者の最も理解できる言語でそれぞれ通訳され、その内容を参加者全員が共有することが、移民の親にとっての情報収集の機会となっている。

さらに、このプロジェクトの重要性は、移民の親がドイツの学校や子育てに関する情報を自身が最も理解できる言語で獲得できるという点に留まらない。これに参加することで、同じ境遇にある家庭が互いに知り合い、親同士の関係を作り、RAAを含めて、互いに気軽に子どもに関することを相談したり、意見交換できるようにすることも重要なのである。

例えば、筆者が参加した会は、前期中等教育への移行がテーマとなっており、基礎学校での成績と前期中等教育の学校種に関する説明がなされていた。ドイツの場合、基礎学校の成績に応じて、基幹学校、実科学校、ギムナジウムのいずれかに進学する。また、ビーレフェルト市にもこれらすべての学校種の機能を持ち合わせた総合制学校も存在することから、総合制学校も選択肢の一つとなる。さらに、これらの学校に一度進学した後も、オリエンテーション段階（第五学年、第六学年）の成績次第では、学校種間の移行も可能となっている。そうした情報を踏まえて、進学先を決定する際には、基礎学校の教師による勧告と親と本人の希望に基づいて協議が行われる。このような学校種や進学先決定のプロセスに関する情報などは、各学校で開催される「親の夕べ（Elternabend）」でも提供されている。しかし、問題なのは、その情報が「親の夕べ」を訪れる親に十分に伝わっているか否かという点である。このプロジェクトの参加者の一人であったトルコ人の父親は、『親の夕べ』に参加しても、ドイツ語が分か

表7　2004/2005年度「親と学校の対話」プロジェクト・テーマ―― RAAビーレフェルト

日時	テーマ	話題提供者
2005. 02.21	**「親と学校の対話」の紹介** ・学校について ・学校と親の相互の期待 ・規則 ・学校による親へのケア	学校，RAA
2005. 03.07	**多言語の促進と第二言語としてのドイツ語** ・子どもの言語獲得と第二言語獲得 ・親の子どもに対するサポート ・子どもと話す言語 ・子どもの生活の中の言語	ビーレフェルト大学「外国語としてのドイツ語」コース講師
2005. 03.14	**学びの習慣・宿題** ・親による宿題のサポート ・学校外のプログラム	学校心理に関する相談所のアドバイザー
2005. 04.11	**異文化間教育―すべての子どもにとってのチャンスの一つ** ・統合のなかで生きる―体験，想像，希望	国際社会福祉協会担当者
2005. 04.25	**親の役割** ・家族のなかでの両親の役割 ・家庭教育，しつけ	家族，子ども，青少年のための相談所担当者
2005. 05.09	**非暴力の教育** ・褒めることと叱ること ・子どもの関心に配慮すること ・男の子の教育，女の子の教育	家族，子ども，青少年のための相談所担当者
2005. 05.23	**前期中等教育への移行** ・中等教育のための推薦状と進級	学校

RAAビーレフェルトで配布された案内より筆者作成。

らないので理解できない、なぜ通訳がいないのか」と不満を述べた。これに対し、説明を行っていた教師は、ビーレフェルト市の財政面からすべての学校の「親の夕べ」に通訳派遣をするのは不可能であると話して聞かせた。さらに、これを聞いていたロシア人の母親が、「トルコ人でドイツ語のできる親に通訳をしてもらえるようにできないだろうか」と提案した。この提案を受け、RAAのスタッフや教師も、学校に要求するだけでなく、自分たちでも積極的に自分たちの支援者となる人を探したり、それをオーガナイズすることも大切であると話し、移民の親が自分自身で何かできないかを考える契機を作り出していた。一見冷たいように感じられるかもしれないが、移民の親に自分たちでできることや可能性を考えさせている。このことからも、「親と学校の対話」プロジェクトが、情報提供のみならず、参加者が抱える課題についてともに意見交換する場となっていると言える。

上述の点からも明らかなように、このプロジェクトが移民にもたらす利点は大きい。と同様に、このプロジェクトは移民の子どもを多く抱える学校にも大きな利点をもたらすのだが、それについてはまだ基礎学校の間で浸透していないと言える。つまり、このプロジェクトは移民が集住し、ニーズが高いと想定される基礎学校で行われるのだが、RAAのスタッフが実施について学校管理職と交渉するとうまくいかないケースも見られるのである。実際に、このプロジェクトの効果を耳にした教師がRAAのスタッフと話をし、自身の勤務校での実施を希望するのだが、RAAのスタッフが交渉すると学校管理職がそのニーズに理解を示さないこともある。これに対し、RAAはプロジェクトを実施した学校の学校長からフィードバックを得て、学校管理職が得た感想を報告書に掲載するようにしている。このように「親と学校の対話」プロジェクトを実施する上で、プロジェクトについての認知度を高める工夫を行ったり、移民の親に十分にドイツの教育に関する情報が行き届いていない点やそのニーズの存在などについての学校側の理解を促しながら、RAAは「親と学校の対話」プロジェクトを実施している。

さらに、この「親と学校の対話」プロジェクトは、移民の親に焦点化したRAAによる教育支援のグッド・プラクティスの一つと捉えられている。二〇〇六年のアクションプラン「統合」に示された移民自助組織との協定と関わり、親ネットワーク・NRWとRAA本部が共同で移民の親に焦点化した諸都市のRAAの教育支援例を集約し、パンフレット「NRW州のための共同：教育への親の配慮」を作成している。この作成にあたって、世代・家族・女性・統合省からRAAに取材が入り、RAAビーレフェルトの責任者、「親と学校の対話」プロジェクトを担当するRAAのトルコ系スタッフ、ロシア系スタッフ、参加したトルコ系移民の母親三名、および教師がグループインタビューを受けた（二〇〇六年一二月八日）[11]。このインタビューの中で、トルコ系移民の母親たちは、「学校の教室という小さな空間で行われることで話しやすい雰囲気だった」、「学校の教師が言うことは全部正しいと思ってしまうが、このプロジェクトに参加してみて、必ずしもそうでないということが分かった」[12]、「このプロジェクトに参加して、他の移民の親と交流ができたり、教師とコンタクトができるようになった」といったプロジェクトに対する肯定的な評価が述べられた。また、「移民の母親は自分の意見を述べることに不安を持っている」、「まずは移民の母親が支援されるべきで、それを通して母親が自信を持つことができる」といった移民の母親に焦点化した支援の必要性に関する意見もトルコ系移民の母親から出された。教師からは、このプロジェクトを実施する際には教師も同席すべきであり、参加することにより異文化間教育に関する知識も得られると見解を示している。これはRAAのスタッフも同様に述べており、さらに、「親と学校の対話」プロジェクトで扱うテーマは、移民の親のみならず、移民の子どもの教育にあたる教師も知っておくべき知識だと言及している。

グッド・プラクティスとして注目されるように、このプロジェクトは、移民の親とRAAのスタッフとの関係づくりは当然のことながら、移民の親同士、移民の親とドイツ人教師、学校とが関わりを持ち、互いに対話を重ねながら、情報交換・共有を行っている。さらに、これは移民の子どもがドイツの学校教育のなかでかれらの能力に応じた参入の仕方や移民の親によるドイツの学校との積極的な関与の可能性などを、移民自身が検討する機会となっているのである。

このプロジェクトについても、フートによる参加が寄与する統合の四側面から捉えることができるが、特に文化的、社会的、情緒的側面の三つの側面に注目できる。文化的側面については、ドイツ社会という異文化のなかでの子育てや子どもの発達、学校教育に関する知識を獲得している。また、各テーマに関わって、ドイツ人教師や支援者と関わりを持つという社会的側面も見られる。最も重要なのは、このプロジェクトにおける情報提供により、ドイツ社会における自身の子どもの教育により自覚的になっていく情緒的側面であると指摘できるだろう。

(4) ムスリム移民家庭の保護者へのアプローチ――つながることの難しさ――

ビーレフェルト市においても、ドイツ国内の諸都市と同様に、移民の多くを占めているのがトルコ系移民、すなわち、ムスリム移民である。かれらは非ムスリム移民と異なり、イスラム教に起因した特有の課題を抱えており、かれらのドイツ社会への統合や社会参加を促すには、そうした宗教的差異を理解した上での支援が必要となる。

イスラムの風習を重んじる、父権的な家庭では、母親がドイツ語学習や子どもの教育に関する情報収集の意欲を持っていても、家庭の外に出ることが許されず、孤立していることも少なくない。そのため、母親のドイツ語能力の獲得が促進されず、学校との意思疎通に困難を来している。こうしたことは、ドイツの教育システムに関する情報不足により、子どもの教育機会を十分に保障することができないことにもつながる。RAAのスタッフ会議においても、「娘を校外学習に参加させたくない」という厳格なムスリムである父親の一存だけで、女子生徒が学校行事に参加することができないということがあったと報告された[13]。このような事態は決して珍しいことではなく、信仰の厚い伝統的なムスリムの家庭では一般的に起こりうることとして見受けられる。ここには、家庭の宗教的な信条と教育の提供という、一筋縄ではいかない問題があると言える。

この例からも明らかなように、ドイツ社会においてムスリム家庭の子どもが十分にその教育機会を保障されるためには、ムスリムの親のドイツの学校教育システムに関する理解を促進する必要がある。もちろん、先述した「親と学校の対話」プロジェクトもその機会にはなっている。そうではあっても、さらに多くのムスリムの親に、ドイツの教育システムや子どもの言語獲得に関する情報をかれらの第一言語で提供できるような機会をRAAは設けようと試みていた。そこで注目された場がモスクである。ムスリムが集まり、祈りを捧げる場であるモスクは、ドイツ国内にも多く建設されており、ビーレフェルトにも同様にモスクがある。RAAはムスリムが集まるモスクをドイツ社会へムスリムを統合するために重要な自助組織と位置づけている。

以上のようなモスクの機能に注目し、RAAのトルコ系女性スタッフはモスクにおける説明会を企画した。RAA側はモスクで説明会を開催することで、母親と父親がそろってドイツの教育システムに関する情報が得られる場を提供し、その場での情報交換、アドバイジングを考えていた。しかし、それを実現するには様々な障壁があった。その一つが、モスクへの女性の立ち入りである。本来、モスクでは男性と女性で祈りの場は異なっており、同じ空間に立ち入ることが原則許可されていない。そのため、試行プロジェクトを実施する際も、まずビーレフェルトのモスクにいるイマームに相談し、女性スタッフがモスクに入り、そこでムスリム家庭と話をすることについて了承を得る必要があった。イマームはオーガナイザーである女性スタッフの立ち入りは許可したものの、RAA側が意図していたムスリムの母親の同席が許されなかった。そのため、試行プロジェクトとして一度実施した際には、父親しかモスクに集まることができず、別の機会に母親だけを集めて行うことになった。父親と母親に対し、個々に機会を設定しなければならなくなったという点は、結果として、オーガナイズを難しいものとしてしまった。

RAA側の当初意図したものとは異なる形になったものの、実際に集まったムスリムの父親たちは子どもの教育について高い関心を示していた。これは、ドイツの教育システムの中で、自分たちの子どもが特別支援学校へ就学させられることに対する批判が主なものであったという。[14]その理由の多くは、移民の子どものドイツ語能力が不十分であることが挙げられるのだが、ドイツ語能力と発達の問題は混同して捉えられることが多い。自分の子どもに特別支援学校への就学を迫られたムスリムの父親たちは、一体何が問題で自分の子どもが特別支援学校に就学しなくてはならないのか、十分に納得していないことが窺える。また、そうした場合に、学校外での学習支援や発達支援といったプログラムは行われていないのかという点についても、スタッフに疑問が投げかけられたという。学校外での支援は、ＲＡＡの他にも多様な組織によって行われているのだが、そうした情報が十分に行き届いていないために、このような情報不足や不満が生じているのである。

結果として、父親だけを対象としたモスクでの説明会ではあったが、父親の率直な意見に触れたり、実際にかれらが子どもの教育に関する情報をどの程度有しているのか、という実態をＲＡＡが把握する機会にはなった。また、トルコ系女性スタッフの側も、モスクに集まるムスリムが、モスクに定期的に通い、厳格なムスリムであれば、モスクでの男女同席の説明会は難しいであろうと予想しなかったわけではないと思われる。それでもなお、モスクに注目するのは、他の会場でドイツの教育や子育てに関する説明会を開催した場合には出席しないムスリムであっても、モスクであれば必ず集まり、また、祈りの時間に合わせて説明会を設定するなどの工夫をすることによって、より多くのムスリム移民に情報提供が可能となるからであると思われる。

概観してきたように、ＲＡＡは行政機関や学校、学校外の多様な組織と連携しながら、とりわけ移民の子どもの教育を軸に支援を展開している。移民の子どもがドイツの学校にスムーズに編入し、かれらの必要に応じた学習支援や職業訓練に向けた支援が得られるようにＲＡＡの活動が展開されている。すなわち、ＲＡＡは移民の子どもが今後もドイツ社会で生活していくことを考慮し、学校から職業への移行に至るまでかれらのライフコースに応じた支援を行っている。これは、ドイツ社会と関わりを持ち、社会参加していくために必要な学校生活や職業生活を移民の子どもが送れるようにする支援であると言える。つまり、これは移民をドイツ人とともにドイツ社会を構成していく市民と捉えていることを反映していると言えるだろう。そのために、移民のライフコースに応じた支援の展開を目指し、それに適した機関と連携を図っており、仲介エージェンシーとして機能することで、移民の子どもに対する教育支援の提供を促進しようとしていると捉えることができる。さらにそうした教育段階における連携が結果として体系的な支援を作り出しているのである。

本章では、ビーレフェルト市における移民に対する教育支援がどのように展開されているのか、ＲＡＡの仲介エージェンシーとしての機能を踏まえ、ＲＡＡによる連携体制を中心に概観した。

行政関連機関との連携では、移民の置かれた状況や支援の実態などを踏まえ、ＲＡＡが施策や政策文書に関する検討を行い、それをフィードバックしている。これはＲＡＡが仲介エージェンシーであると同時に直接的な支援の主体であるからこそ可能であり、移民の社会参加を目指し、それを促進するような施策を策定するためにも、行政組織というよりマクロなレベルにまで移民の実態や声を反映させていく必要があるだろう。

ＲＡＡの連携の相手が、直接的に移民との対応を迫られるような組織でない場合、十分に互いの組織的特徴が理解できぬまま、連携が難しくなることもある。これは行政組織でも他の関連機関や学校でも同様のことが言えるだろう。

仲介エージェンシーとしてそうした連携の難しさはありつつも、移民の子どもの教育への対応の面においては、学校や職業訓練機関、他の移民支援関連機関との連携が機能している。それは、移民の子どもや親がそれぞれの教育段階で必要とする支援の提供を可能としている。移民の親にとっては、移民の子どもの教育がドイツ社会への接点となったり、その場への参加の機会となったりもする。また、移民の子どもの進路について考える機会は、ドイツ社会とのつながりや社会参加を移民の子どもも親も意識する機会にもなっている。

こうしたつながりや社会参加を意識化するには、「親と学校の対話」プロジェクトに参加した母親の言葉に見られるように、移民の親、特に母親のエンパワメントは重要である。次章では、諸都市のＲＡＡの活動をリソースとした、移民の子どもの言語能力促進と母親のエンパワメントについてより詳しく見ていくことにする。

第5章　RAAのリソースを応用した異文化間の関係づくり
――ビーレフェルト市S保育施設の事例から――

移民家庭に対する教育支援の中で、移民がドイツ社会とのつながりや社会参加を意識する機会がある。ドイツ社会とのつながりや社会参加と言ったとき、その一歩となるのは、移民にとってまず身近な生活空間における参加から始まる。それには、そこに存在する移民とドイツ人との関係性が大きく関わる。この関係性に焦点化して、ビーレフェルト市S保育施設におけるパイロット・プロジェクトを事例として取り上げることにしたい。このプロジェクトは、その実施に至るまでに、RAA本部や他都市のRAAの活動をリソースにプロジェクトの方向性を検討した。本章では、まず、このパイロット・プロジェクトがRAAのどのようなリソースを参照し、ビーレフェルト市の実態に応じて応用したのかという点を整理する。そして、S保育施設において子どもの言語能力促進をきっかけに始められた親への対応に焦点化し、移民の親、特にトルコ系移民の母親とドイツ人の母親、ドイツ人保育者との間の関係性について述べていきたい。

1　RAAによる就学前の移民の子どもと母親支援

前章で述べてきたように、RAAビーレフェルトの教育支援活動は初等教育、前期中等教育段階における支援に集中していた。しかし、二〇〇〇年以降、ドイツ教育界では、就学前教育における移民の子どものドイツ語能力促進が盛んに議論されており、それらについては、RAAビーレフェルトでは対応できていなかった。そのようななか、ビーレフェルト市において移民支援に関わる組織の中でも、当市の政策決定にも影響を及ぼすようなイニシアチブ・グループ「プロ・ビーレフェルト（Pro Bielefeld）」が、就学前の移民の子どものドイツ語教育とその親への支援に取り組むことになった。

このグループが就学前教育における移民家庭に対する支援に焦点化し、プロジェクト導入を検討していた二〇〇一年には、当市に在住する外国籍の子どもや青少年は約一万人で、これは当時の市全体の一八歳未満人口の約五分の一に相当した。これに現れるように、当市の多文化化が今後さらに進捗することは明らかであり、それを考慮したうえで、このグループは当市の移民の統合や移民と地域住民の関係構築に関わる支援を模索していた。当市の青少年人口における外国籍者の割合が高いことを勘案すると、このグループの活動の焦点が教育へと向かうのは当然であった。教育のなかでもどこに焦点化して支援活動を展開するのか検討する際に、行政や移民支援関係者、教育関係者からなるワーキング・グループをイニシアチブ・グループ内に設置し、検討を重ねた。その結果、移民の統合促進には、ドイツ語能力が重要な鍵となっていることから、可能な限り幼いうちからドイツ語能力の促進を図る取り組みが必要であると意見が一致した。

ワーキング・グループのメンバーであり、当市の異文化間事務所の責任者であるG氏（ドイツ人）は、パイロット・プロジェクトを試行する場として、当市南部の特にトルコ系移民の集住地域にあるS保育施設を提案した。この保育施設の責任者H氏（ドイツ人）がパイロット・プロジェクト実施を了承し、彼女や保育者、当市の就学前教育担当部局のスタッフとワーキング・グループのメンバーが、ともにプロジェクトの基本方針を検討することになった。就学前の子どものドイツ語能力促進においては、母語を基礎とした第二言語獲得を目指すプログラムがドイツ国内で広く行われるようになっていた。これには、子どもの言語獲得に関する親の理解が必要不可欠であり、プロジェクトの実施には、移民の親、とりわけ母親をプロジェクトに取り込むべきであるとG氏は主張した。こうした主張の背景には、家庭内に留まる傾向のある移民の母親を孤立から脱却させ、エンパワメントすることにより、家庭の中での移民女性の自己意識や態度の変化につながる影響をもたらすのではないかという考えがあった(Beirat des Projekts 2001：3)。

この考えに基づき、プロジェクトのコンセプトを作り上げる際に参考としたのが、ＲＡＡ本部が開発し、その普及を進めていた「リュックサック・プロジェクト(Rucksack Projekt)」のプログラムとＲＡＡデューレン(RAA Düren)のスタッフによる『私たちはよく理解し合っています(Wir verstehen uns gut)』という就学前言語教育のテキストであった。ワーキング・グループのメンバーとH氏らは、主としてこの二つをリソースとし、プロジェクトの基本方針を固めていった。

では、リソースとして参照されたそれぞれの内容を概観しておこう。

(1) リュックサック・プログラム

このプログラムは、ＮＲＷ州が一九九九年から二〇〇二年の間、ＲＡＡを助成し、開発を促したものである。これは、第一言語のよりよい獲得が第二言語習得の基礎になるというバイリンガル教育の理論に基づいたものである。就学前教育施設と移民の母親が協力することで、子どもの母語とドイツ語の言語獲得と年齢に応じた子どもの発達そのものを促すことを目指している。その際、母親は子どもの母語獲得のための重要な存在と見なされる。これまでは、家庭の言語環境が非ドイツ語であることが、移民の子どもにとってドイツ語の「欠損」として捉えられ、母語が軽視されてきたが、このプログラムはそうした捉え方をしていない。バイリンガル教育の理論に基づき、移民の子どもの母語を肯定的に捉え、その獲得を促すことで、ドイツ語獲得を促す利点へと転じさせようとしているのである。ドイツ語については就学前教育施設でドイツ語に触れることができるが、母語については家庭内で子どもと接する時間の長い母親が母語の促進という役割を担うのである。

就学前教育施設と移民の母親の連携のもとで移民の子どもの母語とドイツ語の能力を獲得させようとするこのプログラムの目標は、次の四点にある。①移民の子どもの多言語性の促進、②母親の教育力の強化、③移民の母親と子どもの自尊感情の強化、④教育施設における異文化間教育や多言語のコンセプトの強化、である。目標①と④は、ドイツ語のみに価値を置くのではなく、子どもの母語を尊重していることから、多言語性の促進や教育施設の日常に異なる文化への関心を高める工夫が目指されていることを示している。目標②と③は、移民の母親のエンパワメントに注目したものである。後者がこのプログラムの特徴でもあり、さらにこのプログラムが単なる言語能力促進支援に留まらない理由でもある。

このプログラムの概要は、表8の通りである。具体的なプログラムの実施方法は、移民の母親と保育者が連携して、保育者が保育施設内でドイツ語で行う活動を、家庭内で母語でも取り組む。家庭内で移民の母親と子どもがそうした活動を行えるように、週に一度、九ヵ月間にわたり、継続的に移民の母親が集まり、そのつど一週間の間に子どもと家庭で行う活動について学ぶ。この定例会で移民の母親を指導するのは、母語もドイツ語も堪能な移民の母親か、保育者としての教育を受けた移民女性かのどちらかである。指導の際の教授言語は、定例会に来る母親グループの構成次第であり、母親の母語の場合とドイツ語の場合の両方がある。

この週に一度の定例会で学ぶことは、それほど難しいものではない。移民の母親たちは、自分の子どもが保育施設でうたう歌や絵を描くこと、画用紙やはさみを使うことなど、子どもが保育施設でどのように身につけていくのかを自分自身も体験するのである。一回二時間にわたるこの集まりで、母親たちは活動に使う絵本や歌、遊戯、絵描きなどが子どもの発達を促すために有効なものであるということを学び、それらを通して子どもの言語能力が促

表8　リュックサック・プログラムの概要

	モデルⅠ	モデルⅡ
指導者	母語とドイツ語の両言語を十分に使いこなせる母親	保育者としての教育を受けた移民女性
対象	子どもを保育所に通わせる母親グループ（理想は7人から10人程度）	
期間	9ヵ月間（週に一度の学習会）	
教授言語	母親グループの母語（言語的背景の異なる母親が集まる場合，ドイツ語）	
活動内容（教授法）	各学習会で，その週に子どもと家庭内で取り組む活動を行う（絵カード，読み聞かせ，運動，テレビ視聴，遊び，など）	
テーマ	身体，洋服，幼稚園，外での遊びと運動，家，食事，家族，動物，など	
プロジェクト・テーマ	各プロジェクト期間に別途設定される。 例：自然の中で生きる，祭りを祝うなど	

RAA Hauptstelle（2005）とプログラム指導書より筆者作成。

進されるということを知る。そのうえで、これらの活動を家庭では母語を用いて行い、子どもの母語能力の発達に刺激を与えている。また、家庭での活動の手助けとなるように、それぞれのテーマに沿って作られた一週間の取り組み例が書かれているプログラムの手引き書[1]が親には配布される。これらによって、母親たちは子どもと家庭で行う活動内容を深く理解し、子どもと自分の関わりが子どもの発達を促している点に自覚的になることで、家庭内での自分自身の役割を強め、自尊感情を高めていくのである。

このプログラムの中で、家庭での教育活動を通した母親の自尊感情の向上がとりわけ言及されるのは、ムスリム移民に注目しているからである。各家庭で差はあるものの、一般的にムスリム家庭の中では、母親が家庭内に閉じ込められ、孤立感を募らせていたり、子どもの教育に関しても父親が強い影響力を持っているなど、母親の立場が弱いことが多い。このような立場に置かれている母親が、プログラムへの参加を通して子育てに対する自信を深めていくと、今度は他の移民の母親に活動やその効果を伝達し、かれらのエンパワメントの一助となっていく。こうした母親の間での波及効果は、このプログラムの狙いの一つでもある。さらに、母親の変化を間近で見る父親の中にも、このプログラムの活動内容を理解し、母親が学んできた教育活動に父親も関わりを見せるようになる。[2]

以上の点は、このプログラムの目標①から③に主として関わるものであるが、では、目標④に掲げられている「教育施設における異文化間教育や多言語のコンセプトの強化」についてはどうであろうか。これについては、プログラムに参加する保育施設に努力が求められることになる。保育施設でこのプログラムに取り組む保育者に対しては、諸都市のＲＡＡのメンバーで構成されているワーキング・グループ「就学前教育と初等教育における異文化間教育（Intrekulturelle Erziehung im Elementar- und Primarbereich、略称、ＩＫＥＥＰ）」による研修の機会が提供されている。そこで、保育者は移民の子どもの言語発達やこのプログラムにおいて保育施設が担うべき課題について準備することになる。

研修の内容は、リュックサック・プログラムが単なる言語学習プログラムにならないように、移民の家族に関するテーマ、すなわち、宗教などの移民の文化的背景に関わるテーマ（祝日、宗教、祭りなど）やドイツ社会で直面するテーマ（日常生活、学校生活など）が反映されるように配慮がなされている。このようなテーマは、家庭で取り扱われるものと同時に、保育施設の中でも扱われることで、保育施設での日常をより異文化間的なものとして形成する刺激になる（RAA Hautstelle 2005：Rucksack 2）。

この他に、保育者に対しては、直接的にリュックサック・プログラムの内容に関わるというよりも、広く就学前教育における異文化間活動に携わるための研修や異文化間能力の獲得に向けた研修が提供されている。保育者はリュックサック・プログラムへの参加とともに、ＲＡＡ本部やＩＫＥＥＰによる関連した研修などが用意されていることで、移民の置かれている状況やかれらのニーズについて学ぶ。そして、異なる文化的背景を持つ移民に対し、保育施設を受容的なものにしたり、異文化間的な要素を施設運営や教育活動に取り入れることについて示唆を得ている。

(2)　就学前言語教育テキスト『私たちはよく理解し合っています』

このテキストは、RAAデューレンのスタッフであるシュレッサー（Schlösser）によって作成されたものである。テキストは、子どもへの言語教育を行う際の教材部分と教授上の示唆となる部分の二部から成る。前者には、学習のトピックスが示されており、自分自身、友達、家族、幼稚園や学校、地域、動物、体調を表す言葉など日常生活に取り込めるものが挙げられ、それらに関する教材例が示されている。後者では、言語促進の対象である子どもやその親、それに関わる保育者について、さらに、移民の子どもの教育に関わる異文化間教育、多言語性、教材、ネットワーキングなどが挙げられている。

いかなる形の言語教育を行うにせよ、移民の子どもや母親と直接関わる保育者がドイツにおける移民の背景を知り、多言語環境の中で成長する子どもにとっての言語獲得の重要性を正しく認識しておかなければならない。その意味においては、このテキストの学習教材部分も重要であるのだが、教授上の示唆の部分が非常に重要なものとなる。

ここでは教授上の示唆の部分に注目し、なかでも、子ども、親、保育者、異文化間教育の四項目で注目すべき点を列挙しておきたい。

①　子どもについて

この項では、まず一般的な子どもの発達や言語獲得について触れられている。シュレッサーは移民の子どもへの教育に当たる際、特に保育者が注意を向けなければならないのは、子どもが持つ移民としての背景への理解やドイツ社会への統合に不可欠とみなされる言語であると指摘している。

まず、移民の子どもの背景について、次の二点を強調している（Schlösser 2001：65-67）。一点目は、移民としての背景が子どもの生活世界の形成に影響を与えており、かれらが自身のエスニシティに関わる部分を放棄させられるようなことにならないよう注意すべきであるとしている。二点目は、教育に携わる者は移民家庭のもたらす文化的要素を受容し、かれらのドイツ社会への統合を促す際には、移民家庭がマジョリティ社会において将来の希望に満ちた道が見つけられるように支援しなければならないとしている。これらの強調は、移民の子どもがドイツ社会において移民としての背景を持って存在しているなかで、幼少期からドイツ社会の同化圧力に晒され、子どもが自身のルーツを損なうようなことのないように、保育者が注意を払うべきであることを示している。

次に、言語と統合に関する部分では、肯定的な自己意識や言語能力は統合に不可欠であるという認識に基づいた言及がなされている。ここで述べられている統合とは、「価値や規範、伝統、儀式や信仰の内容についての情報交換という相互作用的なプロセスに踏み込むことを目的とし、異なる出自や、文化、宗教を持つ構成員の間で接触を持つ」（ibid.：68）ことであるとされる。シュレッサーはまた、言語能力の不十分な発達が社会的な行動能力を制限することに至ると指摘する。そのため、「可能な限り早い段階から子どもの言語能力の促進を通して、社会的なプロセスへの参加を学ぶ機会を有するべきである」（ibid.：69）と述べている。

繰り返しになるが、シュレッサーは、幼少期の子どもと密接に関わる保育者であるからこそ、子どもの家族の移民としての背景、すなわち、ルーツを理解し、それに基づくかれらの文化的要素を受容することの重要性を指摘している。さらに、移民の子どもの言語能力を伸ばし、同世代の子どもたちの間で社会性を獲得しながら生活を送ることは、移民の子どもやその親に対する強制的な同化を迫るものではなく、ドイツ人や多様な背景を持つ子ども同士の関わりを重視しながら、共生を目指した統合を促す必要性を述べているのである。

② 親について

第二言語習得論において、母語能力の確立が第二言語であるドイツ語習得に影響を及ぼすことから、親は移民の子どもの言語促進に欠かすことのできない重要なパートナーとして捉えられている。それゆえ、母語と第二言語であるドイツ語の習得には、親と保育施設の協働が重視されている。シュレッサーは親との協働に関しては、特に、親から生じる要求と親と保育者が子どもの教育に関してそれぞれの役割に対して抱く期待という点について提示している。この双方について、保育者は理解した上で親と接する必要がある。

前者に関しては、移民の親がドイツ社会において自分の子どもに対する教育に何を期待しているのか、保育者が十分に把握することが重要であるとシュレッサーは強調している。移民の親は、文化や伝統、宗教といった点で、マジョリティであるドイツ人と異なることから、実際に子どもを取り巻く現実を考慮したうえでの、オリエンテーションや教育的対話といった支援を保育施設に望んでいる。これに対しては、まず、子どもの日常生活の多くの場面において、保育者と親との集中的な協働が重要な一歩となる。それにより、子どもに対する互いの教育的な姿勢を知り、共通目的を明確にし、子どものためにともに力を尽くそうとする契機をもたらすことになるという(ibid.：93-94)。

後者については、保育者と親との協働を建設的なものにするには、移民の親と保育者が双方に抱く期待を互いが理解しなければならないという点が強調されている。移民の親の多くは、自分の子どもがドイツの学校教育を受け、その先、ドイツ社会で生活するには、ドイツ語が不可欠であることは理解している。しかし、親自身が十分にドイツ語を話せず、子どものドイツ語獲得に不安を抱いていることが多い。そうした親が子どもをドイツの保育施設に預ける大きな目的がドイツ語獲得である場合、親は保育施設の教育的機能に大きな期待を寄せている。これに対し、保育者は教育活動やその目的を移民の親に明確に示さなければならない。相互理解を進めるには、保育者と移民の親が互いに対するオープンネスを作り上げる必要がある。かれらが互いに学び、互いの持つ希望や教育に対する態度についての理解が可能となるよう、定期的な交流の時間を設定することが推奨される。これにより、移民の親と保育者の双方が持つ教育力を認識し、それを利用することが可能となる（ibid.：95-96）。

このようなシュレッサーの言及から、まず第一に、移民の親と保育者との相互理解が必須であると受け止められている点が明らかである。移民の親にとって、保育施設はマジョリティ社会のなかで移民家庭が最初に直面する教育施設でもある。これに対し、移民の親が抱く期待と保育者が期待する家庭の役割など、互いが理解せずには始まらない。移民の親と保育者との相互理解を通して生じる信頼関係が教育効果を上げる一因となっているのである。

③　保育者について

シュレッサーは保育者に関して、とくに異文化間教育との関連から、保育者の資質と職業的役割意識について述べている。

彼女は異文化間教育との関連において保育者に求められる資質として、以下の知識や能力を挙げている（ibid.：108-109）。知識については、まず、移民の出身国とドイツにおける社会的、政治的変化という移民に関する一般的な知識が挙げられる。そして、出身国における教育システムや社会化のプロセスの相違など教育に関する一般的な知識から、多言語性や子どもへの言語的な刺激を与える教育といった移民の子どもの言語教育に関する知識も提示されている。こうした知識に加え、言語・非言語コミュニケーション能力やコンフリクト解消のための仲介や戦略といった対処能力、ゼノフォビアやレイシズムに対する認識とそれに取り組む力などの能力についても取り上げている。さらに、保育者は移民の親との関わりを持つことが必須であるため、移民の親と直接コンタクトを取ったり、かれらに関連する民族的・宗教的コミュニティに入り込んでいく力も不可欠なものとして挙げられている。

以上のような異文化間教育や移民への対応に特化した知識や能力を獲得した保育者は、次のような職業的役割意識を形成することで、多文化社会に貢献することになるとシュレッサーは述べている（ibid.：109）。それは、第一に、異文化間教育の枠組みで保育者が行う活動が持つ、寛容性や平和を生み出すといった価値に対し、感受性を高めるということである。第二に、保育者の仕事が異文化間教育を指向することで、公的機関が民主的であることを促し、次世代の平和能力の育成に貢献するのだという姿勢を持つことである。前者は、保育者が自身の教育活動の意義に対する認識を高め、その意義に自覚的になる必要性を示している。また、後者は、異文化間教育を指向した自身の教育活動が、結果的には保育施設という公的な場を文化的背景の異なる他者に対しても開かれた、異文化間的な機関とすることを意味している。

保育施設において異文化間教育に取り組もうとする際、保育者に異文化に対する感受性やそれに関わる対処能力といった異文化間能力が備わっていなければ、効果的な教育がなされることはない。シュレッサーが保育者に求められる資質として挙げた知識や能力は、いわゆる異文化間能力であり、これは多文化社会において重要な能力である。これらを身につけた保育者が多文化社会を生きる次世代の子どもを育成していくのである。

④　異文化間教育

この項でシュレッサーは、移民の子どもに対する言語教育も異文化間教育の一部であることを明示し、異文化間教育への説明を加えている。また、今日のドイツで異文化間の共生が議論される際に頻繁に用いられる「ともに生きる（miteinander）」という点にも言及している。

シュレッサーによれば、異文化間教育は、人が多文化社会において生きるということに対し備えなければならないという点から出発している。これは移民の側だけに対する一方的な要求ではなく、相互尊重の立場に立ち、受容的かつ平和的共生のための共通の努力であるという点において、社会の構成員すべてが異文化間教育の受け手になるのである。受け手となるドイツ人も移民も多様な背景を持っており、それぞれが持つ異なる文化や伝統、宗教などは個人に影響を及ぼす要素である。それを踏まえ、相手の差異に対する偏見を持つのではなく、相互尊重が求められる。つまり、異文化間教育の目的は、共生、すなわち、相互の尊重に基づき、私的・公的空間内で異なる個人が広く、平和的にともに生きることであるとされている（ibid.：122-123）。

異文化間教育についてのこの説明は、異文化間教育の対象や教育段階を限定したものではなく一般化したものとなっている。ここで、保育施設における異文化間教育と限定した際に、シュレッサーは移民の子どもの異なる文化的要素への対応を第一歩として考えている。つまり、保育施設における異文化間教育とは、移民の子どもが持ち込む異なる文化的要素に対し、一時的に目を向けることではなく、異なる文化的要素への対応やそれを契機とした教育活動が恒常的に保育施設の活動に組み込まれるべきであるとする（ibid.：124）。保育者が異文化間的なプロセスに取り組むことを「義務的な」ものであると感じることにより、保育者はあえて長期的にその異文化間性に取り組もうとするのである（ibid.）。ここに、一時的な対応としての異文化間教育ではなく、原則として異文化間教育は持続的なものでなければならないとするシュレッサーの主張が現れている。

上述の異文化間教育の目的にあるように、異なる個人が「ともに生きる」ことが今日の多文化社会では求められている。その意味においては、積極的な共生は異文化間教育の基本的前提であり、社会を構成するすべてのプロセスにドイツ人と移民の両者がともに参加することを含んでいる。これは、参加の意思を持つすべての人々が積極的な異文化間の共生をともに構築しうると述べているのである（ibid.：125）。何か計画を立て、実行したり、それを評価したり、方針を見直したり、というような社会的なプロセスにドイツ人と移民がともに参加することは、そのプロセスのなかで必然的に対話が生じる。社会参加をしていくなかで対話を重ね、それが異文化間の共生の構築につながるという点をシュレッサーは重視しているのである。

共生という点から考えると、彼女のこうした言及は至極当然のようにも、あるいは非常に単純化しているようにも受け止められるかもしれない。しかし、今日のドイツ社会において、ドイツ人と移民がパラレルに存在する多文化並存社会は目指されていない。にもかかわらず、ややもするとそうなりかねない現実があるなかでは、彼女が言及する異文化間教育や「ともに生きる」ということをつねに意識しておくのは重要である。移民だけに統合を強いるのではなく、移民との共生を受け入れ、それに応じてドイツ人もまた変化するという相互作用に基づく共生が目指されるべきものとされている。こうした意識は、保育者と移民家庭の相互理解の基礎となるべきものであるとも捉えられる。

(3) S保育施設におけるパイロット・プロジェクトの基本方針

上述のリュックサック・プログラムと就学前言語教育テキスト『私たちはよく理解し合っています』の内容を、ワーキング・グループとS保育施設の責任者H氏や保育者らが検討し、パイロット・プロジェクトの方向性や内容を定めていった。

ワーキング・グループがプロジェクトについて議論を始めた当初に、ビーレフェルト市の異文化間事務所のG氏が主張したように、このプロジェクトの基本方針は、就学前の移民の子どもの言語能力促進と移民の母親のエンパワメントである。そのため、基本的には、リュックサック・プログラムで掲げられた目標の四点（①移民の子どもの多言語性の促進、②母親の教育力の強化、③移民の母親と子どもの自尊感情の強化、④教育施設における異文化間教育や多言語のコンセプトの強化）を、このパイロット・プロジェクトにおいても目標と据えることにした。リュックサック・プログラムでは、とくに移民の母親の教育力の向上や自尊感情の強化に積極的な効果をもたらしたことから、移民の母親への支援は必須のものと確認された。母親支援の際に、グループを指導するのがドイツ人ではなく、母語とドイツ語が堪能な移民の母親であるという点も、参加する移民の母親にとって一つのロールモデルになり得る意味で、非常に積極的に受け止められた。

このようにリュックサック・プログラム自体は、ワーキング・グループのメンバーにとっても保育者らにとっても非常に魅力的なものと捉えられたが、実際にはリュックサック・プログラムの実施には至らなかった。その理由は、このプログラムを実施するための条件整備ができなかったからである。それは、母語とドイツ語が堪能なバイリンガルの人材発掘であった。S保育施設が設置されている地域だけならともかく、パイロット・プロジェクトの後、ビーレフェルト市内で就学前の言語教育プロジェクトの拡大を念頭に置いていたため、S保育施設でしか実施できないようなあり方では目的を果たさない。S保育施設だけなら、移民の母親グループを指導するバイリンガルの母親は一人でもいいかもしれないが、実際に当市の移民の多い地域でリュックサック・プログラムを導入しようとすると、最低でも五人から七人はグループ活動を担えるバイリンガルの母親が必要であった。バイリンガルで、なおかつ教育活動に積極的な母親を探し出すのは困難な作業であり、また仮にそれだけの人数が見つかったとしても、かれらを雇用するための資金的裏付けも十分ではなかった。そのため、当面はプロジェクトを導入した保育施設には、移民としての背景を持つバイリンガル・スタッフを派遣することにした。また、リュックサック・プログラムで重視されている保育者と親との協働については、プロジェクトを導入する保育施設の実態に合わせた形で対応することになった。[3]

パイロット・プロジェクトの導入が決定していたS保育施設では、移民家庭が置かれている状況、移民の子どもの言語発達、就学前の異文化間教育、移民の母親との協働について、シュレッサーによるテキストを用い、研修を始めていた。プロジェクトの方向性や実施に必要な基本的知識をこの研修で確認し、研修の中で共有しながら、S保育施設で働く保育者の共通認識を深めていくことから始まった。その後、プロジェクトの両輪である、就学前の移民の子どものドイツ語能力促進支援と移民の母親支援の具体的内容について構想していった。ドイツ語能力促進支援については、シュレッサーによるテキストの教材部分の活用から取り組んでみることになった。その理由は、この教材が子どもの日常生活に密着したテーマを取り扱い、このプロジェクトの目的と同様、教材の目的が三歳から六歳の子どもの語彙と言語能力の拡大を目指したものであったためである（Beirat des Projekts 2001：5）。さらに、この教材がＲＡＡデューレンと地域の保育施設との協力のもとで作成、試行、再検討された上で出版されており、実践面での有効性があると判断できたという点も指摘できるだろう。

母親支援については、リュックサック・プログラムのように、言語学習の内容に関する学びの場を提供することから始めるのではなく、S保育施設の現実に照らし合わせ、トルコ系移民家庭の実態把握と言語能力促進プロジェクトに関する説明会を丁寧に実施することを優先している。これを担うのは、移民の子どもに対する言語教授と通訳を兼ねて、S保育施設にバイリンガル・スタッフとして派遣されたS氏（トルコ人）とS保育施設の責任者H氏である。母親支援や親との協働を実施する以前に、両者はプロジェクトの説明会や情報交換会を行うことで、保育者と移民の親の交流や相互理解を引き出そうと考えたと言える。

パイロット・プロジェクトの導入に当たり、ＲＡＡ本部や他都市のＲＡＡが開発したプログラムなどがリソースとして積極的に用いられているのが明らかである。さらに、それを単に導入するのではなく、地域の現実に合わせて自分たちの活動に取り込める要素を検討し、プロジェクトを構想している。リュックサック・プログラムと同様の実施形態にはならなかったが、その根底にある「移民の子どもの支援と同時に、移民の母親のエンパワメントを目指す」というコンセプトは共有している。移民の母親支援の面では、かれらに必要な情報提供から始まり、移民とドイツ人保育者とのコミュニケーションの促進も目指しているのだが、この点について次節以降で詳しく述べていきたい。

2 S保育施設における応用——関係性を形成する契機としての取り組み——

イニシアチブ・グループ「プロ・ビーレフェルト」によって、言語能力促進プロジェクトがS保育施設に導入された。トルコ系移民の集住地域に設置されているS保育施設においては、移民としての背景を持つ子どもが常時半数以上を占めており、その大部分がトルコ系である。その子どもたちに対するドイツ語能力促進は保育施設にとって重要な課題である。また、このプロジェクトが移民の子どものドイツ語能力促進と同時に、移民の母親のエンパワメントをねらいとしていることを勘案すると、移民の親、とりわけ母親との関係構築は必須のものである。

これらを踏まえ、S保育施設における言語能力促進プロジェクトは、移民の親に対し、プロジェクトの情報を正確かつ丁寧に伝え、移民の母親と保育施設の関係を築くことから始められた。プロジェクトの導入当初の様子を詳細に記している報告書（二〇〇一年）に基づき、述べていくことにする。

(1) 移民の母親たちの言語発達に関する誤解——ドイツ語という圧力——

プロジェクトの導入にあたり、S保育施設には有償スタッフとしてトルコ語とドイツ語のバイリンガル・スタッフS氏が訪れるようになった。彼女は自分自身が親の移住に伴い来独し、ドイツで教育を受け、大学で教育学を修めた人物である。また、実際に自身が一〇代の娘を二人持つ母親でもあった。このような背景を持つS氏が、まずはS保育施設に子どもを通わせているトルコ系移民家庭の実態把握のため、保育施設における子どもの様子の観察と個別の家庭訪問などを行った。

S保育施設に子どもを通わせているトルコ系移民家庭の実態は、親自身がドイツ語を十分に操れないにもかかわらず、子どもに家庭内でトルコ語使用を禁じ、兄弟・姉妹の間でもドイツ語で話すよう強いているものだった。これは、トルコ人の子どもが十分に年齢相応のドイツ語能力が身についていないということを理由に、基礎学校就学年齢に達しているにもかかわらず入学を拒否されることを移民の親たちが見聞きしていたからである。そのため、移民の親は無理にでも家庭でドイツ語を使用していたのである。親自身が十分にドイツ語ができなくても、子どもにドイツ語で話し、また親がある程度分かる場合は、子どもが間違ったドイツ語を話すと叱ったりしながら、日常的にドイツ語を使用することで、就学時に学校から拒否されまいと努力をしていたのである。しかし、こうした子どもへの対応や「ドイツ語ができないと基礎学校に入学できない」といった言葉が、実際には子どもにとって精神的な圧力になっていた（Beirat des Projekts 2001：15）。この精神的な圧力は、子どもが言葉を発することに対する不安にもつながっている。S氏は六歳の少女の例を挙げ、保育施設では非常に引っ込み思案で言葉数も少ない少女であったが、散歩に出かけた際に、トルコ語で話をしてみると年齢相応の語彙と表現力を持ち合わせていた。S氏がなぜドイツ語を話さないのかと尋ねると、間違ったドイツ語で話すと母親に叱られるからという答えが返ってきた。そのため、母親が保育施設にいるわけでもないのに、この少女はドイツ語を話すことに不安を抱き、ドイツ語を話せずにいた（ibid.：15）。

このように「ドイツ語」は子どもにとって大きなストレスをもたらすものであったが、ドイツ語を十分に理解しない親にとってもそれは相当なものであった。親自身の母語であるトルコ語で話をすれば、子どもとの十分な触れ合いが可能であるのに、それを多少犠牲にしてでもドイツ語の使用を優先させていたのである。この状況は、移民の親たちが「ドイツ語」という一種の圧力を日常的に感じていたことの現れであると言える。ドイツ語ができないとドイツの学校で受け入れられない、家庭内でもドイツ語を話さなくてはならない。移民の親がこうした考えを持つようになったのは、裏を返せば、「家庭内でもドイツ語を話すべきだ」という意見を持つ学校の教師の存在があった（ibid.：16）。

ところが、このようなドイツ語一辺倒の状況がある中で、S保育施設が導入しようとしたプロジェクトは、母語を重視した第二言語習得を目指したものであったことから、家庭内において母語であるトルコ語の使用を促すものであり、ドイツ語が強制的に用いられている家庭の実態や学校からの圧力とは正反対のものであった。そのため、ドイツ語の圧力を常に感じている親は、ドイツ語能力の促進のためとはいえ、家庭内で母語使用を求められることの意義を当初は理解できず、それに対しては大きく反対していた。ある親によると、「自分の子どもはドイツ語を勉強しなければならないというのに、なぜトルコ語なのか」というような状況であった。[4]

(2) ドイツ語を話す緊張からの解放と母親の変化

上述のような反対もある中で、プロジェクト導入にあたっての説明会では、トルコ語を家庭内で使用しても構わない、むしろ、子どもの言語発達を促すという意味においては母語であるトルコ語を使用することが重要なのだという点を伝える必要があった。しかし、ドイツ語に関する外的圧力を考えると、これはそう簡単なものではなかった。そこで、鍵となったのがトルコ語とドイツ語の両言語に堪能で、しかも子どもの発達や言語獲得の知識を備えたバイリンガル・スタッフS氏の存在である。

説明会はドイツ人保育者H氏とバイリンガル・スタッフのS氏によって行われた。集まった移民の親に対して、S氏はかれらが最も理解できる言語であるトルコ語を通して、母語能力を土台としたドイツ語獲得という言語能力促進プロジェクトのコンセプトを説明し、それに関する質疑応答を行った。移民の母親たちにとって、ドイツ語とトルコ語の両言語を理解し、かつトルコの文化やトルコ系移民家庭の背景を理解するS氏の存在は非常に大きいものであった。かれらは、S氏の存在により、言語的な困難を感じることなく、保育者に自由に質問をすることができた。その質問は子どもの教育や言語獲得といったテーマを越え、生活相談にまで及んだ。この説明会にS氏が同席したことで、まずはこの説明会という場で、移民の母親が母語を使用することに安心感を覚え、自分たちの母語を用い、S氏を媒介としながら、保育者と納得のいくまでコミュニケーションを図ったのである。

二〇〇一年の報告書の中で、S氏は、導入時の説明会や導入当初に継続的に行われていた「親の午後(Elternnachmittag)」と呼ばれる「親のつどい」を通して、移民の親たちが「子どもの発達プロセスにおいて母語が重要な価値を持つということを自覚するようになってきた」(ibid.：16) と述べている。家庭内でドイツ語を使用していた際には、無理にドイツ語を用いていたため、沈黙があったり、感情表現が十分にできなかったりしていた親たちが、意識的に子どもと母語で意思疎通を図るようになっていった。母親たちがドイツ語を話す際に緊張感や義務感を感じるのではなく、当たり前に母語で自分の子どもと話をすることを求めたこのプロジェクトは、ドイツ語の圧力にとらわれていた母親たちの心理的負担の軽減につながったとS氏は述べている (ibid.：16)。

こうして母親への支援が行われることで、母親たちは保育施設の活動に対し、積極的な姿勢を見せ始めるようになった。これは二週間に一度開催されていた「親の午後」への積極的な参加にまずは見て取れる。多くの母親は自分の子どもの発達をどのように促進し、それを手助けできるのか、手探りの状態にある。子どもと一緒にどのような遊びをするのがいいのか、どのような本を買うべきなのかなど、子育てに関する具体的な情報が求められているのである。そのため、S氏と保育者らはそれらの情報をテーマに「親の午後」を開催し、遊びや読み聞かせの本などの紹介を行った。そうするうちに、ここに集まる母親たちは、これらの情報交換だけでなく、子育ての課題や経験、不安についても共有する機会として、そして互いがさらによりよく知りあう機会として、母親が集まって保育施設で朝食を共にする朝食会を月に一回開催することを自分たちで決めていった。

保育者側も母親たちによるこの提案を受け入れ、施設を母親たちに開き、母親たちとコミュニケーションを一層図るように努めた。こうした努力と裏腹に、母親たちのトルコ的な子育てや生活習慣から衝突することもあったが、S氏を媒介とすることで保育者の意図やプロジェクトのコンセプトを正確に伝え、コミュニケーションを深めていくことが可能となった。

S氏は、母親たちが自分たちから保育者側に提案をするような積極性を見せるようになったことや保育者と納得のいくまで対話を重ねるようになった様子から、このプロジェクトによって、保育施設の雰囲気が緊張感を持ったものから緩やかなものへと変化したと指摘している（ibid.：18）。この緩やかさは、各家庭の状況を把握した上で、母親と保育者側の間に立ち、双方をつなぐS氏の存在によることが筆者の訪問調査時にも窺えた。

(3)　関係を形成し、維持するための場の生成

母親たちによって提案された朝食会は、とくに、ムスリムの男性社会の中で家庭に埋没しがちな移民の母親同士の関係づくりに多大な効果をもたらしている。彼女たちにとって朝食会は、次のような意味を持つ（ibid.：20）。第一に、母親たちが集まることで孤立から脱却し、自分と似た経験を持つ人々と直接交流ができることである。第二に、朝食会の場を自分たちの家族の教育スタイルや教育内容について議論する「プラットフォーム」のように利用し、意見交換することである。それぞれが家庭での子育てやしつけの方針などを話したり、自分たちの子育ての経験について情報交換を行っている。S氏は報告書の中で、子育てが家庭のなかだけでなく地域のなかで協力しなければならない事例について触れている。例えば、外で遊んで帰宅する時間一つとっても、家庭ごとに異なってい

る。それを子どもに一つのルールとして守らせるには、同じ地域で暮らす家庭がそれぞれの家庭の方針を知っておくことも子育ての助けになる。多くの大人の目が子どもに届くことが、子どもの成長する環境を整えることにもなる。こうした家庭による子育ての方針の共有は、親同士のネットワーク形成にもつながる（ibid.：20）。このようにして情報共有、情報交換が進んでいくことで、母親たちは自分の子どもの問題点などについても話をするようになり、S氏はこの朝食会や「親の午後」を通して、母親同士の関係性が生じたとしている（ibid.：20）。

当然のことながら、これらの場にはS氏だけでなく、保育施設の責任者であるH氏も同席し、母親たちの話に耳を傾け、必要に応じて助言している。プロジェクト導入から、約一年間の歳月をかけ、朝食会や「親の午後」といった場の共有を重ね、母親たちとの活動を通して、移民の母親たちが感じていた多くの当惑や不安、そしてドイツの保育施設という場に対しての不信が解消されていったとしている（Beirat des Projekts 2002：7）。つまり、移民の親は自分たちが手のかかる厄介な存在としてではなく、子どもの発達を促すのに重要な存在として保育者に求められていると実感していったのである。それと同時に、かれらは自分たちが子育てをする中で、保育者は支援や助言を惜しみなくしてくれる存在であるということも確認していった。このように了解することで、移民の母親らは積極的に保育者との対話を求めるようになっていった。

当初、こうした朝食会や「親の午後」といった場では、移民の母親同士の関係構築が第一とされたが、結果的に、保育施設と移民の親との間に信頼関係を築くことにもなった。さらに、こうした子育てに関する情報提供の場が、移民の親だけでなくドイツ人の親にも開かれていたため、両者の関係づくりにも寄与することになった。

それでは、こうした関係形成とその維持などにつながった居場所やエピソードについて、訪問調査時の観察記録やインタビュー・データから述べていきたい。

3　関係の形成・維持が繰り返される母親たちの居場所

プロジェクト導入の際に行われた説明会やそれを補完する「親の午後」は、母親たちの情報交換や関係形成の場として多様に展開している。具体的には、母親たちによって提案された月に一度の朝食会、それ以上の日常的な交流を目的とした常設の「親のカフェ」、説明会や「親の午後」で扱った内容を体系的に扱い、組織化され行われた「ママ・コース」[5]に発展している。本節では、移民の母親同士、移民とドイツ人の母親、移民の母親とドイツ人保育者の関係性が顕著に見られる居場所について提示する。

(1)　移民の母親同士の自由な情報交換の場――「親のカフェ」――

S保育施設の「親のカフェ」は子どもの言語能力促進プロジェクトの説明会や「親の午後」に集まっていた母親らが、月に一回の朝食会とは別に、より日常的な交流の場を保育施設内に求め、そうした希望に保育者が応じたことから始められたものである。保育者は母親らの提案を受け、保育施設の入り口近くのホールにテーブルと椅子を準備し、施設のキッチンもかれらが使えるように整えた。この「親のカフェ」は、母親が子どもを連れてきたときに、いつでも施設内でコーヒーを飲みながら他の母親たちと話のできる空間である。あえて施設内の一部屋にしなかったので、閉ざされた空間ではなく、また、この場所が施設に入ってすぐの場であるため、すべての人の目に入り、自由に話の輪の中に入っていくことができる。時には保育者も会話に参加することがある。

このような開かれた場は、とりわけトルコ系移民の母親には非常に重要なものである。父親の場合は、トルコ・カフェなど男性だけが集まる社交の場がある。しかし、家庭にとどまっている女性の場合、交流はごく親しい知人に限られ、狭い人間関係の中にいる。そのため、母親同士のより広い交流の機会は限られている。トルコ人の母親は「親のカフェ」について次のように語っている。

I（筆者）：毎日こうやって集まってコーヒーを飲んでいるんですか？

A：毎日、子どもを連れてきたときに、時間のある人が残って一緒にコーヒーを飲みながら話をしています。別に、何時から何時までとは決まっていなくて、自由にしていい場所です。自分たちのカップやコーヒー、ミルクを置く場所も決まっているから、自由にコーヒーを飲めるの。

（二〇〇六年一二月八日「親のカフェ」で）

I：母親にとってS保育施設のいいところはどのようなところですか？

B：他の保育施設については聞くだけだからよく知らないけれど、ここが一番いい。来て、話をする場所があるから。他ではこんなところでコーヒーを飲んでいるのも許されない。K保育施設は週に一度、金曜日だけです。ここはいつでも来て、自分たちでコーヒーを準備して、時間が許す限り話ができます。母語で話ができて、情報交換できるのがいい。何でもない話、例えば、「昨日は何をした？」とか、「今日のご飯は何を作るの？」とか。

（二〇〇六年一二月一一日「親のカフェ」で）

このような母親の言葉からは、自分たちが自由に集まり、母語で日常的な会話をし、互いに情報交換する場を保育施設内に見いだし得たことが窺える。もちろん、単に些細な日常的な会話だけでなく、子どもの学習進度や基礎学校修了後、どの前期中等教育機関に進学するかなど教育に関する相談も、筆者の訪問時にはこの場で行われていた。どの学校がいいのかを考えていた若い母親に対し、母親の一人が「多少学力が足りなくても、高等教育進学の可能性がある総合制学校や実科学校、ギムナジウムに進む方が先の選択肢が広がる」[6]と若い母親に話しており、移民の子どもが大部分を占め、修了後の選択可能性が少ない基幹学校に子どもを通わせることについて、否定的な意見を述べていた。

上記の母親の語りに見られるような日常的な会話や情報交換、そして時には子どもの学校教育に関する相談も母親の間で繰り返されることから、この「親のカフェ」が、プロジェクト導入の説明会や「親の午後」などで形成された移民の母親の関係を維持するものとなっていると言えるだろう。

(2) 移民とドイツ人の母親による場の共有と協働

月に一度開かれる「親の朝食会」には、移民、ドイツ人にかかわらず、保育施設に子どもを通わせている母親たちが集う。そして、それぞれがパンやケーキ、ハムや野菜を持ち寄り、保育施設のキッチンを使って食事の準備をし、少し遅めの朝食をとりながら、相手に応じてトルコ語やドイツ語で語り合っている。ここには、母親たちだけでなく、保育施設の保育者H氏やバイリンガル・スタッフのS氏も参加している。

こうした「親の朝食会」の場を含め、移民とドイツ人の親の協働について、H氏は次のように話している。

H：今朝、あなたも見たでしょう。テーブルで各々別れて話していますが、何かを一緒にすることはできています。朝食会の準備もそうですし、お祭りの準備も一緒にやっています。このようになるまでに時間はかかります。最初の頃は別々でしたが、お互いに知り合うことで少しずつ一緒にできるようになりました。ドイツ人の親もトルコ人の親がドイツ語を話せると知ったり、ドイツ語が得意でないトルコ人の親がいても、誰かが通訳したり、少しずつ良いほうに発展していったのです。

（二〇〇六年一二月一五日）

H氏のこの発言にあるように、H氏は移民の親とドイツ人の親が互いに知り合いになる機会を積極的に作るよう努めている。場を共有する経験が、保育者にとっても、親同士にとっても興味深く、楽しみになっているとしている。H氏は二〇〇六年の夏休み期間に、夏祭りと称して集まる機会を作っている。これについて、H氏は次のように語っている。

H：今年は四週間夏休みがあったので、その間にどこかで夏祭りができないかと考えました。二日間くらいかけて夏祭りをすることにしました。夕方から始まるようにして、日没からは食事ができるようにしました。これは、保育施設が主催するということでムスリム家庭にも呼びかけて、家族の友達も歓迎しています。食事の時間が家庭によって違うとか、ムスリム家庭とは一緒にしないとか、そういうことではなくて、一緒に同じ場にいるということが大切だと考えています。保育者がこのように考えている理由も受け入れてほしいと思っています。とにかく一緒に何かをするということが大切で、そういう意味では食事の時間なんて些細なことになります。親との良い活動とは、こうして（場の共有を重ねることによって：筆者）生まれるのだと思います。そうして信頼関係を築いて、お互いの存在に対しても意識的になれます。

（二〇〇六年一二月一五日）

このように折りを見て、H氏は親同士が知り合いになる場を作っている。これは二〇〇六年の例であるが、二〇〇五年にも関係性の生まれた親同士の中で両者の協働が見られたことをH氏は言語能力促進プログラムの定例会で話している。[7] そのエピソードは次のようなものである。お祭りの出し物として、トルコ人の母親が子どもたちにベリーダンスを教えていたのだが、衣装を作るのは大変なので、今回は通常の格好でダンスを披露しようとしていた。これに対して、ドイツ人の母親が声をかけ、他の子どもの親と一緒に衣装を作ったということがあった。H氏は、これを「嬉しい進展であった」とし、こうした母親同士の共同作業が両者の距離を縮めることにもなったと評価している。

このような機会を重ねながら、移民とドイツ人の母親たちが距離を縮め、特にドイツ人の母親が移民に関する異文化理解を進めている。それにより、同じ場の共有が成し遂げられていくのである。その一例に、「親の朝食会」に出される食材がある。トルコ系移民の母親たちは、宗教上の理由から豚肉を口にすることができない。しかし、朝食会の食卓にハムがのっており、それをトルコ系移民の母親が口にしたのを見た筆者は、これについてH氏に以下のように尋ねた。

Ｉ：今朝、テーブルの上にハムがのっていて、それをトルコ人の母親も食べていたので驚いたのですが。
Ｈ：そうでしたか？　私は見ていませんが、彼女たちは食べていないと思います。（……少し間があって）ああ、食べたのは七面鳥のハムです。
Ｉ：そうなんですね。七面鳥のハムなんですね。
Ｈ：そうです。これについてもみんなで話し合いました。ある母親が鶏肉のソーセージを持ってきたことがあったのですが、その成分表を見ると少しだけ他のものが入っていました。一〇パーセント鶏、一五パーセント豚肉……、後の成分は覚えていませんが。ドイツ人の母親はトルコ人の母親も鳥のソーセージなら食べられると思ったのですが、表示を見て、「これもだめ」ということになりました。それで鶏肉や七面鳥のハムをトルコ食材店で準備することにしました。
Ｉ：私は朝食べているのを見て、「彼女、食べてしまった！」と驚いたのです。
Ｈ：彼女たちは豚肉の入ったハムは食べません。ですが、ドイツ人の母親もこの朝食会にやってきます。その時に食べられると思って鶏のハムを持ってくることもあります。すると誰かが「これは持ってこない方がいい」とその母親に教えます。お祭りのときの持ち寄りもそうです。作ってきたものの中に豚肉が入っていないことを互いに確認します。鶏のソーセージであっても、注意して買います。こうして互いに尊重し合うようになってきました。食べることのできるものとできないものを知る。私はこれも一つの「統合」だと思っています。もう一方の側（ドイツ人側）の。

（二〇〇六年一二月一五日）

筆者とH氏との会話から、朝食会に持ち寄る食材についてドイツ人の母親たちが了解していく過程が窺える。朝食会を始めた当初、ドイツ人の母親はムスリムの母親たちに配慮し、鶏肉のソーセージを購入した。しかし、「鶏肉ソーセージ」と称されていても、トルコ系移民の母親と成分表を確認すると豚肉も含まれていることが分かった。この経験は、ドイツ人の母親たちに何をどこで購入して、持ち寄ればいいのかを考えさせることになった。そして、保育者、トルコ系移民の母親、ドイツ人の母親がともに検討して、ハムやソーセージを持ち寄る時は、トルコ食材店で購入すればいいと打開策を見いだしていったのである。

これは、知識として「ムスリムは豚を食べない」と理解していても、実際に食事をともにして初めて分かることである。直接的な交流経験が相互理解を深め、特にドイツ人の母親が相手のことを学ぶ機会にもなっている。それが、母親たち相互の関係を次第に密にしていくことにもつながっている。

このような異文化理解や親の協働をうまく進めていくためには、保育者の役割は大きいと考えられる。それについて、H氏は次のように考えている。

H：これ（親との協働）をうまく進めるための前提条件は、保育施設のスタッフが中心にいて、親と一緒に活動し、積極的に一緒に取り組むこと。そこで、スタッフは状況をよく見て、何を一緒にできるのかをよく考えることです。トルコ人の子どもとドイツ人の子ども同士は問題なくつきあえるのに、これも親同士が知り合っていないとうまくいきません。親のグループが一緒に活動するのに、何が適しているのかを見極める必要があります。例えば、何かを一緒に縫わないといけないようなときに、二人の親を意識的に組み合わせて、関係づくりのきっかけにします。これには保育者の積極的な役割が欠かせないと思っています。

こうした組み合わせが有効に働くのは、移民の母親グループの中にバイリンガルがいることです。このバイリンガルの母親がそのグループの中にいることで、母親同士（トルコ系移民とドイツ人の母親）をつなぐことができます。

（二〇〇六年一二月一五日）

このように保育者が母親らを観察し、現状に見合った協働の機会を作ったり、また意識的にコミュニケーションが可能な移民の母親とドイツ人の母親を組み合わせ、そこからコミュニケーションを広げようとしている姿勢が窺える。互いが話す契機を意識的に作る点については、先の朝食に持ち寄る食材に関する点でも同様である。食材の配慮が難しい、やはり食事の場面での同席は困難だと考え、そこで終わるのではなく、その打開策を考えるために移民の母親、ドイツ人の母親の対話の機会を保育者が作っている。保育者は親との協働を可能にするために、あらかじめいくつもの可能性を考えながら対応していると言えるだろう。

(3) 移民の母親と保育者H氏の関係性

このプロジェクトを通して、移民の母親たちに向き合い、母親たちの自主性を尊重しながら、「親の朝食会」や「親のカフェ」の実施に協力してきたH氏は、移民の母親たちから絶大な信頼を置かれている。[8] この両者の関係を、トルコ系移民のある母親は「家族的な（familiär）」という言葉で表現した。[9] H氏は、「これはうまく描写したと思う。みんなが注意を払いあい、楽しみ、子どもがどういった点で更に発達していくかということを批判的に話し合ったり……（後略）」[10]といった関係の深まりであると評している。

もちろん、保育者としてのH氏に対する母親らの信頼が深まっているのは、言語能力促進プロジェクトの成果が子どもに見られ、親がそれを認識したことも関係している。それはこの保育施設の良さに関する母親の語りに見られる。

I：この保育施設のどういったところが良いと思っていますか。

B：子どもの学びを促進しているところです。ここではほとんどのトルコ人の子どもがドイツ語を話すことができるようになっています。自分の子どもはいつの間にか足し算ができるようになっていました。家にPCがあるのだけれど、それでいつの間にか足し算をするようになっていたの。そのことにはとても驚きました。

I：彼女は恥ずかしがり屋でしたよね。私が以前（二〇〇五年七月）にここを訪問したときには、まだ入ったばかりということで、ドイツ語もほとんど話しませんでしたし、一人で遊んでいましたよ。

B：そうなんです。彼女はこの保育施設に通うようになってから変わりました。たくさん話をするようになりましたし、活発になりました。

（二〇〇六年一二月一一日「親のカフェ」で）

トルコ系移民の母親Bは子どもをこの保育施設に入れ、言語能力促進プロジェクトへの参加による子どもの変化を認識し、プロジェクトの成果を認めている。このように成果を認めたことが、彼女の保育施設への信頼を高めていったと言えるだろう。

母親たちが保育施設の責任者であるH氏や保育者らへの信頼を高めていくと、その信頼の下に彼女らが普段感じているドイツの教育に対する不満も、H氏にぶつけるようになっている。次に見る会話は、朝食会の場でH氏にぶつけられた学校への不満である。トルコ系移民である彼女は、「移民としての背景を持つ」というだけで、自分の子どもにドイツ語の補習が必要であると一方的に判断した基礎学校に対し不満を持っていた。どうしてそのような判断が下されるのか、そこに疑問や不満を抱いた母親の言葉にH氏は耳を傾け、それを理解し、疑問に答えようとしている。

C：私の子どもが基礎学校で補習授業を受けるようにと言われたんです。理由は、「移民としての背景(Migrationshintergrund)」があるから。私はドイツ生まれでドイツで教育を受けてきたのだから、ドイツの教育のことは分かっているわ。それにもかかわらず、「トルコ人家庭」というだけで、二言語の家庭で育っているからというだけで、補習をするのはおかしい。それもトルコ人家庭の子どもの促進クラス、グループになっている。そのうえ、ａｂｃから始まって、子どもがすでに理解している、できることから始めているのです。しかも、一時間四ユーロを親が払わないといけません。ドイツ語の促進はドイツ人家庭の子どもにだって必要なのに、なぜ「移民としての背景」があるからといって、移民家庭だけに限定するんですか？　結局、促進クラスと言いつつ、子どもたちを排除するだけじゃない。
H：言語促進プロジェクトにはお金が必要で、それには単純にドイツ人の子どもも含む「すべての」としたときに予算が取れないの。予算を取るためには特別な理由がいる。その理由が、今のところ「移民としての背景」になっているの。けれど、促進クラスは移民の子どものためだけではないわ。促進クラスは授業時間に組み込まれ、補習は授業時間外、学校外だったりする。促進クラスには三つの意味があって、一つ目は、すべての子どもがもう少し先に進めるようにすること、二つ目は、学習に少し困難がある子どもに個別に対応すること、三つ目は、移民の子どもたちの持つ文化的背景や言語の違いに焦点化したものよ。基礎学校の先生とは話をしたの？
C：話をしました。私は補習を必要だと思っていないし、子どもが別の勉強をしたいと言っているので、ドイツ語の補習はいらない。そう説明したら、『移民としての背景』があるから」とそれしか学校の先生は言いません。学校は子どもの適性を見ていないわ。

H：補習授業は家庭と学校が話し合って決めなければ意味がない。S基礎学校は親切な先生が多いのだけれど……

（二〇〇六年一二月一五日「親の朝食会」で）

このようなドイツの学校に対する批判を、トルコ系移民の母親Cは率直にぶつけていた。彼女は自分の子どもがすでにこの保育施設で言語能力促進プロジェクトに参加しており、ドイツ語の補習が必要なほど、他のドイツ人の子どもとドイツ語能力に差があるとは思っていない。にもかかわらず、移民であるがゆえにそうした補習授業に集められることに納得がいかず、それを基礎学校の教師と話しても自分の納得のいく回答が得られなかったため、このようにH氏に対して不満をぶつけていた。H氏も促進クラスが単に移民の子どもだけを相手に行われるものではないことを説明しながら、母親の話に耳を傾けている。[11] S基礎学校がこのような対応をした背景をH氏は図りかねたので、この場で母親の納得いく回答や打開策を提示できたわけではないが、母親の不満を吐き出させ、ドイツ人がトルコ系移民の母親の話に耳を傾けたという点がここでは重要であった。というのも、このような学校の対応に対して、自分たちが「結局はトルコ人の親だから」と学校側に思われていると感じているからである。蔑視されていると感じる中で、ドイツ人の教育関係者であるH氏が自分たちの状況を理解しながら、自分たちの話に耳を傾けてくれているという事実は、移民の母親たちの拠り所にもなるのである。

母親たちの意見に耳を傾け、それに真摯に向き合うH氏は、移民の母親らを単に「支援される人々」としてのみ捉えているわけではない。[12] 保育施設の重要な構成員として認めている点が、「親のカフェ」の雰囲気について筆者が質問した際のH氏の次のような言葉からも読み取れる。

Ｈ：彼女たちはここの仕事にも参加しています。例えば、最近はコスチュームを縫っていました。ウィンターマーケット（施設の行事、子どもの発表会）でスイミーの劇をするので、それに使うとてもきれいなコスチュームです。保育者が病気で休んでいたときも、コーヒーを飲んでいた母親が自発的に、「今日は時間があるから、ここにいられるわよ」と私に声をかけてくれました。彼女たちはそこに仕事があれば一緒にしてくれます。そして、保育者もそれを快く受け入れます。ここに来た母親たちは、個々の親としてだけでなく、ここに所属し、スタッフのように手伝ってくれます。彼女たちはゲストとしてではなく、私たちの一員として来てくれるのです。

（二〇〇六年一二月一五日）

このＨ氏の発言からは、「親のカフェ」が単に母親の情報交換に留まっていないことは明らかである。「親のカフェ」は、母親たちに保育施設内の居場所を与え、さらに施設内の活動を可視的にすることで、それに参加する契機をもたらしている。これは活動を可視化すれば参加に至るというわけではなく、活動の可視化とともに、移民の母親が気軽に保育者に声をかけられるような移民の母親と保育者の関係性が基礎となっている。そして、その結果、移民の母親たちは保育施設の活動に参加し、成員性を獲得していったと言える。

こうした移民の母親と保育者との関係が形成・維持され、かつ保育施設内での協働を可能としたのは、「ドイツ人保育者」と「移民の母親」といった、マジョリティとマイノリティという権力性ではない。子どもの発達や保育施設という居場所をともに支えるという同じ目的を持ち、同じ場に存在する構成員として、ドイツ人保育者と移民の母親が各々の立場から、可能な範囲で積極的にその場に参与し、それが保証される関係性が作り上げられているからである。

移民の母親と保育者の関係性について、保育施設から少し離れ、言語能力促進プロジェクトのワーキング・グループの一員として関わっている異文化間事務所のＧ氏の視点から捉えてみたい。筆者はＧ氏に対し、移民の母親と保育者との関係性について筆者の所見を話したところ、次のような言葉が返ってきた。

I：私は先週「親の朝食会」に参加したのですが、母親たちと保育者H氏、バイリンガル・スタッフの間の雰囲気がとてもいいものだと感じました。

G：そうですよね。私もそう思います。友達のような、親しい関係になっています。これが他の保育施設と違うところだと思います。このような取り組みとその成果を他の保育施設にも伝えようと説明を試みるのですが、他のところではなかなかうまくいきません。単純に、保育施設はやってみるべきだと思います。そうすれば分かるのだから。……（中略）……ママ・コースでも雰囲気を大切にしています。H氏とS氏のチーム[13]もそうだし、もう一つのチームも母親らが信頼できて、質問できるような雰囲気を作っています。

（二〇〇六年一二月二〇日）

I：ママ・コースや言語能力促進プロジェクトは、移民家庭に近づいている、歩み寄ろうとするものだと思います。この点が私は大切だと思います。

G：私もそのように思っています。これは成功するための大切な要素だと思っています。親近感を感じること、個人的な関係を築くこと。例えば、どう説明すればいいかしら。何か問題が持ち込まれるとみんなで話し合いますよね。（時に批判めいた発言もせざるを得ないが）それでも、そこには信頼関係のある雰囲気が存在しているのです。

（二〇〇六年一二月二〇日）

G氏は保育者H氏とバイリンガル・スタッフS氏がプロジェクトを通して作り上げた関係性やトルコ系移民の母親との協働について積極的に捉えている。これは、保育施設の中で展開されている活動のみならず、G氏の属する当市の異文化間事務所が組織化したママ・コースなど、移民の母親と関わる活動において、母親との親しい関係づくりが重要であるとG氏が認識していることを示している。さらに、この親しみを持った個人的な関係づくりが、言語促進支援や親との協働を含め、支援を成功させるための要素として挙げられている。H氏はここに挙げられたこれらの要素を持っており、それがS保育施設におけるプロジェクトを成功に導いたとも言える。その意味において、G氏は支援の成功に必要な要素をH氏の移民の親に対する姿勢から導き出したと言えるだろう。

4 移民との関係をつなぐために——考察——

本章では、ビーレフェルト市S保育施設における言語能力促進プロジェクトを契機とした移民の親に対する取り組みから、そこで生じた関係性に注目し、述べてきた。最後に、本事例のデータを総合して、移民の親同士、移民の親と保育施設、さらには移民とドイツ人の親との関係の形成・維持の過程で現れた関係性の変容、そして、移民の親とドイツ社会をつないでいくことになる点について、以下の四点に示すことにする。

第一に、移民の母親同士や移民の母親とドイツ人保育者との関係性が形成された契機に注目すると、それはプロジェクトの導入であった。このプロジェクトの導入を機に、移民の母親たちは家庭内でもドイツ語を話さなければならないという日常的にさらされていた圧力から解放され、また同様の環境に置かれている母親同士が悩みを共有することのできる機会を得ることになった。これらが可能となったのは、移民家庭の置かれている実態からこのプロジェクトが出発していることによる。つまり、このプロジェクトでは移民という当事者の視点を重視したのである。移民家庭の実態調査には、バイリンガル・スタッフが当たったが、自身も移民であるこのスタッフが移民家庭の立場を理解し、かれらの置かれている状況や抱える悩みを把握しようと努めた。そのことが、ドイツ人保育者以上に移民家庭が置かれている状況に関する具体的な情報収集を可能にしている。そして、その情報をバイリンガル・スタッフとドイツ人保育者が共有し、移民家庭の現状を十分に理解した上で、プロジェクトの導入を進めた。

第二に、保育施設という場での公的なコミュニケーションの場が設定され、そこで対話が重ねられたことにより、とくに母親と保育者との信頼関係の形成が促進されたという点を指摘できる。事例に取り上げたように、プロジェクトの説明会や「親の午後」、「親の朝食会」など機会のあるごとに、移民の母親と保育者がコミュニケーションをとっている。その場において、移民の母親たちの抱える疑問に保育者が耳を傾け、互いに納得するまで対話が重ねられている。こうしたコミュニケーションの場が設定されたことは、移民の母親に真摯に向き合う姿勢を保育施設の側が見せたことを意味し、移民の母親の持つ疑問の解消以上の意味を持つ。すでに事例において述べたように、移民の母親たちを厄介な存在として捉えるのではなく、子どもの発達を促していく上で不可欠なパートナーとして捉えており、その前提の下で、保育者が移民の母親の声に耳を傾けているのである。ドイツ社会の中で「厄介な存在」として捉えられがちな移民の母親にとって、自分たちの声に耳を傾けてくれるドイツ人保育者は心強い存在であり、そうした保育者に強い信頼を寄せていくことになるのである。移民の母親にとっては、ドイツ社会の一つである保育施設という場に公的なコミュニケーションの場が設定され、そこに信頼を寄せるドイツ人保育者が存在するというのは、移民の母親らとドイツの教育施設を結ぶ場が担保されていることをも意味するだろう。

そして、第三に、こうしたコミュニケーションの場の設定がすべて保育者側に委ねられているのではなく、移民の母親たちの「親のカフェ」や「親の朝食会」といった自主的な取り組みに発展し、それ自体が、移民の親同士、移民の親とドイツ人の親、移民の親と保育施設との関係性を維持・強化している。「親のカフェ」も「親の朝食会」も、言語能力促進プロジェクトの説明会や「親の午後」をきっかけに知り合いになった母親らが、さらなる情報交換や日常的な交流を求めて保育施設に提案をしたものである。このような提案が移民の母親から保育施設になされるようになったのも、コミュニケーションの場で保育者がかれらの声に耳を傾け、受容的な雰囲気が施設に生まれていたからであると言える。そのような雰囲気がなく、移民の母親の側から何を言っても拒絶的に受け止められるというような場であれば、移民の母親から自発的に提案がなされることはない。こうしたコミュニケーションの場に占めるのは、多くは移民の母親であるが、そこにはもちろんドイツ人の母親も加わっている。「親のカフェ」や「親の朝食会」など、移民の母親らにとっては自分たちに益するものとしてその実施を当初提案しているのだろうが、結果としてはこれらの場や保育施設の行事にドイツ人の母親も加わっていることから、移民とドイツ人の母親との間に異文化理解や協働を生じさせ、それを強化することにもつながっている。すなわち、このような移民の母親からの発案が移民とドイツ人の親、保育施設との間に溝を作るのではなく、それをつなぐ場として広く機能していると言えるだろう。

第四に、こうした関係性の形成からその維持・強化に関わる取り組みを可能にしたのが、コーディネーターとしてのH氏の存在である。H氏は、S保育施設における取り組みのなかで、移民の母親という当事者の視点や移民とドイツ人との交流を重視している。「親のカフェ」や「親の朝食会」を始め、保育施設の行事を通して、移民とドイツ人の親、保育者が対話や試行錯誤を繰り返し、そうした交流がS保育施設の場に「家族的な」雰囲気を生じさせているのである。また、異文化間事務所のG氏が指摘したように、H氏は移民家庭に歩み寄り、かれらと互いに親近感を持って接する関係を築いている。こうした親しみと信頼関係に基づいた「家族的な」雰囲気が、移民とドイツ人の親や保育者との関係性の形成から、維持・強化へと向かわせているのである。

H氏の取り組みから、コーディネーターに必要な力を挙げるとすれば、次のことが示唆されるだろう。まずは、移民の母親たちに何が必要で、何が可能かであるかを見極める「観察力」である。母親たちの提案による「親のカフェ」や「親の朝食会」は、移民の母親同士、移民とドイツ人の母親同士の情報交換、交流の場として必要であると捉えられた。そして、それが保育施設内で実現可能かを見極めている。次に、これらの場の創出が実現可能か否かを検討する際に、単に保育施設内の場を提供するだけでなく、それをどのように提供すれば、移民の母親、ドイツ人の母親、そして保育者の関係形成・維持に有効なものとして機能しうるか、前もって想定する「予測力」である。これは「親のカフェ」の配置に見られる。保育施設内の一室を提供することももちろん可能であったが、そうではなくあえて施設に入ってすぐのホールにテーブルと椅子を設置しただけのものとしている。一室を「親のカフェ」に当てれば、それはそれで親同士の情報交換、交流はなされたであろう。しかし、そうではなく、誰でも入っていける開かれたものとしたこと、親同士の様子も保育者が子どもの面倒を見ている様子も双方が互いに目にするような空間にしたことは、S保育施設内における母親の成員性をより高める結果をもたらしている。こうしたH氏の「観察力」や「予測力」を補完したのが、教育の知識、ムスリムという文化的背景に精通した、バイリンガル・スタッフS氏による移民家庭の実態把握であると言えるだろう。

本章で取り上げた事例は、以上のような関係性の形成、維持のプロセスを経ている。このプロセスにおいても、フートの提示する参加が寄与する統合の四側面のうち、文化的、社会的、情緒的側面が窺える。文化的側面については、移民の子どもの言語能力促進プロジェクトの導入時に繰り返された「親の午後」において、子どもの言語発達や母語の持つ意味について知識を得ている。また、移民の親が保育施設に対し、子育てに関する具体的な情報を求め、遊びや読み聞かせの本などについての情報を得たりもしている。さらに、移民の母親たちがドイツ人の母親も含め、子育ての課題や不安、経験などを共有し、交流を継続していくための「親の朝食会」や「親のカフェ」が開かれるようになった。これは、移民とドイツ人の相互作用を意図した社会的側面に該当する。「親の朝食会」や「親のカフェ」は、母親からの提案で行われるようになったものであり、それをH氏に認められたり、「親のカフェ」で過ごしつつ、保育施設の仕事を担うようになることで、S保育施設というコミュニティの一員としての意識を移民の母親らが持つようになっている。H氏が移民の母親らの様子を観察し、かれらの自主性を尊重したことが、S保育施設というコミュニティへの統合を情緒的側面から支えたと捉えることができるだろう。

しかしながら、以上のように効果の認められる取り組みであっても、課題がないわけではない。考察で示した四点のうち、コーディネーターとしてのH氏の存在は大きいものである。このコーディネート機能の連続性をどのように保つのか、という点は課題である。保育者の異動や移民の親の入れ替わりなどが生じる保育施設で、一人のコーディネーターに依存しては、その存在が失われたとき、関係形成・維持の場が継続しない。ただし、これまでの関係形成の取り組みを活かし、移民であれ、ドイツ人であれ、それぞれが新たなコーディネーターになる可能性がある。

このプロジェクトは多文化化する地域の状況を鑑み、移民とドイツ人との関係構築を模索する中で始められたものである。S保育施設でのパイロット・プロジェクトから、ビーレフェルト市の他の保育・教育施設への成果の普及が目指されている。実際、当市の就学前の移民の子どものドイツ語能力促進プログラムの方向性については、このプロジェクトの成果が影響を及ぼしていると言っても過言ではない。当市が二〇〇六年以降強化していった就学前の移民の子どものドイツ語能力促進プログラムについては、子どもの学習時間とともに親の活動時間を同時に確保することが必須とされた。この方向性のもと、子どもの言語学習と親の活動といった移民家庭に対する支援がどのように定着し、当市の保育・教育施設と移民との関係性に反映されていくのかという点は、長期的に観察していく必要があるだろう。

終　章　多文化共生社会の実現に向けて——移民の社会参加を促す要因——

第4章、第5章では、具体的にNRW州ビーレフェルト市における移民家庭への教育支援の事例を取り上げた。最後に、これらの事例において、移民とドイツ社会が分離するのではなく、関係性を形成・維持し、そのこと自体をミクロ・レベルとマクロ・レベルでどのように捉えうるのかという点を整理したい。その際、各事例の鍵となるコーディネーターとしての支援者の存在に着目し、支援の場においてかれらの存在がいかに移民家庭とドイツ社会とを結びつけ、関係性の変容の契機を作り出すことになっているのかという点を検討する。最後に、各事例から導き出された、多文化共生社会の実現に向けた教育支援に関する示唆を提示する。

1　ドイツ社会とのつながりを生み出す支援者

RAAやS保育施設において見られる移民家庭に対する支援は、移民にとって身近なドイツ社会、すなわち、学校や保育施設との関わりを持つ契機を生み出すものとなっていた。それは、支援者が移民の持つ差異をどのように捉え、かれらに対するアプローチを試みるかという点が大きく関わる。これについて検討するために、移民とドイツ人、あるいはドイツ社会がどのような関係にあるかをまず確認していきたい[1]。

定住し、すでに世代を重ねている移民であっても、マジョリティであるドイツ社会に対し、社会参加以前に壁を

図2　移民とドイツ社会との分離

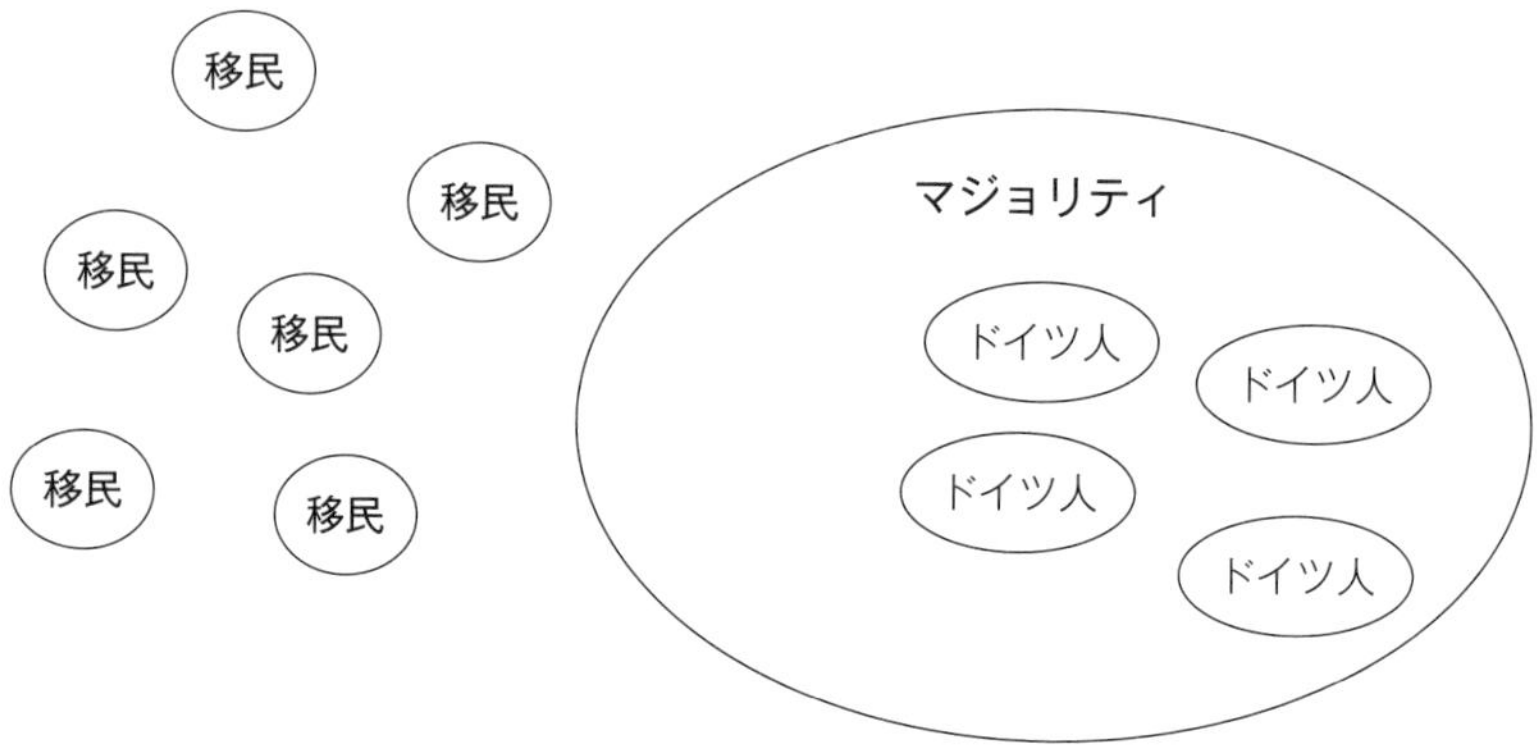

感じている。それは、移民とドイツ人の間にある言語や宗教といった差異が関係している。移民もドイツ人も互いの差異を理解せず、互いに対するステレオタイプだけが助長されることがある。そのような場合、図2に示すとおり、移民とドイツ人が分離した状態である。さらに、移民の中でもエスニック・コミュニティに属さない場合や、ムスリム女性のように他者との関わりを制限される場合もある。そのような場合、移民がドイツ人やドイツ社会と関わりを持つことも、エスニック・コミュニティと関わりを持つこともなく、各々が孤立している。この状態では、個々人の関係性は構築しようにも構築されない。

しかし、ドイツ社会で暮らしている以上は、何らかの形でドイツ社会に入っていかざるを得なくなる。それは、子育てや職業生活など多様な場面で現れる。図3に示す状態は、ドイツ社会に入っていくにしても、ドイツ人との相互理解が促進されぬまま、差異があるゆえに移民が周辺化されている。この状態では、ドイツ的な価値観を持ち、ドイツ人のように振る舞うことを移民に求め、そうすることのできる移民をマジョリティ社会の中に取り込もうとする。つまり、これは同化的なあり方になる。このようなあり方では、結局のところ、ドイツ人が暗黙のうちに持つ権力性が保たれ、移民はマジョリティ社会に追従する以外ない。このような状態の中では、移民の積極的なドイツ社会との関わりや参加は期

図3　周辺化される移民

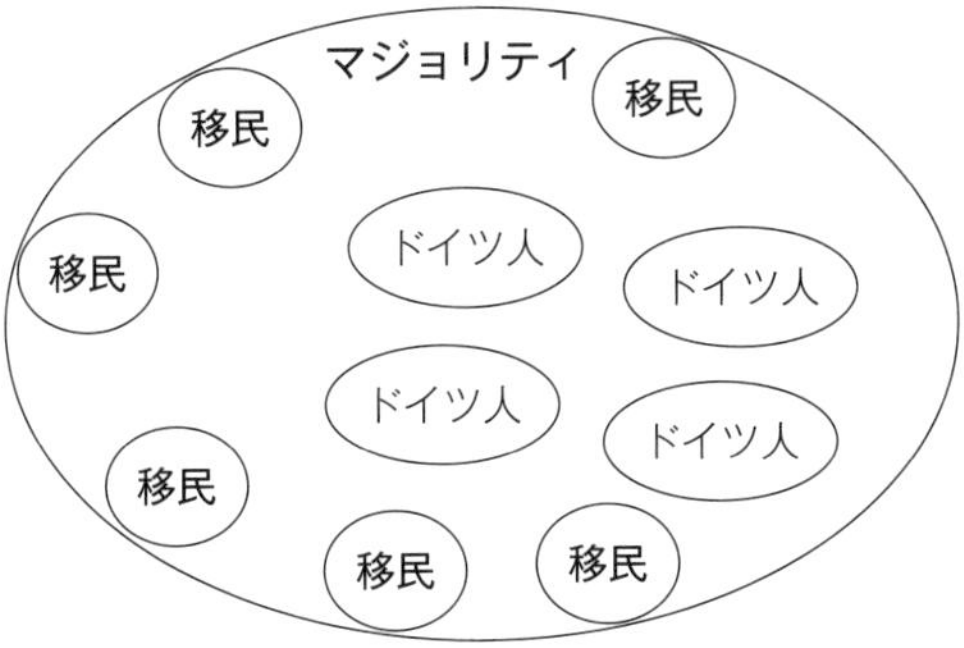

待されず、移民とドイツ人との間の関係性は構築されない。

では、どのようにすれば移民とドイツ人との分離を防ぎ、移民がドイツ人やドイツ社会と関わりを持ち、積極的な参加を促すことができるのだろうか。これを実現するために、多様な場面で「統合」や「共生」を理念に掲げた移民支援が行われている。この移民支援のプロセスでは、ドイツ人との関わりを持つ以前に、まずは移民同士の関係性構築も重視されている。支援の場に存在する移民は、そこで同じような境遇に置かれている移民と出会い、知り合う。第4章第2節(3)で取り上げた、ＲＡＡビーレフェルトの「親と学校の対話」プロジェクトを念頭に置き、考えてみよう。多くの場合、移民支援の第一歩としてドイツ社会に関する情報提供が行われるのだが、単に情報収集に来ている移民もいれば、自身が抱える明確な課題を解決するために、そこに足を運ぶ移民もいる。そうしたなかで、移民同士が知り合いになると、支援者のアドバイジングもさることながら、同様の課題に直面し、対応した他の移民の経験なども、移民にとって重要な情報となる。支援を一つの契機として、情報や経験を共有することにより、移民同士の関係性が構築され、それがネットワークとなっていく様子が見られる（図４）。

このような移民同士の関係性は、必ずしも閉鎖的なエスニック・コミュニティの創出を意味するのではない。移民同士の関係性は、それが互助的な関係になり、ある種の自助組織的な機能を持ちうる。移民がドイツ社会において周辺

図4　支援による移民同士の関係性の構築

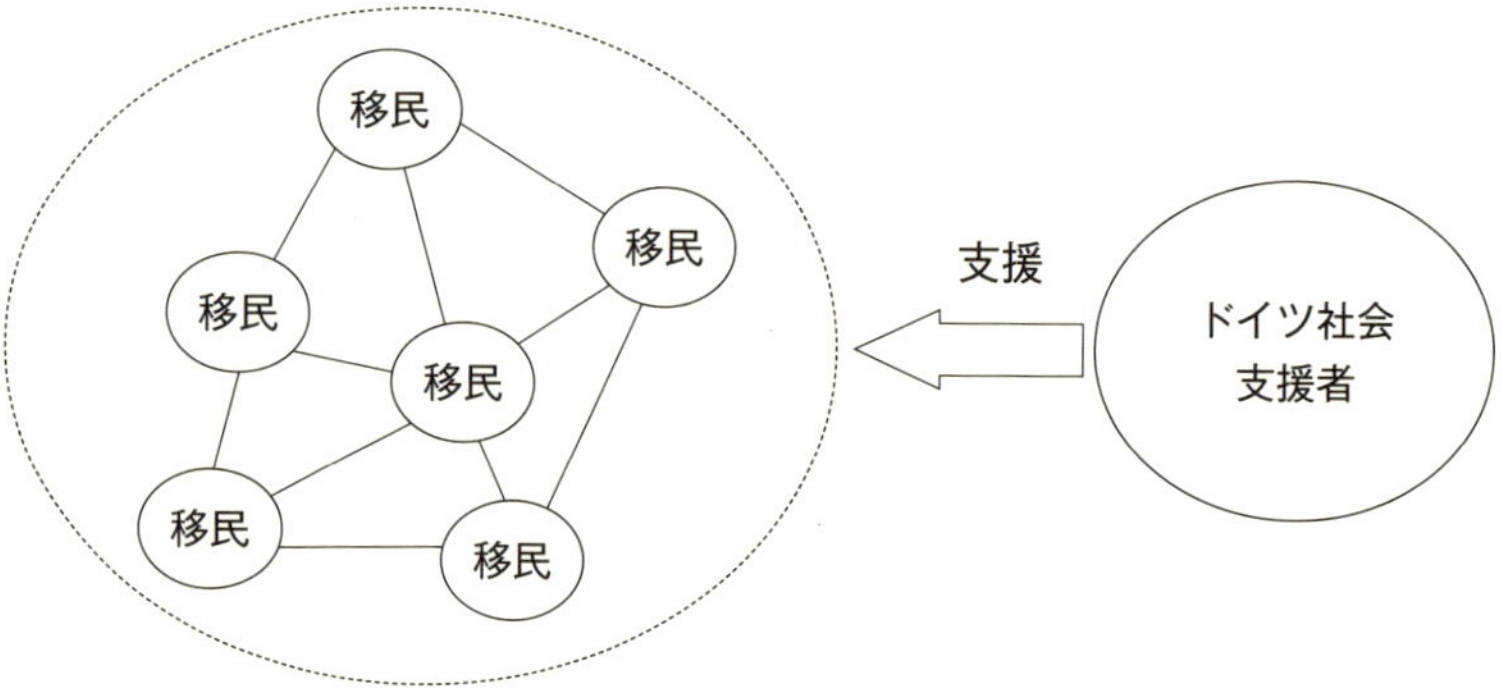

化されるのではなく、参加していくためには、ドイツ社会の側からの支援のみならず、同じ文化的背景を持つ移民による自助的支援も必要となる。

支援者は移民同士の関係性構築の契機をもたらす支援を提供する者として、重要な役割を担っている。支援者が権力的なマジョリティを体現し、移民の言語や宗教に対し、何の配慮も行わないようであれば、移民同士の関係性構築の機会もそれはドイツ社会に対して積極的な意味をもたらすようなものではなく、マイノリティ同士がマジョリティに抵抗するためだけの否定的なものとなる可能性がある。そのようにならないためにも、支援者は移民とドイツ社会を仲介する者として、移民の持つ差異に対する配慮が必要である。

移民も支援者が自分たちの文化的背景や置かれている状況に対する配慮を行っていると分かると、支援者に信頼を寄せるようになる。第5章で取り上げたS保育施設での移民の母親たちとドイツ人保育者の関係性の変容を思い出してみよう。最初は移民の親はS保育施設による言語能力促進プロジェクトの説明に不信感を持っていたが、保育者が移民の親に向き合い続けたことによって、次第に信頼を寄せるようになった。そのようになると、支援者自身が移民同士の関係性の中に入り込んでいくことになる。つまり、図5に示すとおり、移民同士の関係性の外に位置していた支援者が、次第に移民同士の関係性の中へと自身の位置取りを変えていくのである。

図5　移民と支援者との関係性の構築

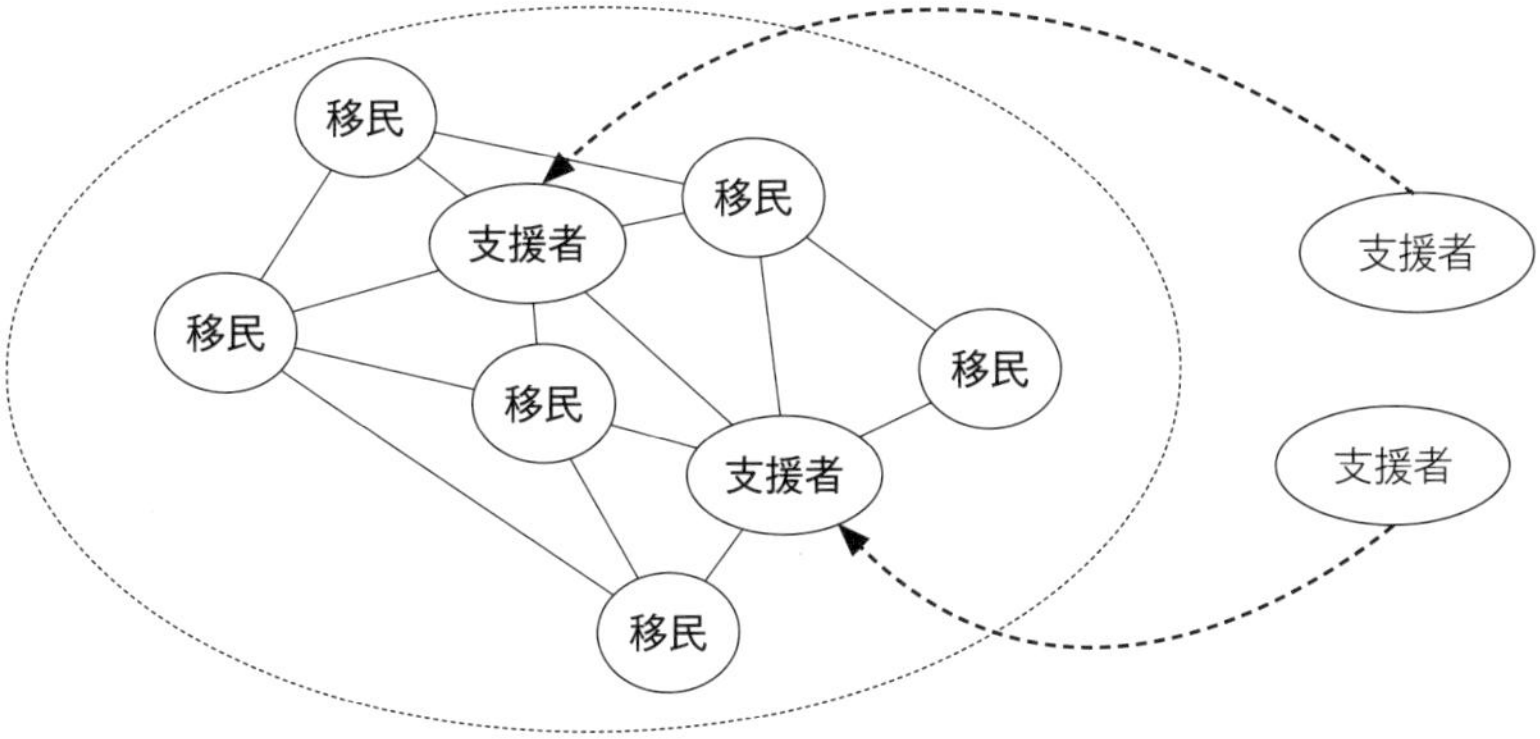

図5に示される関係性は、移民同士の中に支援者が入り込んでいるだけで、ここにはまだ支援者ではないドイツ人の姿は現れない。しかし、支援者が移民同士の関係性の中に入り込むことで、移民の置かれている環境を観察しながら、移民と生活空間を同じくするドイツ人と関係性を作る機会を探っている。これはS保育施設の責任者H氏が移民の母親たちの様子を観察し、かれらの提案に応じて朝食会や親のカフェを開いたり、移民とドイツ人の親がともに集うことのできる機会を作り出していた様子を思い出すと明らかである。その際、移民とドイツ人が互いに感じる障壁が可能な限り低くなるように、ドイツ語を十分に理解する移民と他者の持つ文化的差異に対するオープンネスを持つドイツ人がうまく関わりを持てるように配慮している。ドイツ語によるコミュニケーションの成立により、両者の出会いは互いに対する理解をもたらす。さらに、十分なドイツ語能力を持つ移民が、ドイツ語を十分には解さない移民とドイツ人の間を調整する役割を果たすようにもなる。

このようにして生じる移民とドイツ人との関係性に着目したのが、図6である。支援者、移民a、ドイツ人、移民のそれぞれが、さらに他の移民やドイツ人とのつながりを持つことで、関係性の拡がりにもつながっていく。

以上のようにして、移民同士、移民と支援者やドイツ人との関係性が構

図6　移民とドイツ人との関係性の構築

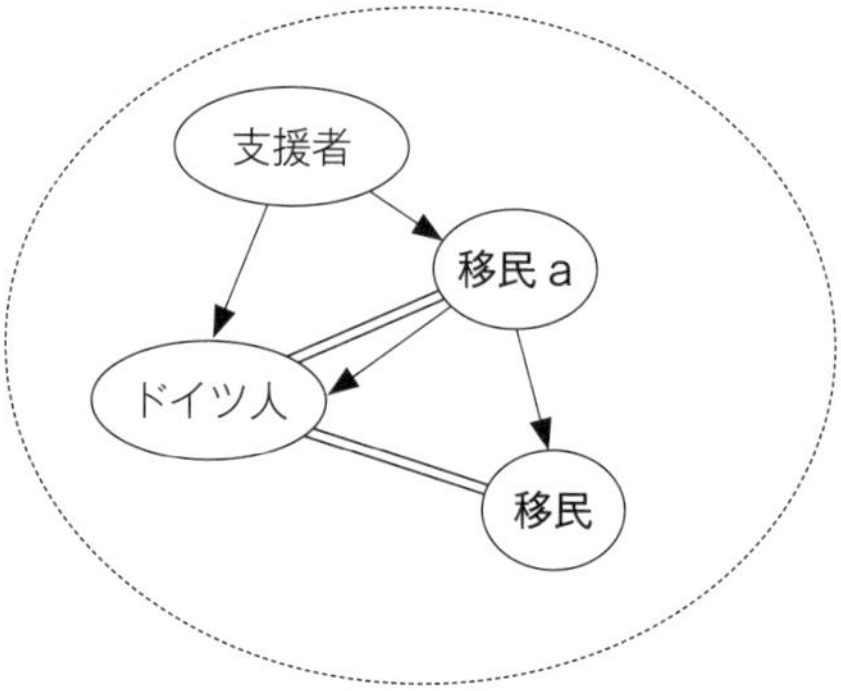

移民ａは十分なドイツ語能力を持つ。───►は働きかけの方向性を示す。

築されていくわけだが、支援者の位置取りの重要性についてさらに示しておきたい。

支援者は支援を通して、まずは孤立しがちな移民同士の関係性を作ることから始めている。そしてその関係性の中に支援者が入り込んでいくことで、移民とドイツ人の関係づくりの機会を創出している。支援者は移民やドイツ人の個人レベルの関係性のなかに入り込むことになるが、つねにその関係性の中に留まっているわけではない。移民とドイツ社会の仲介エージェンシーとしての役割を持つ以上、ミクロな個人レベルの関係性とマクロな行政レベルの間に位置している。図7に示すように、支援者はミクロ・レベルと仲介エージェンシーの位置（ミドル・レベル）を往還することで、移民の実態を把握し、それに応じた支援策をマクロ・レベルに提言することが可能となる。RAAビーレフェルトの「親と学校の対話」プロジェクトがNRW州のグッド・プラクティスとして取り上げられたり、S保育施設で行われたプロジェクトのワーキング・グループにいた異文化間事務所のG氏と責任者H氏の関係などが、これに該当すると言えよう。

以上のようなプロセスにおいて、支援者が移民の持つ差異をどのように捉え、移民同士や移民と支援者およびドイツ人をつなぐことになったのかという点をまとめておきたい。ここで問題となる差異は言語や宗教といったものである。しかしながら、これらは問題となると同時に、移民同士や

図 7　移民とドイツ社会をつなぐ仲介エージェンシーとしての支援者

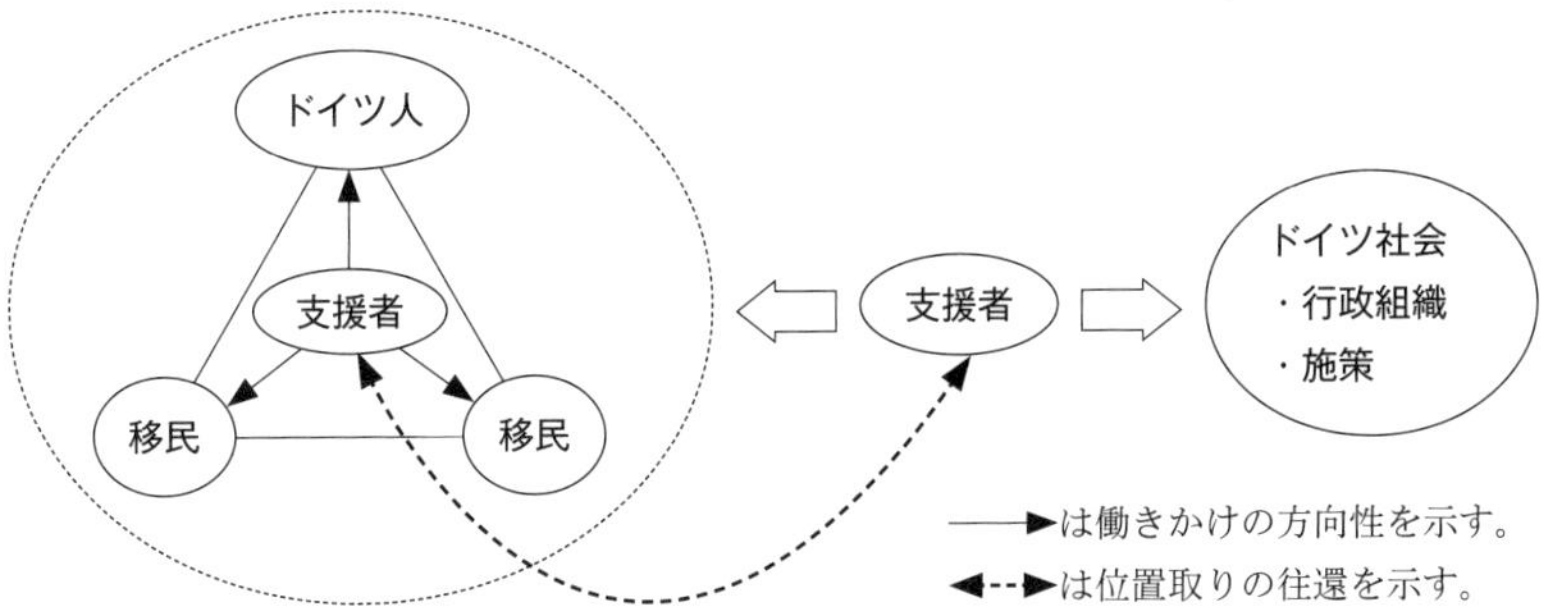

移民と支援者、そしてドイツ人をつなぐツールにもなる。[2]

まず、ツールとしての言語であるが、これにはドイツ語と母語の両言語が関係している。

ドイツ社会に参加していくためにはドイツ語は欠かせない。これは必須であるが、ドイツ語を重視するあまりに移民の母語を軽視することになってはいけない。S保育施設におけるプロジェクト導入前の移民の母親たちの様子を思い返してみたい。移民の母親たちは、「家庭内でもドイツ語を話さなくてはならない」というドイツの学校や社会からの圧力を感じていた。そのような移民の母親たちが圧力を感じる状態は決して望ましいものではなく、それこそ、受け入れ社会であるドイツ社会の権力性を映し出していることになる。

支援者は移民にアプローチするため、かれらの母語を尊重している。これは、移民の母語を用いることによって、移民の情報収集が促進され、その内容が深く理解されるという実利的な意味も当然有している。これに加え、移民支援の際に移民の母語を尊重し、それを活用することは、移民とのコミュニケーションを円滑にすることにある。支援者個人がつねにドイツ語と移民の母語のバイリンガルであるわけではないが、ドイツ人であれ、移民であれ、両言語ができる個人が支援者に加わることで、支援者と移民との間でコミュニケーションが十分に図られるようになる。移民の母語を尊重し、活用したコミュニケーションは、対話を交わす者同士の信頼関係を築く一助になる。これは、移民と支援者との間だけに生じるのではなく、移民同士にも同じことが言える。つまり、移民の母語使用を受容することにより、移民同士のコミュニケーションも促進され、かれらを結びつけることにもなる。

この言語に対する配慮は、支援の中でもとりわけ情報提供型の支援の際に見られる。このような支援を移民がうまく見いだし、活用すれば、母語による情報収集が行われるのだが、より詳細な情報を自分で集めようとすればするほど、ドイツ語が必要になってくる。特に、子どもの教育に関する情報を積極的に集めようとする母親は、支援者に頼らず、自身で直接情報にアクセスしたいと考えるようになる。それが母親のドイツ語学習の大きな動機付けになる。こうした動機に基づいて行われるドイツ語学習は移民の母親の情報収集のみならず、ドイツ人とのコミュニケーションにも当然のことながら積極的な影響をもたらす。つまり、ドイツ語能力の獲得やドイツ語による情報収集、ドイツ人との関係構築が、ドイツ語という壁に遮られ、母語を中心とし、限定されていたこれまでの生活空間に拡がりをもたらすことになるのである。

生活空間の拡がりという点に関連して、子どもを持つ移民家庭の生活に大きく関わりを持つドイツの学校に目を移すと、移民の親がドイツの学校や子どもの教育に関心を持たず、学校の行事に参加しないと学校側から不満が述べられることがある。この場合、移民の親が本当にドイツの学校や子どもの教育に関心を持っていないのか、それともドイツの学校に移民の親がアクセスするのを妨げる要因があるのかという点が配慮されないまま、ドイツの学校側の不満だけが表面化する。実際には、ドイツの学校や子どもの教育に関心を持ちつつも、言語の問題や異文化性から移民の親がドイツの学校に関わることに対し、躊躇することもある。しかし、これらに対する配慮を行うことで、移民の親がドイツの学校に対して感じる障壁の低減につながり、さらには学校側が悩まされていた移民の親へのアクセスの機会を作り出すことになる。移民の母語やドイツ語をどのように捉えるかによって、移民とドイツ人やドイツの教育機関との接続が可能になるのである。

言語というツールによって媒介される知識や情報もまたツールになり得る。ドイツの教育や就職、労働といった社会制度に関する情報は、ドイツ社会に参入し、そこで社会参加を果たすために必要不可欠なものである。とくにこうした情報は、ドイツ社会において人生設計を立てていく子どもの将来にとっては重要なものとなる。単純労働ではない職業に就くためには、ドイツの教育制度のなかでよりよい学校修了資格を取得し、職業訓練を受けなければならない。そのためには、移民の親がドイツの教育制度に関する情報を有し、子どもの教育に携わるドイツの学校や教師と協力的な関係を築く必要がある。子どもの教育に関して協力関係を築くことができれば、すでに得ている情報に加え、子どもの適性や希望に沿った助言を得ることができる。

学校における「親の夕べ」や面談、進学や就職などの進路に関する説明会などの機会に親が参加し、そこで繰り返し情報交換が行われる。子どもの成績の状況や就職に至るまでのコースについてなど、親にとって必要な情報は当然のことながら、家庭内での学習状況や親の視点から見た子どもの状況など、教師にとっても必要な情報は多々あり、そうした情報交換を重ねることは、移民の親とドイツの学校や教師との関係性を強化することにもなる。

また、職業に関する情報は、ドイツ社会の企業や職業に関する関心を高め、職業を通してドイツ社会に参加していく準備を整えることにつながる。例えば、移民の集住地域であれば、出身地域の食材店や同じく地域の移民を対象にした理容室など、移民が移民を相手に営む仕事が目につく。しかし、将来設計を行う中で、必ずしもそれだけがドイツ社会で生計を立てる手段ではないということは明らかである。移民コミュニティに自身の生活空間を限定するのではなく、ドイツ社会に積極的に参加していくためには、ドイツ企業やドイツ社会で成功している移民が起業した会社などで働くことも視野に入れておかねばならない。職業に関する情報とは、このようにドイツ社会で単純労働ではない職業生活に入っていく契機をもたらすものである。そして、このような情報を持つことがドイツ社会と自分たちを分離するのではなく、社会参加に至るつながりを保つ可能性をもたらすのである。[3]

人をつなぐツールとして、またドイツ社会への参加を促す際に配慮が必要なものとして存在するのが宗教である。ここで宗教が問題となるのは、ドイツにおける移民の多くがトルコ系移民、すなわちムスリム移民であり、宗教に起因する習慣や価値観などが西欧社会のそれと大きく異なるからである。これを無視して、移民に西欧的な価値観を強制しては、同化を求めるだけであり、それを移民が拒否するならば分離を生み出すことになる。支援者は移民の持つ宗教に起因する習慣や価値観を尊重しつつ、移民がドイツ社会に参加しうる術を見いださなければならない。ドイツ社会において世代を重ね、ムスリム移民も変容し、自らの宗教的な習慣や価値観を柔軟なものとしている場合もあれば、原点回帰し、世代を重ねているにもかかわらず、厳格なムスリムであろうとする場合もある。こうした信仰の度合いは家庭によって大きく異なるのだが、ムスリムも多様であることを支援者は理解しておく必要がある。これを理解していないと、同じムスリムであっても宗教という共通性をツールとしてムスリム同士の関係性を構築することはできない。

また、ムスリムの場合、祈りの場であるモスクは多くのムスリム同士の関係性を作る場ともなる。ドイツ社会では、ムスリムがモスクに集うことはあたかも移民がドイツ社会に統合される気がないことの象徴のように、否定的に捉えられがちである。もちろん、ドイツ社会にうまく参加できず、疎外感を感じ、ドイツ社会で暮らしていくなかで宗教を拠り所にしているムスリムも存在する。しかし、モスクに多くの移民が集まるという点に積極的な意味を見いだすのなら、モスクにアクセスすることで一度により多くの移民にアプローチしうる点が挙げられる。これはドイツ社会からの疎外感を持ち、閉鎖的になっている移民との対話の機会にもなり、ムスリム移民がドイツ社会の中で抱く閉塞感を打開する方策をムスリム移民の実態に寄り添いながら検討することも可能になる。また、モスクはムスリム移民に祈りの場を提供するだけでなく、宗教に関する学びやイスラム文化理解の講座を行ったり、その他、イスラムに関する情報提供や相談なども行っている。この点を鑑みると、一般的なドイツの教育に関する情報や移民の子どもが必要とするような学習支援、職業訓練等に関する情報をモスクを起点に発信することも可能である。以上のように考えるとモスクの機能を看過することはできないだろう。

言語や宗教など、異なりが顕著に現れるものに対し、支援者はそれを排除するのではなく、尊重することから始めている。異なるものを尊重して捉え、そしてその異なりが持つ機能をうまく把握し、そこに支援を組み合わせていくことで、人と人とのつながりや、人と情報、人とコミュニティがつながる契機を生み出すことを可能としているのである。

2　移民とドイツ社会を仲介するコーディネーターに求められる異文化間能力

移民がドイツ人やドイツ社会との関係性を構築できるような支援を行うためには、支援者が移民の差異を尊重し、移民同士の関係性のなかに自身も入り込みながら、移民とドイツ社会の仲介をしていく存在である必要があると言える。では、そうした支援者にはどのような能力が求められるのだろうか。

移民を対象とした職業に携わる者に必要な能力として、一般に異文化間能力が挙げられる。第3章第4節で述べたように、移民の定住化が進むなかで、とりわけ福祉の領域で移民の対応をするソーシャルワーカーに異文化間能力は求められてきた。これは、外国人教育から異文化間教育への発展段階において、ソーシャルワークが当初、移民家庭の指向や行動規範に注意を向けていたためであり、移民家庭の出身国の文化に関する知識が求められたことにも関係する。このことは、当時の外国人教育の視点から考えると、移民家庭の子どもがドイツ社会へ適応できない阻害要因として移民家庭の出身国の文化を捉え、それに関する知識、すなわち阻害要因に関する知識を持ち、ドイツ社会への同化的な対処を行う能力が異文化間能力と認識されたと換言できるだろう。しかし、現実に対応が求められている課題は、出身国で自己形成した移民でなく、ドイツで生まれ、成長している移民の学業達成や社会参加、そしてかれらを取り巻くドイツ人の偏見や極右傾向など広範なものである。これらの課題には福祉の領域のみならず、教育の領域も関連していることから、アウエルンハイマー（2003）が指摘するように、教育従事者にも異文化間能力は職業上のキーコンピテンシーともなっているのである。

移民の社会参加の促進や移民とドイツ人との間の偏見の解消には、その間に立つ支援者が差異をどう捉えるかが重要であると繰り返し述べているが、支援者が異文化間能力を獲得することは差異をツールとして捉え、つながりを生み出す支援の実現に向けた前提条件の一つと考えられるだろう。これは第4章と第5章で概観したビーレフェルト市のＲＡＡやＳ保育施設における教育支援からも言える。

では、教育支援のコーディネーターに求められる異文化間能力を具体的に見ていきたいが、その前に、ここで第5章第1節で触れたシュレッサーによる言語教育テキストに示された教授上の示唆を思い出したい。シュレッサーは具体的に異文化間能力について言及しているわけではないが、保育者の資質と職業的役割意識についてそれに近いものを挙げている。就学前の言語教育との関連で述べられているものであるが、これは広く教育に携わる者にも該当するものであると言える。第5章では簡単に述べたが、その内容を知識、能力、態度・姿勢の三つに区分すると、表9のように整理できる。

移民の子どもの就学前の言語教育に取り組む保育者の資質として考えられたものであるが、それに特化しているのは、言語発達に関わる知識や移民の親との協働が考慮されていることのみであり、その他は他の職業についても一般化することができるだろう。シュレッサーによる資質の中でも移民の出身国に関する知識が挙げられているが、これは文化に限定されるものではなく、出身国の教育システムや移住プロセスの社会的、政治的要因など一般的なものが含まれている。コミュニケーション能力は、移民に対応していく上で必要不可欠なものであるが、能力

表9　シュレッサーによる異文化間教育のための保育者の資質

知識	能力	態度・姿勢
• 異なる出身国の教育システムや社会化のプロセス，法的な状況，移住の理由に関する知識 • 自身の国と移民家庭の出身国における社会的，政治的移住プロセスに関する知識 • 多言語性や子どもの言語刺激の体系的な促進に関する知識	• コミュニケーション能力の強化（表情，ジェスチャー，ボディランゲージ，言語使用，多言語獲得，誤解の発生，会話の中でのコンフリクトの解消など） • 移民の生活に入り込む力（親や積極的に参加する個人，外国人協会，教会などとのコンタクト） • 他者性に耐える能力	• 感受性 • レイシズムやゼノフォビアの原因やそれらに立ち向かうための可能性に意識的になる • コンフリクトに向き合うための様々な姿勢（ストレスではなく，豊饒化の可能性として捉える） • コンフリクト解消のストラテジーを学び，深める • 移民の親との協働を支援する

Schlösser 2001：108-109 より筆者作成。

の一つに「移民の生活に入り込む力」が挙げられている点は注目すべきであろう。前節で、支援者が移民同士の関係性のミクロ・レベルと移民とドイツ社会の仲介エージェンシーであるミドル・レベルを往還しながら支援を展開していると述べたが、移民の生活に入り込む力はミクロとミドルを往還する支援者にとって重要な能力だと言えるであろう。態度や姿勢という点については、移民の文化というよりもむしろドイツ社会に現存するレイシズムやゼノフォビアといった差別に意識的になり、それが原因で生ずる様々なコンフリクトに対処する姿勢に注目している。

シュレッサーはこれらの資質を実践レベルから見いだしており、移民に対応し、そこで生じるコンフリクトを解消し、移民の子どもや親の可能性を拓こうとするこれらの資質は異文化間能力と換言することができるであろう。

研究レベルにおける異文化間能力についての言及は、第3章第4節で示したが、改めてここでも振り返っておきたい。

すでに述べたように、異文化間能力に関する議論に目を向けると、それに賛成するものばかりではないことが分かる。異文化間能力が移民の出身国の文化にばかり注目している点や異文化間能力を強調するあまり本質的な問題から目をそらしているという批判も存在する。つまり、前者については、移民の出身国の文化に結びついたステレオタイプを作り出しており、民族や文化に結びついた集団的属性に目を奪われ、そこにある個に対する意識が消えてしまう可能性があるとされる（Leenen/Groß/Grosch 2002）。移民と言っても一枚岩ではなく、生まれや育ちの場所、出身国との結びつきの相違などがあり、移民の出身国の文化からある程度の共通性を辿ることができたとしても、ドイツで生活していくなかで移民の文化も変容し、個々の置かれた状況により異なっている。その意味では、出身国の文化よりも、その移民個人のライフヒストリーや置かれている状況に注目することが重要である。また、後者については、移民に対応するなかで異文化間能力さえあればすべての問題が解決されるかのごとく考えられ、その問題の本質がドイツ社会の構造的不平等や排除であっても、文化の問題とすり替えられてしまうという文化主義への批判である（Diehm & Radtke 1999, Mecheril 2002; 2004, Leenen/Groß/Grosch 2002）。移民が定住して以降、福祉や教育などの専門領域における専門職はドイツ人だけを対象に仕事をすればよいのではなく、移民に対する対応も迫られるようになった。そこで、専門性とともに異文化間能力を獲得すれば移民への対応が可能となり、その意味で問題が解決するとされたのである。そのような移民に対する対症療法的な対応は文化に集中してしまうあまり文化主義に陥り、根本的な社会構造の問題を解決するには至らない。

ドイツにおいては以上のような文化主義批判がなされているのだが、異文化間能力はこのような批判を超えてなお必要なものであるという議論が展開されている。レーネンら（Leenen/Groß/Grosch 2002）は、文化を常に動的なものとして捉えることを前提に、異文化間能力を次の四つの領域に区分して捉えている（表5再掲）。

この表に示される各領域の内容は、異文化間能力を構成する上で必要なものばかりであり、シュレッサーが示した資質と比較するとかなり一般化されたものとなっていると言えよう。まず、各領域について、移民の関係性（ミクロ）とドイツ社会（マクロ）をつなぐ仲介エージェンシー（ミドル）としての支援者にとってとりわけ重要である

表5再掲　異文化間能力の4つの領域

①異文化間的に重要な一般的パーソナリティの特徴	②異文化間的に重要な社会的能力	③特別な文化的能力	④文化に関する一般的能力
• ストレス対処能力 • 不確実性や曖昧さの受容 • 認知的柔軟性 • 情緒的しなやかさ（Elastiyität） • 個人の自律性	〈自身との関連〉 • 明確な自己認識 • 現実的な自己評価 • アイデンティティ・マネジメントのための能力 〈相手との関連〉 • 役割や総体的な見方を受け入れる能力 〈相互作用との関連〉 • 互いに満足いく関係を受け入れ，持続させる能力	• 言語能力 • 異文化間の前体験 • 解釈に関する特別な知識	• 思考や解釈・行動の一般的な文化依存性に関する知識，あるいは意識 • 異文化間コミュニケーションのメカニズムに精通 • 文化変容のプロセスを熟知 • 一般的な文化の差異とその意味に関する知識

Leenen/Groß/Grosch 2002：91 より，筆者訳出。

と筆者が考えるものに注目しながら、若干の説明を加えてみたい。

まず、①異文化間的に重要な一般的パーソナリティの特徴として、個人が自身の価値規範とは異なるものを柔軟に受け入れ、対応できるかという点に関わる能力が注目されていると言える。これが異なる文化的背景を持つ移民にミクロ・レベルで対応する際に重要であるのは言うまでもないであろう。

次に、②異文化間的に重要な社会的能力であるが、ここで注目したいのは〈相手との関連〉と〈相互作用との関連〉の部分である。相手との関連で必要とされる「役割や総体的な見方を受け入れる能力」は、移民との個の関係性の中に入り込んだり、仲介エージェンシーの立場になったりと位置取りを変える支援者がそのつど自身の役割を見極めるうえで必要な能力であろう。個の関係性を築くことは重要であるが、そこで見いだされる移民の実態に合わせた課題やそれへの対応を仲介エージェンシーの立場からマクロである行政関連機関、すなわちドイツ社会の社会制度を構築する側に発信しなくては、支援者が位置取りを変える意味がない。また、相互作用との関連においては、相互作用を単に一過性のものとするのではなく、持続的なものにする点が重要である。相互作用を持続的なものとする、すなわち関係性の持続は常に相手に対する自身の認識を問うことになり、これにより文化間の境界線を常に関係性のなかで捉えようとすることになる。

③特別な文化的能力については、「異文化間の前体験」に注目しよう。支援者自身がドイツ人であれ、移民であれ、実際に自身が異文化環境に置かれたり、異なる価値観を持つ他者と対峙し、葛藤を抱えながらも、それを乗り越え、他者との関係を構築した経験を有している場合、支援者は移民に対し高い共感性を示しうる。異文化間の前体験は支援の際に具体的アドバイスを可能とする面もあるのだが、それがもたらす共感性が移民の置かれている状況に入り込み、移民に寄り添うことを可能にすると言える。

最後に④文化に関する一般的能力についてであるが、ここでは「文化変容のプロセス」が取り上げられていることに注目したい。これまで、異文化間能力の議論になるとそれが移民の出身国の文化にとらわれ、固定的に捉えられてしまうという指摘を提示してきたが、ここでは移民の出身国の文化ではなく、文化変容を意識的に挙げているのである。これは、レーネンらが文化を動的なものとして捉えることを前提に異文化間能力の議論を出発させていることに起因する。文化を動的なものと捉え、文化変容を来すことを前提とすれば、移民の出身国に関わる固定的な文化観にとらわれずに、相手を理解することができるだろう。

これらの四領域に分けられた能力は、個々に独立しているのではなく、互いが組み合わされることによって効果的な能力となる。

シュレッサーによる職業的資質やレーネンらによって示された固定的文化観に基づかない異文化間能力を持って、支援者は移民に対応し、かれらの持つ差異の意味を理解し、尊重したうえで、かれらの差異をツールとして捉え、かれらに対する効果的な支援の実施を目指そうとしている。移民とドイツ社会をつなぐ仲介エージェンシーとしての位置を往還する支援者にとって、こうした異文化間能力は非常に重要なものである。しかし、こうした能力を持って支援者が移民支援を行い、ミクロとミドル・レベルにおいてうまく機能したとしても、それがドイツ社会に対して何の影響も及ぼさないのであれば、移民の社会参加の促進という課題を解決することにはならない。つまり、異文化間能力を巡る批判に見られた根本的な問題であるドイツ社会の構造的不平等や排除の問題は依然として解決されないという批判が繰り返されることになるのである。

ここで、移民とドイツ社会をつなぐ仲介エージェンシーの位置取りを示した図7を思い出してみよう。こうした批判から脱却するには、移民とドイツ社会をつなぐ仲介エージェンシーが移民のみならず、ドイツ社会に対しても発信し、何らかの影響を及ぼすような位置にいることが重要である。図7では、支援者は仲介エージェンシーとして移民とドイツ社会の中間に位置しており、どちらに対しても働きかけがなされる位置である。さらには、移民とドイツ人の関係性の中に支援者も入り込み、その関係性の中と仲介エージェンシーの位置とを往還している。支援者の往還した位置取りが可能となることによって、移民の実態に見合う働きかけが、移民に対しても、また移民の統合施策を打ち立てる行政を始めとしたドイツ社会に対しても可能となっているのである。

具体的に、ビーレフェルト市のRAAやS保育施設の事例を振り返ってみると、RAAは仲介エージェンシーとしての機能を持つという組織的特徴も手伝ってはいるが、S保育施設の場合であっても、当市の行政に関連する個人や組織とのつながりがある。そこに対し、意見表明する機会が保障されていることで、ミクロとミドル・レベルだけで移民支援が完結するのではなく、ドイツ社会を構成する行政機関というマクロ・レベルに対してもアプローチがなされるのである。もちろん、このアプローチはドイツ社会の構造的不平等を早急に解決するものではない。しかし、構造的不平等の解消には時間を要することを勘案すると、このアプローチによって現状における移民のニーズを満たすような施策が採られ、展開されるならば、マクロ・レベルに対するアプローチの意味は大きいだろう。

ドイツ社会の社会的構造に起因する本質的問題をできる限り早急に解決していくのは、確かに大きな課題ではあるが、いずれにせよ、移民の差異を尊重した支援は不可欠なものである。これが異文化間能力に対する批判の議論に見られるように、文化主義に陥らないためには、移民に対する教育支援がいかなる理念に基づいて行われているかに左右されよう。ここで、ＲＡＡの教育支援活動のコンセプトに影響を及ぼした理念を振り返ってみたい。

第3章で述べたように、ＲＡＡの教育支援活動に最も影響を及ぼしたのはコミュニティ教育の議論である。とりわけ、多文化社会におけるコミュニティ教育の目指すところは、異文化間教育のそれと重複するところもあり、この両者の接合に関する議論は既に述べた通り、ＲＡＡの教育支援活動と密接に関連づけられているのである。また、コミュニティ教育と異文化間教育が関連づけられたことにより、異文化間性と共同体指向が結びついたのだが、この点が移民の社会参加を促す教育支援が文化主義に陥らないためにも重要なのである。というのも、異文化間性が示すのは移民の存在であり、かれらがエンパワメントされ、地域社会に参加することで地域の活性化、さらには地域の社会構造的な改善に至るという共同体指向に結びつくのである。これは最終的には、社会構造の是正を目的としていると言えるのである。さらに、こうした異文化間性と共同体指向が結びついた教育支援は、文化主義にとらわれない異文化間能力を持った支援者がうまく機能してこそのものであると言えるだろう。

ホフマン（1992b）がコミュニティ教育の理念が取り入れられているか否かの指標として、①総体性、②反パターナリズム、③参加、④世代の超越、⑤ニーズ指向、⑥多文化性、⑦生涯にわたる学習、⑧共同体の発展、を掲げている。すでに第3章で述べたこれらの指標は、移民に対する教育支援をいかに創出し、いかなる方向性を持ちうるのかを測るのにも役立つと考えられる。この指標と教育支援を関連づける際には、教育支援が対症療法的なものを含んでいたとしても、それが最終的にはコミュニティの発展、社会構造の変革につながる可能性を持ちうるものであることが前提となるだろう。

これまで取り上げてきた事例やそこから導き出しうる移民と支援者（仲介エージェンシー）、ドイツ社会の関係性をまとめるにあたり、これらと強く関連すると思われる上記のコミュニティ教育の指標を示しておきたい。

まず、①総体性については、移民の子どもに対する教育支援を行う際に、子どもだけに直接的な支援を行うのではなく、その子どもの属する家庭の置かれている状況なども考慮しつつ、移民の親に対する支援が行われている点が言えるだろう。また、ＲＡＡに見るように関連組織との連携を図りながら、移民のライフコースに沿った支援の提供を試みている点についても、総体性を意識したものであると言える。

次の②反パターナリズムと③参加は関連している。それは、事例に見るように、支援者が移民を単に被支援者としてのみ捉えるのではなく、かれらにとって可能であることを考慮し、一方的に被支援者の立場を押しつけるのではなく、かれら自身が他者と関係を構築し、参加できる場を創出しているからである。その意味で支援者はパターナリズムには陥らず、移民とかれらの周りを取り囲むドイツ人のすべてに参加や学びの可能性を開いている。また、このような教育支援が⑤ニーズ指向である点は異論を挟む余地はないだろう。

⑥多文化性について、その指標の意味するところは、異質性が存在することを好機と捉えられるようなマジョリティとマイノリティの尊重に満ちた扱いがコミュニティ教育の基本的な主張の一つとされている（Hofmann 1992b：39）。これは、支援者が移民の持つ差異を尊重し、それをツールとして活かしながら支援を展開している点に見いだせる。加えて、支援者が移民だけに集中するのではなく、移民と生活空間を同じくするドイツ人もそこに巻き込みながら、移民とドイツ人の関係性を構築しようと試みている点もこの指標に該当すると言えよう。

最後に、こうした移民に対する教育支援は対症療法のように思われたとしても、移民とドイツ社会の間に存在する仲介者がマクロに働きかけることをやめない限りは、それは社会構造の変革の可能性を有するものであり、その意味において、⑧共同体の発展の指標に該当している。

以上を鑑みると、仲介者としての支援者が移民に対する教育支援の中で移民とうまく関係を構築し、その関係性の中に存在しつつ、そこと仲介エージェンシーの位置を往還し、うまく機能するには、文化主義にとらわれない異文化間能力が一つの鍵となっていると言える。重要なのは、こうした支援者が移民の現状に入り込みながら、そこで把握した現状に応じた支援の必要性を行政に訴え、働きかけるような場が担保されていることである。RAAの教育支援活動の根底にある異文化間教育とコミュニティ教育が接合した理念は、支援者が機能的に作用し、移民とドイツ社会との関係性を構築し、また移民のドイツ社会への参加を促す教育支援の方向性にも合致していると言える。それはつまり、この理念の反映された支援の場が創出され、かつ文化主義にとらわれない異文化間能力を持った支援者が存在したときに、移民の参加を促す教育支援が可能になると言えるであろう。

3 本研究の成果と今後の課題

本研究は、ドイツ社会の中で「成功」とも言うべき移民家庭に対する教育支援の事例を取り上げ、なぜそうなり得たのかという点をその場に関わる人々の立場から検討し、多文化共生社会の実現に必要不可欠となる要因を提示することを課題としてきた。教育支援の事例を検討する際に、「移民とドイツ社会をつなぐ」という点を筆者は重視しているのだが、この視点から事例を捉える際に参照したのが、今日、日本における異文化間教育学において議論されている「関係性の組み替え」という視点であった。「関係性の組み替え」の視点は関係性の中に潜む権力性を明らかにし、そこから多文化共生のための教育実践や新たな関係性構築の実践の提示を課題として提起していた。この課題に対し、筆者は教育支援の実践現場における「関係性の変容」に迫り、異文化間教育学が提起する課題への応答を試み、そこに学術的意義を見いだすことも本研究の課題の一部とした。

これらの課題設定に対し、本研究の成果として、多文化共生社会の実現に向けた教育支援に関する示唆は、以下の点に集約される。

第一に、移民のドイツ社会への参加を目指し、移民のライフコースに応じた支援が提供されている点である。これは就学前教育、学校教育、学校から職業への移行という流れの中で展開されている支援を総体的に見た場合に言える。また、このライフコースに応じた支援は移民家庭のニーズに応じた情報提供が基礎となっており、こうした支援プログラムに参加する移民は教育や社会に関する知識を得ることになる。これは文化的側面で移民の統合に寄与することになる。

本研究で事例として取り上げたRAAやS保育施設などで展開される支援を振り返ると、支援の主体は異なれども、各段階において教育支援が展開されていることは、それをそれぞれ利用する限りにおいてはライフコースに沿ったものになるのである。もちろん、RAAの支援だけ見ても、ライフコースに応じた支援が目指されているのだが、多様な組織が連携し、移民に対する教育支援を提供することで、より幅の広い支援が展開されている。

このようなライフコースに応じた支援は、移民家庭の子どもや親に対し、かれらとドイツ社会とをつなぐ機会を継続的に提供していると言える。つまり、ドイツ社会で今後も生活していくことが明確な移民にとって、特に教育段階の節目にあたる部分でドイツ社会にどのように参加していくか考えさせられるのである。ドイツ社会においてどのような将来設計を描くのかによって、前期中等教育機関の選択も変わってくる。また、失業率が高く、職業訓練の場を得ることさえも難しいなかで、単純労働ではない熟練労働の道に進むのもたやすいことではない。就職の見通しが決して明るくない状況であっても、移民コミュニティに留まるのではなく、ドイツ社会における労働世界に目を向けなければならない。こうした選択を迫られる際に、ドイツ社会との関わりを強く意識せずにはいられないのである。

教育段階における節目で行われる教育支援は、その選択の重要性を示すとともに、ドイツ社会における可能性を示し、意識づけることにもなっているのである。多文化共生社会を実現するには、すでに社会の構成員となっている移民がその社会において将来設計を描いていけるようなライフコースに応じた支援が不可欠なのである。

第二に、移民とドイツ社会の仲介エージェンシーとなる支援者及び支援組織が、移民とドイツ社会の双方に働きかけられる位置に存在することである。本研究で取り上げたRAAという支援組織に着目すると、RAAは移民の生活空間に密接に関わる人や組織と連携し、支援を展開しながら、行政関係組織とも連携を図って、施策の策定にも関わっており、現場からのボトムアップを活かして、行政側に発信できる立場にある。S保育施設の事例においても、支援の導入を検討していたイニシアチブ・グループの中にビーレフェルト市の異文化間事務所の責任者がおり、ワーキング・グループにも積極的に参加していたことから、実際の支援の場で起きたことを行政側に発信する機会が支援者には設けられていた。このように支援の現場というミクロな場で生じていることを、ドイツ社会の制度を構築する行政というマクロな場に発信し、移民のニーズに合った施策の策定に働きかけられる可能性が担保される必要がある。

これに加えて、移民とドイツ社会の双方に働きかけるという意味では、RAAの組織的特性は非常に重要なものとなる。RAAという支援組織は自らが支援の主体であると同時に、多様な人や組織の間を仲介する仲介エージェンシーとして、さらにリソースセンターとしての機能も併せ持つ。そのため、移民支援に関連することに関しては常に広くアンテナを張り巡らせ、連携や新たな支援プログラムの開発の可能性を探っており、支援主体として展開できていないプログラムについても情報リソースとしての蓄積がある。RAAという支援組織が持つこの多面性は、移民や支援者、行政によるＲＡＡの活用を促すことになり、それが同時に移民とドイツ社会（行政組織）の両者に対する働きかけの道を拓くことにもなる。

第三に、支援が共同体を指向したものであることの重要性が挙げられる。共同体指向は、身近な「ドイツ社会」への参加が指向されることを意味する。移民に対する教育支援に集中する余り、支援者と被支援者という関係性を固定するのではなく、支援の場においても移民の参加を引き出しうるような可能性について目を配る必要がある。そうすることにより、移民同士、移民とドイツ人同士の関わり、相互作用が生まれ、社会的側面から移民を統合する支援を生み出すことになる。

これは移民の生活空間に密着した教育支援が成り立ちうるときにとくに言えることである。生活空間に密着した支援は、支援が提供されている時だけに限らず、移民が日常生活を営むなかで積極的な関わりを持つ余地を残すことにもなる。例えば、多様な人や組織の間を仲介し、連携を促進するＲＡＡの機能に注目すると、そこで掘り起こされたニーズに対応するのは、ＲＡＡではなく、ＲＡＡが仲介した人や組織である可能性が高い。そのようになると、地域のリソースを活用しながら、移民の日常生活に入り込んだ支援が可能となる。また、Ｓ保育施設の例からは、移民の母親たちの自主的な意見を尊重し、かれらの居場所を作ることが、結果的には保育施設の日常をかれらに可視化し、そこに参加する契機をもたらすことになった。移民の暮らす地域の生活空間に密着し、そこにあるリソースを活用することは、移民とドイツ社会をつなぐという点からも意義が大きいと言える。

第四に、上記の支援を可能にする支援者の特性として異文化間能力が挙げられるだろう。移民に関わる問題をすべて文化に起因するものとして考えるのではなく、文化主義にとらわれない異文化間能力は、移民との対話を可能とする。移民と向き合い、かれらの持つ差異を尊重し、それをツールとした教育支援を展開することにより、関係性を構築していくことが可能となる。同じような背景を持ち、孤立した移民同士を結びつけることに始まり、移民同士の関係性の中に支援者や場を共有するドイツ人が入っていき、関係性が広がっていくことは、ミクロ・レベルで移民とドイツ社会とのつながりを築くことになる。この関係性をつないでいく可能性を見極める力も異文化間能力なのである。

移民とドイツ社会というマクロ・レベルを突然つなぐことは難しい。そう考えると、移民の日常生活で遭遇するドイツ人やドイツ社会、すなわち、ドイツ人保育者や教師、保護者、場合によってはドイツ人支援者もそこに含まれるが、こうした人々やドイツの保育施設や学校という場と移民が相互尊重に満ちた関係を築き、関わりを持つことが第一歩となるのである。当初は互いに対する固定観念やステレオタイプを持っているかもしれないが、それを解消し、互いに理解し合う関係を構築する第一歩を機能させるのが、仲介エージェンシーとして、異文化間能力を持った支援者の役割なのである。

移民に対する教育支援を通して、移民とドイツ社会とをつなぐ努力がなされているのだが、こうした努力は支援という場に関わる人々の間のコミュニケーションの成立を左右する。とりわけ、ミクロ・レベルにおけるコミュニケーションの成立は、移民とドイツ人が存在する場における受容的空間の創出という波及効果をもたらしている。これについては、とりわけ、本研究で取り上げたS保育施設の事例によく現れている。この事例では、移民の母親同士、移民の母親とドイツ人保育者、そして移民とドイツ人の母親という個人対個人の関係性の変容が施設を異文化受容の空間へと変化させている。

こうした移民とドイツ社会をつなぐ努力やコミュニケーションは、それが成立し、持続していくことで成功と捉えることができるのだが、移民であれ、支援者であれ、そこに至るまでに他者と向き合い、受容と葛藤を繰り返している。コミュニケーションを重ね、受容と葛藤を繰り返すそのなかで、移民は自分たちがドイツ社会においてどのように生き、社会と関わりを持つことができるのかを考えさせられることになる。他方、ドイツ人側も移民をドイツ社会に交わる気のない移民としてではなく、その努力をしようとしているドイツ社会の構成員として認識することにつながる。

こうした意識の転換に至るようなプロセスを支えるのは、固定的な文化概念ではなく、文化変容を視野に入れ、動的な文化概念に基づいて、移民の持つ差異を受け入れ、かれらに対応しうる異文化間能力を持った支援者である。そうした支援者によって展開される移民家庭への教育支援は、他者受容や葛藤、関わりを支えるものであって初めて、多文化共生社会の実現に寄与する支援となると言えるだろう。

以上のように事例を捉え、多文化共生社会の実現に向けた教育支援に不可欠な要因を検討する際に、筆者は「移民とドイツ社会をつなぐ」という点を重視しているのだが、これに関連して参照したのが異文化間教育学において議論されている「関係性の組み替え」という視点であった。「関係性の組み替え」を目指す視点では、「関係性に介在する権力関係の分析にまで立ち入る必要があるし、その上で多文化共生の実現のための教育のあり方を提示」することが課題とされている（佐藤 2003：44）。

もちろん、この課題を達成するのは容易ではない。しかし、ここで重要なのは関係性のあり方に関わる文化的差異の影響、すなわち差異に起因する暗黙の権力性の存在を見逃さないことである。支援される移民と支援するドイツ人（ドイツ社会）というような二項対立的な関係性は、すでにある種の権力性を帯びたものとなっているのである。また、移民と支援者の個人間に一見良好な関係性が構築されたとしても、支援者がマジョリティに属している場合、そこに無意識のうちに存在する権力性に注意を払わなければ、マジョリティ側に対する変化を迫ることなく、マイノリティである移民に同化を迫る支援にもなりかねない。つまり、これは移民と支援者の間に存在する権力的関係性が個人の間で維持されることに、支援者が無自覚的に荷担することになるのである。

権力性を帯びた関係性は、単に移民とドイツ人、マイノリティとマジョリティの個人間の関係性によって構築されるのではなく、各々が所属する社会や集団にある文化的背景からの影響を受け、形作られる。差異により誘引される権力的関係性ではなく、新たに変容している関係性とその変容のメカニズムを明らかにしようとするのであれば、差異や権力的関係性に意識的になり、さらに移民とドイツ人、マイノリティとマジョリティ、ゲストとホストといった相互関係とその変容に注目しなければならない。

こうした考えに基づくならば、「関係性の組み替え」とは、権力的関係性や固定的な二項対立的関係性から脱却し、その関係性に変容をもたらすことだと言い換えることができる。筆者は、移民と支援者という関係性において、両者が相対するのではなく、関わりを持つなかで、関わり合いや相互理解、共同作業などが契機となり、互いに対する見方が変わったり、互いの位置取りが変わっていくことを「関係性の変容」と捉えている。これは、本章第1節で移民とドイツ人、ドイツ社会、そして支援者の位置取りを筆者が図示したとおりである。

「関係性の組み替え」という視点が提起する課題が第一に示す、関係性における権力性の分析は、このようにそれぞれの位置取りを確認し、関係性の変容を辿っていくことにより可能となるだろう。権力性の分析について、佐藤（2008）は動的な関係性を把握する必要性を指摘しており、そのための手法として「現場生成型研究」を提案している。これは、佐藤・横田・吉谷（2006）によって提案されたものであるが、佐藤（2008）はこれを端的に「研究者自らが、その『場』に関与し、その関与を含めた実践活動と『場』の変容を観察し、記録する」（ibid.：49）ものであるとする。これは研究者と現場の距離がつねに近く、研究者自身が実践に関与することで現場や関与した自分自身の変容をも描き、実践に関与しながら把握していくことが目指されている。

この手法は現場の中に存在する権力的関係性を把握するものとして確かに有用であり、この手法を採用することで権力的関係性を脱却するような「関係性の組み替え」に至る実践や新たな関係性を研究者がその場に直接関与しながら、提示することが可能となるであろう。しかしながら、必ずしも異文化間教育研究者がすべてこの手法をもって、「関係性の組み替え」に必要な権力性の分析を行うことができるわけではない。それは実践現場との距離という要因や研究手法の問題が関係してくる。しかし、「関係性の組み替え」の視点がまず提起する権力性の分析については、現場生成型を目指しつつも、関係性の変容を丁寧に辿ることが代替方法となり得るのではないだろうか。

関係性に潜む権力性を把握したその先に、多文化共生を目指す教育実践や関係性のあり方が提案されるのは、ドイツにおける異文化間能力を巡る批判に見られたように、文化のみに焦点化し、本質的な構造的不平等や差別の問題から目をそらすのではなく、それを是正することを目指しているからである。そのように考えると、筆者が本研究で論じてきた移民というミクロ、ドイツ社会というマクロ、そしてその仲介エージェンシーというミドルの位置に支援者を位置づけ、ミドルに位置づく支援者がミクロとマクロの双方に働きかける支援の構図は移民に対する教育支援の分析を行う際の枠組みとなる可能性を有しているのではないだろうか。

移民とドイツ社会をつなぐということを意識し、このようにミクロ、ミドル、マクロのそれぞれのレベルにおいて、移民に対する教育支援を捉えることは社会的文脈に位置づけて支援を把握することであり、移民の社会参加を促進する可能性やホスト社会の変容の契機を見いだすことになるだろう。これは、ドイツに限らず、日本において異文化間教育の実践研究を行う際の視点や分析枠組みとして有効なものであると考えられ、移民の今現在抱える課題の対症療法的解決だけでなく、社会との関連性から捉える際に参考になるものと考えられる。この意味において、実践科学としての異文化間教育研究を進める際の一つの研究のあり方を提示したと言えるだろう。

最後に、本研究に残された課題について示しておきたい。移民家庭に対する教育支援においては、その時代とともに課題が変化している。これは外国人教育から異文化間教育へと発展してきた過程で、移民に対する教育の着眼点が変化してきたことからも明らかであろう。また、その課題はマジョリティとマイノリティの両者を含め、どのような社会のあり方を目指すのかという点にも左右される。本研究では、移民とドイツ社会、それらの仲介者をミクロ、マクロ、ミドルのレベルに分け、支援者の働きかけを示してきたが、どちらかと言えば、ミクロ・レベルでの個人間の関係性構築に焦点化してきた。また、支援者がミクロ・レベルに入り込み、そこで移民の実態や課題を把握することで、その課題解決に向けた方策がマクロ・レベルの施策に反映されるように発信したり、働きかけたりすることの重要性とそれが長期的に見てドイツ社会における構造的不平等や差別の是正に至る可能性があることを指摘した。しかしながら、ドイツ社会に現存する構造的不平等や差別について、そしてそれらを是正する可能性のある働きかけについて、深く議論するところには至らなかった。これはドイツ社会がどのような多文化共生社会のあり方を想定するのか、そこでの移民の社会参加をいかに描くのか、そしてそこで求められる教育支援はいかなるものかという点に関わるため、多文化共生の実現を目指し、ドイツ社会において移民の社会参加に寄与する教育支援の今後の展開に注目していきたい。

また、本研究では、多文化社会ドイツにおいて移民とドイツ社会をつなぐことや移民の社会参加にこだわってきたが、それを実現するには移民の努力とともにマジョリティ側の移民に対する理解が不可欠である。とりわけ、マジョリティであるドイツ人が移民の差異を受容し、そのプロセスで時には葛藤を抱えながらも、移民と向き合い続ける異文化間トレランスが必要である。もちろん、移民も互いのエスニック・グループ間で反目しあうことも多く、自身を含め、ドイツ社会を構成する多様性について理解を深め、トレランスを獲得していく必要はある。ドイツ社会に現存する多様性を理解することから出発し、相互に尊重に満ちた関係を築き、互いに異文化間トレランスをもって社会に参画していくことは、多文化共生社会の実現に大きく関わる。この多様性の理解を目指した取り組みは、直接的な移民支援の場ではなく、学校や学校外教育の中で主として青少年を対象に展開されている[4]。筆者はこれを共生の素地を作る一助になるものと捉えているが、本研究の文脈の中では言及することができなかった。

本研究で重要性を指摘するに留まり、言及し尽くすことのできなかったドイツ社会における構造的不平等や差別を是正する取り組み、多様性の理解を出発点とした異文化間トレランスの育成については、今後の研究課題として残されたものである。もちろん、これらの課題の追究、そして解決が容易であるとは考えていない。多文化社会となった現在の社会においても、必ずしもその社会構造が人々の多文化化を反映しているとは言えず、むしろ未だに「国民国家」の「国民」を想定しているからこそ、構造的不平等や差別が現存するのであり、それが速やかに是正されうるかと言えば疑問である。そうした社会構造があるからこそ、権力的関係性が無自覚的に成立しうるわけであり、関係性の変容にも時間を要する。容易に打開できない課題であるからこそ、こうした課題に常に取り組む必要があり、課題に取り組み続けるなかで、今を生きる人々に応じた可能性を提示しうるのだと筆者は考える。

エピローグ――RAAから地域統合センターへ――

二〇一二年、NRW州において「社会参加・統合促進法」[1]が可決された。これは、RAAをはじめとする移民に対する教育支援のノウハウの蓄積をより積極的に活用することを目指したものである。そして、この法令を受け、RAAは他の組織や多様な取り組みを包括する新たな地域統合センター（kommunale Integrationszentren）へと発展することになった。二〇〇六年に提出されたアクションプランにおいて、「教育を通した統合」ネットワークが掲げられた際に言及されたように、RAAのノウハウをRAAが設置されていない地域にも普及させていくことが求められていたことによる。二〇一二年の「社会参加・統合促進法」はそれを法的に支え、これまでRAAが設置されてこなかった地域への地域統合センターの設置が目指され、教育支援実践のさらなる普及が期待されている。その結果、諸都市に設置されていた二七のRAAから、五二の地域統合センターへと増加した（二〇一六年六月現在）。

RAAビーレフェルトも組織変更し、二〇一三年六月より地域統合センターとして活動を行っている。移行期はRAAビーレフェルトのスタッフがそのまま地域統合センターのスタッフとなっていたが、異文化間事務所のスタッフもここに合流した。地域統合センターの責任者となったI氏が移行期に用いていた説明資料によれば、地域統合センターの活動の柱は、「統合」と「教育」であるとされ、取り組む課題は以下のとおりである。[2]

・ビーレフェルト市における統合活動のコーディネート
・移民組織に対するアドバイジングと協働
・施設や組織、行政の異文化間の開放に取り組む際のアドバイジングと支援
・統合活動、教育活動、青少年活動における施設や公共機関、並びに専門家や支援者に対するアドバイジングと質保証
・言語教育（多言語性）や多様性に対する感受性を高めるプロジェクトの開発、試行、実行化
・親との教育連携の促進や支援
・途中編入の子どもに対するアドバイジング
・就学前から初等教育、初等教育から中等教育への移行の際の支援
・反人種主義／暴力の防止

これらの課題は既にRAAビーレフェルトが取り組んできた課題でもあり、それをさらに展開していくことが目指された。本論で焦点化した「親との協働」に関連するものとして、「親と学校の対話」プロジェクトや親を対象とした情報提供会等も継続して進められている。地域統合センターになり、活動がどのように継続・発展してきているのか、「親と学校の対話」プロジェクトについて簡単に述べておきたい[3]。

二〇一五年現在、六つの学校で「親と学校の対話」プロジェクトが実施されている。うち一校は全校生徒の約七五パーセントが移民としての背景を持つ子どもであり、そのうち約六五パーセントの子どもたちはトルコ系である。その学校では、毎週水曜の朝に「親の会（Elterntreff）」を開き、コーヒーを飲んだり、朝食をとったりしながら、情報交換や設定されたテーマについてディスカッションを行ったりしている。特定のテーマを深めたいと思っ

たときには、地域統合センターに相談し、センターのスタッフを招いている。また、「親の会」での会話から女性へのスポーツプログラムの提供や親に対する語学コース、親に向けた新聞グループなどの活動が生まれたとされている。

筆者が現地調査を行っていた二〇〇五年当時の「親と学校の対話」プロジェクトとは非常に異なったものとなっている。これについて、二〇一五年訪問時にI氏にインタビューを行ったところ、次のような回答が返ってきた。

以前の「親と学校の対話」プロジェクトがテーマを設定して開催されていたのは当然知っています。今はそうではなく、学校が自分たちで内容を決めるようにしています。テーマによっては専門家が必要になることもあるので、そのときには地域統合センターのスタッフが出かけていったり、関連機関の専門家を紹介したりします。地域統合センターが実施するのではなく、学校が自主的に運営することが大切です。先日は、「親のカフェ」に招いてもらったので出かけてきましたが、学校が自主的にプロジェクトを運営し、地域統合センターのスタッフを招待してくれるくらいのほうが望ましいと思います。[4]（二〇一五年九月一八日）

学校が自分たちの学校の現状にあった形でプロジェクトを運営し、必要に応じて地域統合センターに相談し、協力を得るという今のあり方は、仲介エージェンシーとしての機能をより強化していると言えるだろう。そして、「誰かが移民の子どもの支援をしてくれる」といった他力本願な考え方を学校に持たせるのではなく、自分の学校に在籍する移民の子どもとその親を支援するという主体性を学校に持たせることになっていると考えられる。これをI氏に確認したところ、「その通りだ」とし、他のプロジェクトについても主体を地域統合センターやセンターのスタッフが担うのではなく、参加者が主体的になり、地域統合センターのスタッフを活動に招待してくれるように自立させていきたいと語っていた。彼女のこうした考え方には、学校であれ、移民であれ、参加する人々が自立的に支援に関わることで参加を広げていきたいという意思が見て取れる。

ここで取り上げたのは地域統合センターの活動のごく一部ではあるが、上記のようにこれまでのＲＡＡとして活動を続け、蓄積してきた経験やノウハウを活かしながら、活動を展開していると言える。そして、そうした経験があるからこそ、二〇一五年九月以降、急激な流入を続けるシリア難民を困難を抱えながらも受け入れることができたと指摘することもできるだろう。Ｉ氏は難民の大きな波が来ていること、ビーレフェルト市でも多くの難民を受け入れており、九月は毎週三〇人ほどの難民の子どもたちを学校に編入させており、教育委員会と学校との連携、対応に関する指針作りに追われているとのことであった。

これまでのＲＡＡとしての経験、そして地域統合センターとしての発展が、すでに定着している移民の社会参加はもとより、新たに流入してきた難民の社会参加をも支えていくことになるだろう。二〇一五年にドイツに流入した庇護を求める難民は一〇〇万人以上になる（Beauftragte der Bundesregierung für Migration, Flüchtlinge und Integration 2016）。ＮＲＷ州は、二〇一六年に地方自治体における難民の統合促進に関するプログラム[5]を策定した。このプログラムにおいても地域統合センターは重要なアクターと捉えられており、センターの機能強化について言及されている。また、地域で取り組む活動の具体例も示されており、地域におけるニーズに沿った活動を展開する上で地域統合センターの役割は大きい。難民の統合に向けた受け入れ体制の整備が進められてはいるものの、それはもちろん簡単なことではない。難民受け入れの取り組みが進められつつも、二〇一五年末のケルン中央駅前で起こった集団暴行事件や二〇一六年七月にヴュルツブルク近郊の列車内での襲撃事件、同じく七月に起きたアンスバッハでの自爆テロなど、難民として流入した人々による事件も起こっている。これは難民の社会統合の難しさと受け入れ側住民が抱く社会不安の高まりを露呈することになった。実際、旧東独を中心に、ペギーダ（PEGIDA:

Patoriotische Europäer gegen die Islamisierung des Abendlandes. 西洋のイスラム化に反対する愛国的欧州人）による活動の活発化やＡｆＤ（Alternative für Deutschland, ドイツのための選択肢）による州議会における議席獲得など、ドイツ市民の社会不安や反移民・難民の動きは高まっている。難民受け入れを支えようとする市民の存在と排斥に動く市民の存在は、難民・移民をはじめとした多様性の受容と葛藤に、ドイツ社会がまさしく揺れ動いていることを示している。しかしながら、その受容と葛藤において、常にドイツ社会のなかの多様性に向き合い、ドイツ人と移民がともに社会に参加し、多文化共生社会ドイツを作り上げるための教育支援のあり方を、これまでＲＡＡが取り組んできたのと同様、地域統合センターも示し続けるであろう。

あとがき

本書は、九州大学大学院人間環境学府に提出した学位論文「ドイツにおける移民への教育支援に関する研究——多文化共生の実現に向けて——」（二〇一一年五月）を元に再構成し、大幅に加筆修正したものである。

原稿に加筆修正をしていた二〇一五年九月、筆者は科研費による調査研究を行うためにドイツにいた（若手研究（B）「青少年の日常性を出発点とした異文化間教育——ドイツの現実に学ぶ——」（15K17371））。二〇一五年九月、メルケル首相が難民受け入れに関する大きな決断をし、大量の難民がドイツに押し寄せていた。それ以前より、ドイツにいる友人たちとメールでやりとりするたびに、難民の波が話題になり、難民に対するゼノフォビアへの懸念、市民による支援についてしたためられていた。調査に出発する前、スーツケースにいくらかの冬物の上着を余分に詰め込み、ドイツ到着後、地域で難民にドイツ語を教え始めていた友人に託した。調査先では、どこに行っても難民の話題になり、かれらの受け入れとそれに関わる課題が話題になったことを思い出す。そして、筆者が話した人々はこれまでの移民受け入れに取り組んできた経験を基に、「いかにして受け入れるのか」ということに真剣に向き合っていた。その一方で、難民の爆発的増加により、難民・移民に対するゼノフォビアを高め、ＰＥＧＩＤＡの活動が活発化したり、ＡｆＤの支持者が増加したというのもまたドイツ社会の現実である。

安易な比較は避けるが、今回の難民の増加以前にも、ドイツ社会は外国人労働者とその家族が急増した際に、同様の共生と排除の葛藤を経験している。以後、ドイツは文化的背景の異なる他者との共生と排除の葛藤に常に向き合い続けていると言える。本書はその一端をＲＡＡという組織に着目し、いかにして移民を排除することなく、移民同士、移民とドイツ人、そしてドイツ社会とをつなごうとしているのかを描くよう努めた。

このような研究に取り組むにあたって、九州大学大学院在籍時より常にご指導いただいた吉谷武志先生（前九州大学大学院教授、現東京学芸大学教授）にまずお礼申し上げたい。吉谷先生には、多くの助言と研究の機会をいただき、国内外を問わず、フィールドにご一緒させていただくことで実践現場とそこに関わる人々との向き合い方を学ばせていただいた。博士論文提出の際には、稲葉継雄先生（九州大学名誉教授）をはじめ、望田研吾先生（中村学園大学教授、九州大学名誉教授）、坂元一光先生（九州大学大学院教授）、竹熊尚夫先生（九州大学大学院教授）には大変お世話になった。構想発表から提出に至るまで、さまざまなご助言をいただいたことに感謝申し上げたい。

また、博士論文を大幅に再構成するきっかけは、近藤孝弘先生（早稲田大学教育・総合科学学術院教授）より科研費の研究会にお招きいただいたことに端を発する（基盤研究（B）「EUにおける能動型シティズンシップに関する比較研究」（20330171））。博士論文の内容について、ドイツをはじめ、EU諸国の研究を進められている諸先生方に報告する機会をいただき、さらには先生の編著（二〇一三）『統合ヨーロッパの市民性教育』（名古屋大学出版会）に一章を執筆する機会までもいただいた。これは、筆者自身が移民に対する教育支援をドイツにおける理論研究との流れの中で捉え直す大きな契機となった。研究会及び論考を執筆する過程での理論の捉え直しや近藤先生とのやりとりが、今回の再構成に大きく影響している。このように一度はまとめたものを再度追究する機会をいただいたことに、近藤先生にはお礼申し上げたい。

そして、本書をまとめる励みとなったのは、福岡大学人文学部に着任し、よき同僚に恵まれたことが大きい。本書の執筆に関しては、高妻紳二郎先生（福岡大学教授）、佐藤仁先生（福岡大学准教授）に背中を押していただいた。特に若手の気鋭研究者として活躍されている佐藤先生、植上一希先生（福岡大学准教授）の存在は、筆者にとっては大きな刺激となっており、研究・教育にかかわらずお二人と交わすさまざまな議論、そして細やかな配慮には常に助けられている。

本書をまとめるにあたって、筆者を最終的に後押ししたのはドイツ調査を行っていた際のＲＡＡ本部の Frau Dr. Monika Springer-Geldmacher のことばである。彼女を訪問した際、「ドイツにおける移民に対する教育支援について、日本ではどのような人が研究し、どのように公表されているのか」と問われた。筆者自身、博士論文執筆が思うように進まず、半ば諦めかけていた頃であった。彼女は、「ドイツに暮らしたことがあり、ドイツの空気を感じ、ドイツ語を解するアキコが書かずして誰が書くのか」といった激励のことばを筆者に投げかけた。その数年前には、彼女が若い頃に初めて執筆した青少年向けの本に「世界はこんなに広いのに、私たちはこんなにも近くに感じる」と素敵なことばを添えて贈ってくださり、励まされていた。研究と実践と両方に関わりたいと思う筆者にとっては、彼女の存在は非常に大きなものであった。彼女との交流の中で、異文化間教育研究者としての研究の視点を持ちつつ、そして実践現場に関わりながら、現実社会に寄与することができる研究者でありたいと強く胸にした。こうした彼女のことば、彼女との交流の中で感じた自分の思いを思い出し、調査時からすでに一〇年が経過してはいても、内容の意義は薄れず、ＲＡＡをはじめとする教育支援の意義をより多くに理解してもらえるよう本書をまとめようと心に決めた。

もちろん、本書ですべてを描ききることができたとは思っていない。本書は、筆者が捉えたドイツにおける移民に対する教育支援の一端でしかない。描ききることのできていないこと、分析内容に関しては、読者の批判を待ちたいところであるし、本書を機に、ドイツにおける異文化間教育の議論が活発になればこれ以上の喜びはない。

フィールド研究をする研究者の多くには理解していただけると思うが、フィールドに出るとさまざまな情報を得たり、実態を見聞きすることができるが、研究論文として執筆できるのは本当に一部である。執筆中にも校正中にも、本書に言語化しなかったさまざまなフィールドの場面が目に浮かんできた。筆者が福岡で携わっていた日本語教室や外国にルーツを持つ子どものための進路ガイダンスについて話した瞬間に、ＲＡＡビーレフェルトのトルコ系スタッフが「この話は他のスタッフも聞くべきだ」とスタッフ定例会議に招いてくださり、それをきっかけに定例会議のメンバーにしていただいた。研究する大学院生というよりも、実践を試行錯誤し、課題を共有する者として認識していただいたと思う。S保育施設を訪問した際には、H氏が通信に私の訪問があることを記し、保護者に伝えており、トルコ系の母親たちは筆者をあたたかく迎えてくれた。観察をしたり、インタビューをしながら、子どもの相手をしていると、「保育者が一人増えたみたい」とH氏に笑顔で言われたり、保護者の中には筆者を実習生と思っている方もいた。S保育施設を二〇〇五年に訪問した一年後の再訪では、筆者が子どもの変化について述べたときに、その子どもの変化を喜んでいた保育者は筆者に満面の笑顔を浮かべ、筆者が子どもの様子を覚えていたことを喜んでくれた。施設内を動き回っている筆者に子どもが話しかけ、筆者はそのことばが分からずに「幼児のドイツ語はこんなに分かりにくいのか」と一瞬不安に思ったが、その子どもにトルコ系の保育者が対応する様子を見て、子どもがなんとも思わず筆者にトルコ語で話かけたのだということに気づき、胸をなで下ろしたこともあった。筆者が訪問した先の人々は、筆者にさまざまな表情を見せてくれた。子どもをまなざす、母親をまなざす優しい笑顔。母親の話に耳を傾ける真剣な表情。支援のあり方をめぐって真剣に議論する際の強さ、など。

こうした人々に触れ、調査研究をする機会を得られたのは、国際ロータリー第二七〇〇地区から推薦され、二〇〇四／二〇〇五年度ロータリー財団国際親善奨学生として、ビーレフェルト大学に留学する機会を得たこと、また帰国後、二〇〇六年度異文化間教育学会研究奨励費を受領したことによる。海外をフィールドにするなかで、こうした研究助成を得られなければ、博士論文提出も本書の刊行も達成することはできなかった。さらに、本書の刊行には、日本学術振興会の平成二八年度科学研究費補助金研究成果公開促進費（学術図書 16HP5214）の支援を受けた。刊行に際し、九州大学出版会の永山俊二氏には大変お世話になった。大学での職務と現在進行中の個人研究、共同研究に取り組むなかで、うまく時間を見つけることができず、〆切に遅れがちになりお手を煩わせた。

その他にもヨーロッパの、そして日本の多くの方々に励まされてきた。お名前をここにすべて挙げることはできないが、筆者を支えてくださったすべての方に心からのお礼を申し上げたい。

最後に私事ではあるが、「家族」への感謝を添えたい。この二つの家族はビーレフェルト留学中に知り合った「多文化」家族でありFamilie Sariaydinへ感謝を捧げたい。この二つの家族はビーレフェルト留学中に知り合った「多文化」家族である。それぞれドイツ、インド、トルコと多様な背景を持ち、子育てや日常生活のさまざまなことを筆者に教えてくれた。特に、Hartmutは調査時に部屋を提供してくれ、筆者の見るもの、感じることに関心を寄せ、支えてくれた。さらに画家としても活動している彼に、本書のカバーに彼の絵画を使いたいと申し出たところ、快く了承してくれた。また、Güvenは「Drをつけてアキコのことを呼びたいから、頑張れ」と博士論文執筆を常に励ましてくれた。現在でもこの二つの家族との交流は続き、小さかった子どもたちも高校生、大学生、社会人となっている。この家族の支えがなければ、筆者の留学やドイツ理解はそれほど豊かなものにはならなかっただろう。そして、筆者の日本の「家族」への大きな感謝である。長い学生生活を送りながらも、研究者の道を諦めようとした際、さらに博士論文執筆を諦めかけていた際、「ここまできたのだから、もう一踏ん張りしなさい」と叱咤激励してくれたのは母かよ子であった。姉よりも早く社会に出た弟大介は、ふがいない姉の学生生活を支えてくれた。筆者の「家族」にこの本を捧げたい。

二〇一六年一〇月　伊藤亜希子

2　2013年7月18日に地域統合センターを訪問した際，I氏より提供を受けた資料による。

3　以下に述べる現状は，地域統合センター・ビーレフェルトのHPを参照し，整理している。

4　2015年9月18日に地域統合センターを訪問した際のI氏へのインタビューメモより。

5　Ministerium für Arbeit, Integration und Soziales des Landes Nordrhein-Westfalen (2016)：KOMM-AN NRW. Programm zur Förderung der Integration von Flüchtlingen in den Kommunen. Förderkonzeption.

た筆者は，H 氏が母親たちと受容的な関係を築いてきたからこそのものだと感じた。

9 2006 年 12 月 15 日の観察記録より。

10 2006 年 12 月 15 日に H 氏に行ったインタビューより。

11 H 氏はこの保育施設が学童保育の場にもなっているため，S 基礎学校の教員との交流がある。時折，S 基礎学校と S 保育施設の間で連絡会も開かれており，母親の意見を間接的に教師に伝えることも可能である。

12 H 氏が移民の母親らを単に被支援者として捉えていないと筆者が判断するのは，母親たちに対する感謝の念をインタビューの途中で語ったことに関係している。H 氏は移民家庭に関わるというのは，自身にとっては新たな領域であったとし，この仕事が自身のキャリアにとって大きな進歩となったと語っている。そして，このような言語能力促進プロジェクトに関わり，親との協働を進めながら，その一部がママ・コースとして市の異文化間事務所に認められたことなどは，移民の母親，親たちに感謝をしなければならないと口にしていた（2006 年 12 月 15 日のインタビューより）。

13 S 保育施設の H 氏とバイリンガル・スタッフの S 氏は，S 保育施設の親の午後や情報交換会などの経験から，市の異文化間事務所が組織するママ・コースをペアで担当している。

終章

1 本節で移民とドイツ社会および支援者の関係性を検討するに当たっては，吉谷・伊藤（2010）において日本の多文化地域における多文化住民のコミュニティへの参加，そしてコミュニティの変容を議論したことから，着想を得た。

2 このような差異が，マジョリティとマイノリティを分かつものになると同時に，つなぐものにもなるという点については，佐藤・吉谷編（2005）から示唆を得ている。

3 RAA 本部は移民青少年に多様な職業への可能性や社会参加を示すため，産業界や経済界，公的機関で活躍する若い移民たちへのインタビューを収めたパンフレットも作成している。Ministerium für Generationen, Familien, Frauen und Integration des Landes Nordrhein-Westfalen（2007）を参照。

4 こうした青少年を対象にした多様性理解に関する教育活動について，筆者はアンネ・フランク・センター（Anne Frank Zentrum Berlin）による教育活動と「レイシズムのない学校――勇気のある学校（Schule ohne Rassismus-Schule mit Courage)」プロジェクトに注目し，すでに調査研究に着手している（伊藤 2015)。

エピローグ

1 Gesetz zur Förderung der gesellschaftlichen Teilhabe und Integration in Nordrhein-Westfalen.（Teilhabe- und Integrationsgesetz）Vom 14. Februar 2012.

て久しいドイツにおいて，移民の子どもの言語能力促進における母語の重要性が指摘されていながらも，未だ「移民の親もドイツ語を勉強し，家庭内で子どもとドイツ語で話すべき」と考え，移民の親に助言するケースも見られる。こうしたことについて，「親と学校の対話」プロジェクトで学校制度やよりよいドイツ語習得に関する知識や情報を得ると，移民の親が自身の子どもの教育について，より深く教師や教育支援従事者と相談することができるようになっている。

13 2005 年 6 月 21 日のスタッフ会議でのＬ基幹学校に所属している仲介教員からの報告。

14 2005 年 6 月 21 日のスタッフ会議における，トルコ系スタッフの報告より。

第 5 章

1 この指導書は，ドイツ語，トルコ語，イタリア語，ギリシャ語，スペイン語，ロシア語，アラビア語で作られている。必要に応じて，随時，改訂作業が進められている（2006 年 12 月現在）。

2 2006 年 12 月 13 日，14 日の両日に，リュックサック・プログラムに関わる母親や行政関係者，教育関係者が集まる連邦レベルの会議がデュッセルドルフで開かれた。筆者も参加したが，この会の中で，あるトルコ人の父親がプログラムに参加したことによる母親の変化や子どもとの関わり方の変化について述べた。彼はそうした変化を積極的に捉えていた。

3 2006 年 12 月 20 日，異文化間事務所Ｇ氏へのインタビューより。

4 2006 年 12 月 11 日のＨ氏と筆者の会話より。

5 この「ママ・コース」は，市の異文化間事務所がさらに内容を検討し，市の予算を用いて，他の保育施設でも組織化して行うようになった。移民の人口比率の高い地域の保育施設で，週に 1 回 2 時間程度，約 12 回開かれ，次のようなテーマに沿って，情報提供や意見交換が行われる。①発達心理：1 歳から 6 歳の子どもの発達，②言語発達，多言語性，③運動，③子どもの動機を促す，③性別に特化した教育，④適切な玩具，⑤健康に関する疑問，⑥メディアや子どもの不安の取り扱い，⑦幼稚園での教育，⑧就学までに何を学ばなければならないか，⑨ドイツとトルコ，あるいは他の国における就学前教育と初等教育の比較，などである。扱うテーマはそのつど参加者のニーズによって変更されることもある。

6 2006 年 12 月 11 日の観察記録より。

7 以下のエピソードについては，2005 年 7 月 7 日に行われたプロジェクトの定例会において語られたものであり，筆者による会議メモに基づく。

8 この信頼は，次のようなトルコ人の母親の態度にも表れている。筆者が参加した朝食会の後，トルコ系移民の母親ら，Ｓ氏，Ｈ氏と筆者は「親のカフェ」でコーヒーを飲んでいた。その際，母親が顔の産毛の話をし，ドイツ人であるＨ氏や見ず知らずの外国人である筆者がいる前で，トルコ的な処理の仕方を実際にやって見せたのである。これは，家庭のなかであっても決して人前でするようなことではなく，また，その母親がＨ氏の前でもそうしたトルコ的な文化の表象とも言える行為をしたことがなかったため，Ｈ氏も非常に驚いていた。その場にいは，本文中でも触れているが，「文化主義に偏りがちな異文化間能力をいったん留保して対応する能力」と端的に捉えることができるだろう。

第4章

1 以下，特に断りのない場合は，RAAはRAAビーレフェルトを指す。

2 2006年2月を境に，RAAビーレフェルトの責任者が交代し，後任者がこれまでの活動をさらに拡充している。それまでは就学前教育の領域における支援は展開していなかったのだが，就学前教育の領域についても活動を広げている。

3 筆者の調査時（2005年），RAAのスタッフは，責任者1名，秘書1名，移民としての背景を持つトルコ系スタッフ2名，ロシア系スタッフ1名，仲介教員（Verbindungslehler/innen）6名で構成されていた。

4 『RAAビーレフェルト2005年活動報告書（Arbeitsbericht der RAA Bielefeld 2005）』より。

5 RAAスタッフ会議配付資料，「ビーレフェルトにおける外国人と後期帰還移住者の子どもの学校編入手続きに関する規則（Verfahrensregelung zur schulischen Eingliederung spätausgesiedelter und ausländischer Kinder und Jugendlicher in Bielefeld）」より。

6 以下の内容については，筆者のスタッフ会議参加メモ（2005年5月24日，31日，6月7日，14日，21日）に基づく。

7 RAAスタッフ会議参加メモ（2005年5月31日，6月28日）に基づく。

8 以下については，筆者のRAAスタッフ会議参加メモ（2005年6月28日）による。

9 これはNRW州の規定に基づく。同州における移民の子どもの教育を規定する教育法令は，1982年に発令された通達「外国人生徒のための授業」（“Unterricht für ausländische Schülerinnen und Schüler” RdErl.d.Kultusministeriums v. 23. 3. 1982（GABl. NW：S.140））が基礎となり，更新と改訂を繰り返している。この通達では，前期中等教育段階の学校において，組織上，カリキュラム上の条件が許す場合は，ギリシャ語，イタリア語，ポルトガル語，セルボクロアチア語，スペイン語，トルコ語を母語授業で学ぶことが，必修外国語の一つの代替と見なされている。

10 筆者の参与期間中は，自分自身が10歳の時にトルコからドイツに移住し，ドイツで教育を受けた経験を持つ学生がインターンシップを行っていた。

11 筆者もこの2006年12月8日にRAAビーレフェルトの事務所で行われたインタビューに同席した。プロジェクトに対する移民の母親や教師，スタッフのコメントについては，筆者のメモによる。

12 教師の言動について何を正しいと思い，実際にそうでなかったかといった具体的なことについては，この母親は語っていない。しかし，次のようなことが推察される。前期中等教育の進学先について，移民の子どもの適性や能力を十分に検討せずに，一方的に基幹学校への進学を勧め，親は教師がそう言うのであればその選択が正しいのだろうと受け止めることもある。また，移民の子どもを受け入れ

ィであり，かれらも文化的独自性を保持している。とくにザクセン州ではソルブ系の公立学校も設置されている（生田 2004）。

4 アウエルンハイマーは 1990 年に『異文化間教育入門』を出版しており，これは 1995 年に第 2 版，2003 年には大幅に改訂された第 3 版が出されている。クリューガー゠ポトラッツが取り上げる内容は，1990 年の第 1 版に既に記されているが，彼女自身が第 3 版を参照しているので，ここでは 2003 年の第 3 版に基づく。

5 ライプレヒトは，日常的なレイシズムを次のように定義している。「常に極端な，あるいは公然とした方法で現れるのではなく，巧妙で目立たず，隠蔽され，潜在的なものであり得る。その際，必ずしも常に意識的な，あるいは意図したプロセスが問題になるのではなく，結果的に人種主義的な影響を及ぼすような，特定の構造内での振る舞いが問題となる。マジョリティ側は，巧妙で意図しないレイシズムの形は，レイシズムではないとするが，かえって，自明のものとしてそれに応じた区分や実践の形が現れ，根拠のないまま受け入れざるを得ない」（Leiprecht 2003：22-23, Leiprecht 2005：10）。

6 プレンゲルは，1993 年に第 1 版を出版し，第 2 版を 1995 年，第 3 版を 2006 年に出版している。クリューガー゠ポトラッツは 1993 年の第 1 版から引用しているが，筆者がプレンゲルの著書から直接引用した場合に限り，2006 年の第 3 版を参照している。

7 17 のテーゼは次の通りである（Prengel 2006：185-196）。①自尊心と他者の承認，②つながり（Übergänge）：他者と知り合うこと，③差異を持つ人々の間での展開（Entwicklungen zwischen Verschiedenen），④共同：類似の経験を持つ者の間の共通性，⑤内面的な精神の不均質（Innerpsychische Heterogenität），⑥限定性と悲哀の活動（Trauerarbeit）――展開と人生の喜び，⑦プロセス（Prozeßhaftigkeit），⑧定義を持たない，⑨模範イメージを持たない，⑩個人や集団の歴史に対する注意，⑪社会的，経済的条件に対する注意，⑫時代を共にする人々への敬意，⑬開かれた授業の教授法や学習発展状況の報告，⑭境界線，儀式（Rituale）や規則，⑮子どもの貧困，あるいは「機会としての障がい」？，⑯教師の役割における自尊心と他者の承認，⑰制度的な課題としての異質性と平等

8 このような指摘は，アウエルンハイマーがメヒェリルの論考を整理した上で示されたものである（Auernheimer 2002：7）。

9 アウエルンハイマーとラトケは雑誌『教育学（Zeitschrift für Pädagogik）』（1995, 1996）の誌上において，文化論的立場（アウエルンハイマー）と社会論的立場（ラトケ）から異文化間教育についての議論を戦わせている。これらの議論については，ハンブルガー（Hamburger 1999）やメヒェリル（2004）に概要が述べられている。

10 Kompetenzlosigkeitskompetenz を「能力を喪失する能力」と訳出するのは，あまりにも直訳過ぎるかもしれないが，著者があえて皮肉を込めてこのような造語を用いているため，それをそのまま訳出することにした。その意味するところ

5 Richtlinien über die Gewährung von Zuwendungen für Angebote zur Sprachförderung im Elementarbereich, RdErl. d. Ministeriums für Frauen, Jugend, Familie und Gesundheit u. d. Ministeriums für Schule, Wissenschaft und Forschung. 17. 5. 2002.

6 次の3つのコースの設置が示されている。①言語能力の促進が必要な子どもの割合が高い保育所で優先的に行われる10ヵ月コース，②基礎学校に就学する半年前に，必要に応じて6ヵ月間行われるコース，③保育所に通っていない子どもを対象とした6ヵ月コース

7 Ministerium für Generationen, Familie, Frauen und Integration（2008）：Nordrhein-Westfalen：Land der neuen Integrationschancen. 1. Integrationsbericht der Landesregierung.

8 これらの活動を含め，RAAの展開する具体的な活動については，RAA Hauptstelle（Hrsg.）（2005）を参照。

9 ここでは，トルコ人保護者の組織による「親アカデミー（Elternakademie)」やスペイン人保護者の組織による「しっかりとした親の賢い子どもたち（Schlaue Kinder starker Eltern)」といった活動が挙げられている（Ministerium für Generationen, Familie, Frauen und Integration des Landes Nordrhein-Westfalen 2008：47)。

10 このパンフレットには出版年が明確に示されていないが，刊行年は2007年と推察される。というのは，諸都市のRAAで展開される親に対する教育支援の集約を依頼されたジャーナリストが，RAAビーレフェルトで取材を行った際，筆者も調査訪問をしており，インタビューに同席する許可を得た（2006年12月8日)。インタビュー終了後，集約したものが翌年に刊行される旨を確認していたことから，このパンフレットは2007年刊行のものと思われる。それを踏まえると，2006年のアクションプランを受け，2007年にはこうした移民の親に対する教育支援の集約が行われたことから，親ネットワークとRAAの協働が加速したことが窺える。

第3章

1 同化的意味合いの強い当時の外国人教育を鑑み，ニーケは1986年の論考で外国人教育の最初の段階をこのように強く特徴付けているが，それ以降の論考ではこの表現は弱まり，「応急処置としての外国人教育」と称されているだけである（Krüger-Potratz 2005：38)。

2 これについては，多くの異文化間教育研究者が認識していることである。日本においては，立花（2006）が外国人教育学批判を展開した当時のドイツにおける論考を詳細に整理している。

3 デンマーク系マイノリティはデンマークと国境を接するシュレスヴィヒ・ホルシュタイン州（Schleswig-Holstein）に多く，州憲法によって文化的独自性の保護が認められている（小峰2007)。また，ソルブ人はドイツ東部のザクセン州（Sachsen）やブランデンブルク州（Brandenburg）に住むスラブ系マイノリテ

23 促進措置計画の具体的な内容については，この報告書のなかでは言及されていない。

24 これについても，どの州において，母語授業が州文部省による管轄か，あるいは領事館による管轄か，さらに，予算面で協力しながら，州文部省がその責任を負うようになっているのか，という点はこの報告書のなかで具体的に示されていない。

25 この点については，2006 年報告書でも現状の一つとして言及されているが，促進措置の展開が述べられている部分においては，終日制学校のもたらす利点と促進措置を関連づけた言及は見られない。

26 金箱（2010）は，国民統合計画における言語教育に焦点を当て，その概要を整理している。

27 国民統合計画の実現に向けて連邦政府が管轄する 9 つの中心的措置は，①教育による統合，②言語による統合，③職業訓練や職業生活における統合，④学術における統合，⑤女性と少女，⑥現地での統合，⑦文化的統合，⑧スポーツを通した統合，⑨市民の社会参加を通した統合である。これを受けて設置されたワーキンググループが検討している 10 のテーマ領域は以下の通りである。①統合コースの改善，②スタートからのドイツ語能力の促進，③確かな教育と職業訓練を保障し，労働市場でのチャンスを高める，④女性と少女の生活状況を改善し，同等の権利を実現する，⑤地域での統合を支援する，⑥文化と統合，⑦スポーツを通した統合：潜在性を利用し，提供を拡大し，つながりを広げる，⑧メディア：多様性の利用，⑨市民の社会参加や同等の権利を持った参加を通した統合の強化，⑩学問：世界に開かれたものとして。

第 2 章

1 このヴァインハイムで行われたプロジェクトは今日まで継続しており，プロジェクト・ヴァインハイム（Projekte Weinheim）というグループ名で，国籍取得や職業訓練，家族問題，生活設計に関する移民からの相談に応じている。

2 教育政策についての審議を行うために 1965 年に招集された審議委員会で，1975 年に解散するまでに教育政策上の発展に対して様々な見解を示した。

3 Integrationsoffensive Nordrhein-Westfalen.（Drucksache 13/1345）vom 22. 06. 2001.

4 就学前教育の領域における RAA の活動については，本文にて述べるが，職業訓練と就労，行政の領域における RAA への注目については，次のとおりである。まず，職業訓練と就労の領域については，RAA の活動領域に学校から職業への移行が挙げられるとおり，移民青少年が職業訓練の場を得られるように，移民と企業のネットワーキングや移民青少年に対する職業への動機付けを行うプログラムを展開している（Ministerium für Gesundheit, Soziales, Frauen und Familie des Landes NRW 2004：111）。行政の領域については，公的機関における異文化間の開放性（Interkulturelle Öffunung）や異文化間能力の促進に関する研修などが行われている（ibid.：116-117）。

7 Bade, K.-J. (1994)：*Das Manifest der 60. Deutschland und die Einwanderung.* Verlag C. H. Beck. München.

8 新国籍法では，要件の一つである滞在期間の短縮が図られ，8年以上の滞在者に対し，請求権による国籍取得を可能とした。

9 再入国については，外国人労働者の子どもで本国に帰国したものの，適応できなかった16歳以上21歳未満の青少年に対し，ドイツでの再出発を認めるものであり，その他，年金生活者についても対象としている（久保山 2003：141-142）。

10 連邦国家であるドイツは、諸州が教育政策に関する権限を有している。そのため諸州文部大臣が集まり、連邦諸州に共通する課題や教育政策を検討する常設文部大臣会議が設置されている。

11 Beschluß “Unterricht für Kinder von Ausländern”. Beschluß der Kultusministerkonferenz vom 14/15. 05. 1964.（天野編 1997：20，中山 1997：137）

12 Vereinbarung “Unterricht für Kinder ausländischer Arbeitnehmer”. Empfehlungen der Kultusministerkonferenz vom 03. 12. 1971（天野編 1997：20-21）.

13 Neufassung der Vereinbarung “Unterricht für Kinder ausländischer Arbeitnehmer”. Neufassung der Empfehlungen der Kultusministerkonferenz vom 08. 04. 1976（天野編 1997：22-24）.

14 Vorschläge für die Eingliederung ausländischer Kinder und Jugendlichen in das Bildungs- und Ausbildungssystem（天野編 1997：25-28）.

15 Beschluß “Kultur und ausländische Mitbürger”. Empfehlungen der Kultusministerkonferenz vom 29. 11. 1985.

16 Empfehlung “Interkulturelle Erziehung in der Schule”. Beschluß der Kultusministerkonferenz vom 25.10.1996（天野編 1997：417-428）.

17 1996年勧告の全文については，天野編（1997）に日本語訳が収められている。

18 Empfehlung “Interkulturelle Erziehung in der Schule”. Beschluß der Kultusministerkonferenz vom 25.10.1996. 2.Ziele より訳出。その際，天野（1997：420-422）を参照した。

19 Sekretariat der ständigen Konferenz der Kultusminister der Länder in der Bundesrepublik Deutschland (2002)：Bericht “Zuwanderung” (Beschluss der Kultusministerkonferenz vom 24.05.2002)

20 ドイツにおいて社会教育士は社会福祉専門職の一つで，課外における青少年の自立的活動の支援を中心に青少年援助に携わる。ソーシャルワーカーも同様に社会福祉領域で活動を行うが，社会教育士はより教育的視点を重視した支援に取り組む。

21 Sekreteriat der städigen Konferenz der Kultusminister der Länder in der Bundesrepublik Deutschland（2006）：Bericht “Zuwanderung”（Beschluss der Kultusministerkonferenz vom 24. 05. 2002 i.d. F vom 16. 11. 2006）

22 Konsortium Bildungsberichterstattung（2006）：Bildung in Deutschland. W. Bertelsmann Verlag. Bielefeld.

を得た。

8 RAAがドイツの異文化間教育研究者によって研究対象として扱われてこなかったことについて，ホルツブレッヒャー（Holzbrecher 2004）も著者の知る限りにおいて，実証的研究がなされていないということを指摘している（ibid.：135）。さらに，彼は学校開放の議論の文脈ではあるが，「学校開放の実践と学校内外における共同体指向であり，かつ異文化間の教育活動がどのような方法をもって結びつけられるのか示されれば，感銘を与えるものとなるだろう」（Holzbecher 2004：135）と述べている。また，RAAが研究対象として取り上げられないことについて，筆者はニーケにメールにより問い合わせた（2006年10月31日）。ニーケの返答は，「研究者によるRAAの成果に関する評価研究は行われていない。というのは，ドイツの教育学研究はアメリカと異なり，教育的行為や教育機関の成果はそうたやすく現れるものではないというところから出発し，アンケートなどの調査研究の妥当性をそれほど信用していないためだ」というものであった（2006年10月31日）。しかしながら，近年，活動の在り方に関する検証は，研究者とRAAが協働して行ったものも見られるようになっている（Schwaiger & Neumann 2010）。

第1章

1 近藤が「外来民」という用語を使用しているのは，以下の理由による。戦後ドイツには外国人労働者流入以前に，敗戦によって東部ドイツ領から逃れてきた避難民や非追放民などが存在する点や，90年代以降増加した難民や依然として東欧諸国から「帰国」する後期帰還移住者（Spätaussiedler）と呼ばれる人々も含んで，統一ドイツの外国人問題を整理したためである。

2 杉町も「統合」概念に関しては，フランスにおける「統合」問題を扱った梶田孝道の見解に依拠しながら，ドイツの文脈における統合概念の検討を行っている（杉町 1999：18）。

3 Kühn, H.（1979）: Stand und Weiterentwicklung der Integration der ausländischen Arbeitsnehmer und ihrer Familien in der Bundesrepblik Deutschland -Memorandum des Beauftragte der Bundesregierung-.

4 1991年施行の改正外国人法と改正議論の過程で野党が提出した草案について，詳細は広渡（1992）を参照のこと。国籍取得要件については，15年以上の滞在者とドイツで6年以上教育を受けた16歳以上23歳未満の青少年を対象にした請求権による国籍取得の制度が取り入れられた。

5 募集停止例外令によって，就労が認められた請負契約労働者や季節労働者に関しては，近藤（2002：81-83）を参照のこと。また，久保山（2003：151-155）も詳しい。

6 近藤（2002）によれば，キューンの後任としてオンブズマンに着任したフンケ（Funcke）が1991年にコール政権に対する抗議のため辞任した際に，彼女のブレーンだった専門家が提言を公表したのに出発し，移民構想に関する出版物（1992）や雑誌の移民法特集（1993）などがなされた（ibid.：78-79）。

注

序章

1　「移民としての背景を持つ人々」として，「1949年以降に現在のドイツ連邦共和国の地域に移住した者，ドイツ生まれの外国人，少なくとも両親のいずれかが移住者，あるいはドイツ生まれの外国人である家庭に生まれたドイツ生まれのドイツ人」と定義されている（Statistisches Bundesamt 2011：6）。

2　アウスジードラー（Aussiedler）と呼ばれる帰還移住者が生まれた背景には，第二次世界大戦のナチス・ドイツの東方拡大の歴史が関係する。ナチス・ドイツは東欧諸国に領土拡大したため，そこに暮らすドイツ人も多く存在していたが，第二次世界大戦にドイツが敗戦した後，ドイツ人はその土地を追われることになった。ただし，ドイツに帰国できず，そのまま暮らし続ける人もいた。しかし，冷戦体制崩壊後，よりよい機会を求めて，ドイツに「帰還」する人々が増加した。かれらは法的には「ドイツ人」と認められるものの，ドイツ語を解さないことから，移民と同様ドイツ社会への統合に課題を抱えている。

3　増谷（2009）は，ドイツにおける移民受け入れ政策の実践主体は，各州や市町村などの「地域」に他ならないとし，「地域」から受け入れの実践を考える必要があると指摘している。これは，政策のみを捉えるのでは不十分であり，実践に目を向ける必要性を提起する筆者の意見と共通するものと言える。

4　一般に，昼間保育施設と訳される「Kindertagesstätte」は，3歳未満の子どもの保育，3歳から就学前の幼稚園年齢の子どもの保育・教育，及び学童保育の機能を包括しているが，すべての機能を備えなくても同様の施設名称が使われる。それゆえ，ドイツでは保育と教育が混在した形で就学前施設が存在しているといえる。

5　筆者が集中的にビーレフェルト市のRAAの調査を行っていた2006年までは，初等教育と前期中等教育における教育支援が活動の中心であった。その後，責任者の交代により，さらに活動を広げている。

6　このような危惧は，「ホスト社会と移民社会がどこまでも交わることのない『平行社会』の形成」という問題に現れている（近藤 2007：24）。さらに，近藤はドイツ社会における平行社会の形成に警鐘を鳴らす研究がある一方で，トルコ系移民の社会的ネットワークが家族に集中するものであるが，実際にはトルコ系移民の自立的な社会は形成されてはいないと平行社会論を批判する研究があることを指摘している（ibid.：24-25）。

7　これについては本論で言及することはないが，就学前の言語教育プログラムの総括責任者へのインタビュー（2006年12月18日）や就学前の言語教育プログラムに参加する親や支援者が一堂に会した会議（2006年12月13日，14日，於デュッセルドルフ）への参加から，本研究で取り上げる事例に関連し，多くの示唆

Migration und Bürgerbewusstsein. Perspektiven Politischer Bildung in Europa. VS Verlag für Sozialwissenschaften. Wiesbaden. S. 42-49.

【参考 URL】

RAA ビーレフェルト（RAA Bielefeld） http://www.raa-bielefeld.de/（現在アクセス不可）

現在：地域統合センター・ビーレフェルト（Kommunales Integrationszentrum Bielefeld）
http://www.ki-bielefeld.de/2-Willkommen

RAA 本部（Hauptstelle RAA）http://www.raa.de/（現在アクセス不可）

現在：地域統合センター州コーディネーター事務所（Kommunale Integrationszentren Landesweite Koordinierungsstelle）
http://www.kommunale-integrationszentren-nrw.de/

常設文部大臣会議（Kultusministerkonferenz）
http://www.kmk.org/home.html

NRW 州統合能力センター（Kompetenzzentrum für Integration）
http://www.kfi.nrw.de/

NRW 州統合委員会（Landesintegrationsrat NRW）
http://www.integration.nrw.de/

NRW 州労働・統合・社会省（Ministerium für Arbeit, Integration und Soziales des Nordrhein-Westfalen）
http://www.integration.nrw.de/

BLK プログラム「Förmig」（BLK-Programm Förderung von Kindern und Jugendlichen mit Migrationshintergrund）
https://www.foermig.uni-hamburg.de/

ドイツ連邦統計局（Statistisches Bundesamt, Destatis）
https://www.destatis.de/DE/Startseite.html

2002_05_24-Zuwanderung.pdf（Final accessed 31.07.2016）
Sekretariat der ständigen Konferenz der Kultusminister der Länder in der Bundesrepublik Deutschland（2007）：Integration als Chance-gemeinsam für mehr Chancengerechtigkeit. Gemeinsame Erklärung der Kultusministerkonferenz und der Organisationen von Menschen mit Migrationshintergrund.（Beschluss der Kultusministerkonferenz vom 13.12.2007） https://www.kmk.org/fileadmin/Dateien/veroeffentlichungen_beschluesse/2007/2007_12_13-Integration.pdf（Final accessed 31.07.2016）
Statistisches Bundesamt（2006）：*Leben in Deutschland. Haushalte, Familien und Gesundheit- Erbebnisse des Mikrozensus 2005*. Statistisches Bundesamt, Wiesbaden. https://www.destatis.de/DE/PresseService/Presse/Pressekonferenzen/2006/Mikrozensus/Mikrozensus_06.html（Final accessed 31.07.2016）
Statistisches Bundesamt（2011）：*Bevölkerung und Erwerbstätigkeit. Bevölkerung mit Migrationshintergrund–Ergebnisse des Mikrozensus 2010*. Statistisches Bundesamt, Wiesbaden. https://www.destatis.de/DE/Publikationen/Thematisch/Bevoelkerung/MigrationIntegration/Migrationshintergrund2010220107004.pdf?_blob=publicationFile（Final accessed 31.07.2016）
Statistisches Bundesamt（2013）：*Bevölkerung und Erwerbstätigkeit. Ausländische Bevölkerung Ergebnisse des Ausländerzentralregisters 2012*. Statistisches Bundesamt, Wiesbaden. https://www.destatis.de/DE/Publikationen/Thematisch/Bevoelkerung/AlteAusgaben/AuslaendBevoelkerungAlt.html（Final accessed 31.07.2016）
Statistisches Bundesamt（2015）：*Bevölkerung und Erwerbstätigkeit. Bevölkerung mit Migrationshintergrund -Ergebinisse des Mikrozensus-2014*. Statistisches Bundesamt, Wiesbaden. https://www.destatis.de/DE/Publikationen/Thematisch/Bevoelkerung/MigrationIntegration/Migrationshintergrund.html（Final accessed 31.07.2016）
Statistisches Bundesamt（2016）：*Bevölkerung und Erwerbstätigkeit. Ausländische Bevölkerung Ergebnisse des Ausländerzentralregisters 2015*. Statistisches Bundesamt, Wiesbaden. https://www.destatis.de/DE/Publikationen/Thematisch/Bevoelkerung/MigrationIntegration/AuslaendBevoelkerung.html（Final accessed 31.07.2016）
Stender, W./Rohde, G./Weber, T.（Hrsg.）（2003）：*Interkulturelle und antirassistische Bildungsarbeit. Projekterfahrungen und theoretische Beiträge*. Brandes & Apsel. Frankfurt am Main.
Tölle, R.（1995）：Interkulturelle Erziehung in Schule und Schulumfeld. In: Forschungsinstitut der Friedrich-Ebert-Stiftung（Hrsg.）：*Die dritte Generation: Integriert, angepaßt oder ausgegrenzt?* Friedrich-Ebert-Stiftung. Bonn.
Vogel, D.（2008）：Migration und aktive Bürgerschaft. In.: Lange, D.（Hrsg.）：

Projektbeirat (2004): *Das SPRACHschatzPROJEKT. Ein Sprachförderprojekt für Migrantenkinder im Vorschulalter der "Bielefelder Bürgerstiftung"*. 3. Dokumentation vorgelegt vom Projektbeirat. Bielefeld.

RAA (Hrsg.) (1995): *Es gibt nichts Gutes, außer man tut es. Handbuch zu interkulturellen Projekten in den neuen Bundesländern*. Berlin.

RAA Bielefeld (2000): *Arbeitsbericht 1999/2000*. RAA Bielefeld.

RAA Bielefeld (2005): *Arbeitsbericht 2005*. RAA Bielefeld.

Radtke, F.-O. (1995): Interkulturelle Erziehung. Über die Gefahren eines pädagogisch halbierten Anti-Rassismus. In.: *Zeitschrift für Pädagogik*. 41. Heft 6. Beltz Verlag. Weinheim. S. 853-864.

Roth, H.-J. (2002): *Kultur und Kommunikation. Systematische und theoriegeschichtliche Umrisse Interkultureller Pädagogik*. Opladen.

Ruskeppeleit, J. & Krüger-Potratz, M. (1999): *Bildungspolitik und Migration. Texte und Dokumente zur Beschulung ausländischer und ausgesiedelter Kinder und Jugendlicher, 1950 bis 1999*. Interkulturelle Studien 32. Münster.

Scherr, A. & Hormel, U. (2004): *Bildung für die Einwanderungsgesellschaft*. VS Verlag für Sozialwissenschaft. Wiesbaden.

Schlösser, E. (2001): *Wir verstehen uns gut*. Ökotopia Verlag. Münster.

Schlösser, E. (2004): *Zusammenarbeit mit Eltern–interkulturell*. Ökotopia Verlag. Münster.

Schreiner, M (o. J. [1992]): Bildung und Erziehung von ausländischen Kindern. Die Entwicklung der Ausländerpädagogik in der Bundesrepublik. In.: Bayerischer Lehrer- und Lehrerinnenverband (BLLV) (Hrsg.): *Ausländerkinder in unseren Schulen unerwünscht. Impulse für den Interkulturellen Unterricht. München*. S. 77-86.

Schulamt für die Stadt Bielefeld (2004): *Verfahrernsregelung zur schulischen Eingliederung ausgesiedelter und ausländischer Kinder und Jugendlicher in Bielefeld (aktualisierte Neufassung)*. Schulamt für die Stadt Bielefeld.

Schwaiger, M. & Neumann, U. (2010): *Regionale Bildungsgemeinschaften. Gutachten zur interkulturellen Elternbeteiligung der RAA*. Universität Hamburg. Fakultät für Erziehungswissenschaft, Psychologie und Bewegungswissenschaft. Institut für International und Interkulturell Vergleichende Erziehungswissenschaft. Hamburg.

Sekretariat der ständigen Konferenz der Kultusminister der Länder in der Bundesrepublik Deutschland (2002): *Bericht "Zuwanderung"* (Beschluss der Kultusministerkonferenz vom 24.05.2002)

Sekretariat der ständigen Konferenz der Kultusminister der Länder in der Bundesrepublik Deutschland (2006): *Bericht "Zuwanderung"* (Beschluss der Kultusministerkonferenz vom 24.05.2002 i.d.F. vom 16.11.2006) http://www.kmk.org/fileadmin/Dateien/veroeffentlichungen_beschluesse/2002/

Lutz, H. & Leiprecht, R. (2003) : Heterogenität als Normalfall. Eine Herausforderung für die Lehrerbildung. In : Gogolin, I./Helmchen, J./Lutz, H./Schmidt, G. (Hrsg.) (2003) : *Pluralismus unausweichlich? Blickwechsel zwischen Vergleichender und Interkultureller Pädagogik.* Waxmann. Münster/New York/München/Berlin. S. 115-127.

Marburger, H. (1991) : Von der Ausländerpädagogik zur Interkulturellen Erziehung. In : Marburger, H. (Hrsg.) : *Schule in der multikulturellen Gesellschaft.* Frankfurt.

Matthes, J. (1999) : Interkulturelle Kompetenz. Ein Konzept, sein Kontext und sein Potenzial. In.: *Deutsche Zeitschrift für Philosophie.* 47. Heft 3. S. 411-426.

Mecheril, P. (2002) : "Kompetenzlosigkeitskompetenz". Pädagogisches Handeln unter Einwanderungsbedingungen. In.: Auernheimer, G. (Hrsg.) (2002) : *Interkulturelle Kompetenz und pädagogische Professionalität.* Leske+Budrich, Opladen. S. 15-34.

Mecheril, P. (2004) : *Einführung in die Migrationspädagogik.* Beltz Verlag, Weinheim und Basel.

Ministerium für Gesundheit, Soziales, Frauen und Familie des Landes NRW (2004) : *Zuwanderung und Integration in Nordrhein-Westfalen.* 3. Bericht der Landesregierung. Ritterbach Medien GmbH, Frechen.

Ministerium für Generationen, Familien und Integration des Landes NRW (2007) : Erfolgreich in Nordrhein-Westfalen, Zugewanderte-potenziale für die Wirtschaft. WAZ Druck. Duisburg-Neumühl.

Ministerium für Generationen, Familien und Integration des Landes NRW (2008) : *Nordrhein-Westfalen: Land der neuen Integrationschancen.* 1. Integrationsbericht der Lnadesregierung. Matthiesen Druck, Bielefeld.

Nieke, W. (2000) : *Interkulturelle Erziehung und Bildung. Wertorientierungen im Alltag.* 2. Auflage. Opladen.

Özdemir, C. (2004) : *Integration Stiften! Was leisten Stiftungen in Deutschland, um Kinder und Jugendliche mit Migrationshintergrund in das Bildungssystem zu integrieren?* Erstellt im Auftrag der Körber-Stiftung an der Humboldt-Variadrina School of Governance (i.Gr.)

Petry, C. (1989) : Kulturelle Minderheiten und Community Education. Was hat das miteinander zu tun? In: RAA (Hrsg.) : *Gemeinsam. Ausländer und Deutsche in Schule, Nachbarschaft und Arbeitswelt.* Heft 14. S. 12-13.

Prengel, A. (2006) : *Pädagogik der Vielfalt.* 3. Auflage. VS Verlag für Sozialwissenschaft. Wiesbaden.

Presse- und Informationsamt der Bundesregierung und Die Beauftragte der Budesregierung für Migration, Flüchtlinge und Integration (2007) : *Der nationale Integrationsplan. Neue Wege-Neue Chancen.* Koelblin-Fortuna-Druck, Baden-Baden.

prinzip elementarpädagogischer Arbeit in der Zuwanderungsgesellschaft. In: Karakaşoğlu, Y. & Lüddecke, J. (Hrsg.) : *Migrationsforschung und Interkulturelle Pädagogik: Aktuelle Entwicklungen in Theorie, Empirie und Praxis.*Waxmann. Münster/New York/München/Berlin. S. 192-203.

Karakaşoğlu, Y. & Lüddecke, J. (Hrsg.) (2004) : *Migrationsforschung und Interkulturelle Pädagogik: Aktuelle Entwicklungen in Theorie, Empirie und Praxis.* Waxmann. Münster/New York/München/Berlin.

Konsortium Bildungsberichterstattung (2006) : *Bildung in Deutschland.* W. Bertelsmann Verlag. Gütersloh.

Krüger, A. (1989) : Comed e. V. In: RAA (Hrsg.) : *Gemeinsam. Ausländer und Deutsche in Schule, Nachbarschaft und Arbeitswelt.* Heft 14. S. 52-53.

Krüger-Potratz, M. (2005) : *Interkulturelle Bildung. Eine Einführung.* Waxmann. Münster/New York/München/Berlin.

Kühn, H. (1979) : *Stand und Weiterentwicklung der Integration der ausländischen Arbeitsnehmer und ihrer Familien in der Bundesrepblik Deutschland*-Memorandum des Beauftragten der Bundesregierung-.

Landeszentrum für Zuwanderung NRW (2003) : *Netzwerk Interkulturelle Erziehung im Elementarbereich.* Zweiter Zwischenbericht.

Lang, S. & Leiprecht, R. (2000) : Sinnvolles und Problematisches in der antirassistischen Bildungsarbeit. Eine kritische Betrachtung des Blue-Eyed/Brown-Eyed-Trainings (Jane Elliott). In.: *Neue Praxis.* 30. S. 449-471.

Lange, D. (Hrsg.) (2008) : *Migration und Bürgerbewusstsein. Perspektiven Politischer Bildung in Europa.* VS Verlag für Sozialwissenschaften. Wiesbaden.

Leenen, W.-R./Groß, A./Grosch, H. (2002) : Interkulturelle Kompetenz in der Sozialen Arbeit. In: Auernheimer, G. (Hrsg.) (2002) : *Interkulturelle Kompetenz und pädagogische Professionalität.* Leske+Budrich, Opladen. S.81-102.

Leiprecht, R. (2001) : *Alltagsrassismus: Eine Untersuchung bei Jugendlichen in Deutschland und den Niederlanden.* Waxmann. Münster/New York/München/Berlin.

Leiprecht, R. (2003) : Antirassistischer Ansätze in (sozial-) pädagogischen Arbeitsfeldern: Fallstricke, Möglichkeiten und Herausforderungen. In : Stender, W./Rohde, G./Weber, T. (Hrsg.) (2003) : *Interkulturelle und antirassistische Bildungsarbeit. Projekterfahrungen und theoretische Beiträge.* Brandes & Apsel. Frankfurt am Mein. 21-41.

Leiprecht, R. (2005) : *Rassismen (nicht nur) bei Jugendlichen. Beiträge zu Rassismusforschung und Rassismusprävention.* Universität Oldenburg: Arbeitspapiere des IBKM.

Leiprecht, R. & Kerber, A. (2005) : *Schule in der Einwanderungsgesellschaft.* Wochenschau Verlag. Schwalbach/Ts.

Luchtenberg, S. (Ed.) (2004) : *Migration, Education and Change.* Routledge.

Gomolla, M. (2009) : Elternbeteiligung in der Schule. In: Fürsternau, S. & Gomolla, M. (Hrsg.) : *Migration und schulischer Wandel: Elternbeteiligung*. VS Verlag für Sozialwissenschaften. Wiesbaden. S. 21-49.

Gomolla, M. & Radtke, F.-O. (2009) : *Institutionelle Diskriminierung*. 3. Auflage. VS Verlag für Sozialwissenschaft. Wiesbaden.

Hamburger, F./Badawia, T./Hummrich, M. (Hrsg.) (2005) : *Migration und Bildung*. VS Verlag für Sozialwissenschaft. Wiesbaden.

Hauptstelle RAA (Hrsg.) (2005) : *25 Jahre interkulturelle Kompetenz. Konzepte, Praxsis, Perspektiven*. Essen.

Hinrichs, B. (2004) : Förderunterricht für Schülerinnen und Schüler nicht deutscher Herkunftssprache an der Universität. In: *Förderung von Migrantinnen und Migranten in der Sekundarstufe I*. Fachtagung am 3. Dezember 2003 in Berlin. Berlin und Bonn.

Hinz-Rommel, W. (1994) : *Interkulturelle Kompetenz. Ein neues Anforderungsprofil für die soziale Arbeit*. Münster/New York.

Hofmann, K.-T. (1992a) : Schulen brauchen Partner. In: RAA (Hrsg.) : *Gemeinsam. Ausländer und Deutsche in Schule, Nachbarschaft und Arbeitswelt*. Heft 14. S. 4-5.

Hofmann, K.-T. (1992b) : Community Education in der Multikulturellen Gesellschaft. Eine notewendige Erweiterung des Konzeptes Interkulturelle Erziehung als Beitrag der RAA. In: Kalb, P.-E./Petry, C./Sitte, K. (Hrsg.): *Leben und Lernen in der multikulturellen Gesellschaft*. Weinheim. S.24-40.

Hofmann, K.-T. *et al.* (1993) : *Schulöffnung und interkulturelle Erziehung : wie regionale Arbeitsstellen Familie, Schule und Nachbarschaft helfen können*. Beltz Verlag. Weinheim.

Holzbrecher, A. (2004) : *Interkulturelle Pädagogik*. Cornelsen Verlag. Berlin.

Huth, S. (2011) : Selbstorganisation und bürgerschaftliches Engagement. In: Fischer, V. & Springer, M. (Hrsg.) : *Handbuch Migration und Familie*. Wochenschau Verlag. Schwalbach/Ts. S. 208-216.

Interkulturelles Büro (2001) : *Arbeitsbericht 2000/2001*. Interkulturelles Büro in Bielefeld

Johann, E./ Michely, H./ Springer, M. (1998) : *Interkulturelle Pädagogik: Methodenhandbuch für sozialpädagogische Berufe*. Cornelsen Verlag. Berlin.

John, G. (1990) : Antirassistische Erziehung und ihre Schranken. In.: *Rassismus und Migration in Europa*. Beiträge des Kongresses "Migration und Rassismus in Europa". Hamburg, 20.-30. September 1990. Berlin, Argument Sonderband 201, S. 244-250.

Kalb, P.-E./Petry, C./Sitte, K. (Hrsg.) (1992) : *Leben und Lernen in der multikulturellen Gesellschaft*. Weinheim.

Karakaşoğlu, Y. & Kordfelder, A. (2004) : Interkulturelle Erziehung als Grund-

(2016) : *Einwanderungsland Deutschland. Die Fakten im Überblick.* Berlin. https://www.bundesregierung.de/Content/Infomaterial/BPA/IB/Einwanderungsland% 20Deutschland.html (Final accessed 31.07.2016)

Beirat des Projekts (2001) : *Hinführung von Vorschulkindern türkischer Herkunft zur Zweisprachigkeit.* Eine Dokmentation. Bielefeld.

Beirat des Projekts (2002) : *Hinführung von Vorschulkindern türkischer Herkunft zur Zweisprachigkeit.* Fortsetzung der Dokmentation vom November 2001. Bielefend.

Bibouche, S. (Hrsg.) (2006) : *Interkulturelle Integration in der Kinder- und Jugendarbeit. Orientierungen für die Praxsis.* Juventa Verlag. Weinheim.

Boos-Nünning, U. (2004) : Erziehung in der multikulturellen Gesellschaft-nicht gegen die Eltern mit Migrationshintergrund. In: Roth, F./Sorg, U./Willenborg, K.-H. (Hrsg.) : *Erfolg in Schule und Beruf.* Die pädagogischen Ressourcen von Migrantenfamilien. Dokumentation der Tagung mit der Arbeitsgemeinschaft Kooperation im Ausländerbereich (AKIA) in der Akademie für Politische Bildung Tutzing, 28.-30. Juni 2004. S. 20-24.

Bund-Länder-Kommission für Bildungsplanung und Forschungsförderung. (o.J.) : BLK-Programm. Förderung von Kinder und Jugendlichen mit Migrationshintergrund FÖRMIG. http://www.blk-foermig.uni-hamburg.de/cosmea/core/corebase/mediabase/foermig/pdf/FoerMig_Programmueberblick.pdf (Final accessed 26.10.2015)

Diehm, I. & Radtke, F.-O. (1999) : *Erziehung und Migration. Eine Einführung.* Kohlhammer. Stuttgart/Berlin/Köln.

Fischer, V. & Springer, M. (Hrsg.) (2011) : *Handbuch Migration und Familie.* Wochenschau Verlag. Schwalbach/Ts.

Fischer, V./Springer, M./Zachraki, I. (Hrsg.) (2005) : *Interkulturelle Kompetenz. Fortbildung- Transfer- Organisationsentwicklung.* Wochenschau Verlag. Schwalbach/Ts.

Freudenberg Stiftung (2004) : *20 Jahre Freudenberg Stiftung 1984-2004.* Freudenberg Stiftung.

Fürstenau, S. & Gomolla, M. (Hrsg.) (2009) : *Migration und schulischer Wandel: Elternbeteiligung. Lehrbuch.* VS Verlag für Sozialwissenschaft. Wiesbaden.

Gogolin, I./Helmchen, J./Lutz, H./Schmidt, G. (Hrsg.) (2003) : *Pluralismus unausweichlich? Blickwechsel zwischen Vergleichender und Interkultureller Pädagogik.* Waxmann. Münster/New York/München/Berlin.

Gogolin, I. & Krüger-Potratz, M. (2006) : *Einführung in die Interkulturelle Pädagogik.* Verlag Babara Budrich.

Gogolin, I./Neumann, U./Reuter, L. (Hrsg.) (2001) : *Schulbildung für Kinder aus Minderheiten in Deutschland 1989-1999. Schulrecht, Schulorganisation, curriculare Fragen, sprachliche Bildung.* Waxmann. Münster/New York/München/Berlin.

成果報告書
http://www.flae.h.kyoto-u.ac.jp/~nishiyama/IwateKaken2008/17_doitsu_Ibunka_05.pdf（最終アクセス 2015 年 10 月 26 日）
箕浦康子編（1999）『フィールドワークの技法と実際――マイクロ・エスノグラフィー入門――』ミネルヴァ書房
箕浦康子編（2009）『フィールドワークの技法と実際Ⅱ――分析・解釈編――』ミネルヴァ書房
宮島喬（1999）『文化と不平等』有斐閣
宮島喬（1997）『ヨーロッパ社会の試練』東京大学出版会
宮島喬（1998）『現代ヨーロッパ社会論』人文書院
宮島喬・梶田孝道編（2002）『国際社会④　マイノリティと社会構造』東京大学出版会
矢野久，アンゼルム・ファウスト編（2001）『ドイツ社会史』有斐閣コンパクト
結城忠（1992）「ドイツにおける外国人労働者子弟の教育」『外国人労働者子弟の教育に関する基礎的研究――先進工業国における事例を中心として――』文部省科学研究費補助金（一般研究 B）研究成果報告書（代表：渡辺良），1-39 頁
吉谷武志（2001）「ヨーロッパにおける異文化間トレランスの追究――多文化社会状況への対応」『異文化間教育』15 号，異文化間教育学会編，14-30 頁
吉谷武志・伊藤亜希子（2010）「多文化地域・学校を支える地域住民の関わり――新たなコミュニティ・モデルの創出に向けて――」『国際教育評論』7 号，東京学芸大学国際教育センター，67-79 頁
ジーン・レイヴ，エティエンヌ・ウェンガー（佐伯胖訳）（1993）『状況に埋め込まれた学習――正統的周辺参加』産業図書

【欧語文献】
Auernheimer, G.（1990）：*Einführung in die Interkulturelle Erziehung*. Wissenschaftliche Buchgesellschaft. Darmstadt.
Auernheimer, G.（1996）：“Interkulturelle Erziehung”. Eine Replik auf die Thesen von F.-O. Radtke. In.: *Zeitschrift für Pädagogik*. 42. Heft.3. Beltz Verlag. Weinheim. S. 425-430.
Auernheimer, G.（Hrsg.）（2002）：*Interkulturelle Kompetenz und pädagogische Professionalität.* Leske+Budrich, Opladen.
Auernheimer, G.（2003）：*Einführung in die Interkulturelle Pädagogik*. 3., neu bearb. u. erweiterte Auflage. Wissenschaftliche Buchgesellschaft. Darmstadt.
Bade, K.-J.（1994）：*Das Manifest der 60. Deutschland und die Einwanderung*. Verlag C. H. Beck. München.
Beauftragte der Bundesregierung für Migration, Flüchtlinge und Integration.（2005）：*Bericht der Beauftragte der Bundesregierung für Migration, Flüchtlinge und Integration über die Lage der Ausländerinnen und Ausländer in Deutschland*. Berlin.
Beauftragte der Bundesregierung für Migration, Flüchtlinge und Integration.

化4　開発と民族問題』岩波書店，153-168頁
内藤正典（2004）『ヨーロッパとイスラーム――共生は可能か――』岩波書店
中山あおい（1997）「ドイツにおける異文化間教育――外国人教育から異文化間教育へ」『教育学研究集録』第21集，筑波大学，135-144頁
中山あおい（1998）「ドイツにおける異文化間教育――マイノリティの子どもたちの観点から――」筑波大学比較・国際教育学研究室編『比較・国際教育』第6号，63-78頁
中山あおい（1999a）「ドイツの多文化社会における学校と地域の連携――ノルトライン・ヴェストファーレン州の事例を中心に――」『海外子女教育センター研究紀要』第10集，東京学芸大学海外帰国子女教育センター，17-27頁
中山あおい（1999b）「ドイツにおける異文化間教育と言語教育政策――外国人生徒の出身言語を教授する意義について――」『異文化間教育』13号，異文化間教育学会，104-119頁
中山あおい（2000）「ドイツにおける文化的・言語的多様性のための教育」，日本比較教育学会編『比較教育学研究』第26号，130-147頁
中山あおい（2008）「ドイツの移民児童・生徒に対する支援団体のネットワークと連携」『異文化間教育』28号，21-31頁
野中恵子（1993）『ドイツのなかのトルコ』柘植書房
原裕視（2001）「異文化間トレランス」『異文化間教育』15号，異文化間教育学会編，4-13頁
春原憲一郎編（2009）『移動労働者とその家族のための言語政策――生活者のための日本語教育』ひつじ書房
広井良典（2009）『コミュニティを問いなおす――つながり・とし・日本社会の未来』筑摩書房
広渡清吾（1992）「外国人受け入れの法的論理」伊豫谷登士翁・梶田孝道編著『外国人労働者論――現状から理論へ――』弘文堂，63-97頁
広渡清吾（1996）『統一ドイツの法変動』有信堂
松岡洋子（2007a）「移住助成に対する言語習得支援の内容――韓国・ドイツにおけるケーススタディー」『異文化間教育学会第28回大会発表抄録』130-131頁
松岡洋子（2007b）『移住者と受入住民の多文化的統合を視座とした共通言語教育』，平成16年度～平成19年度科研費基盤研究（B）（1）研究成果報告書
http://www.flae.h.kyoto-u.ac.jp/～nishiyama/IwateKaken2008/index.html（最終アクセス2015年10月26日）
松岡洋子・足立祐子（2004）「ドイツの多文化共生プログラムの実際」『異文化間教育学会第25回大会発表抄録』67-68頁
松岡洋子・足立祐子（2005）「外国人移住者統合プログラムの特徴――ドイツの事例を中心に――」『異文化間教育学会 第26回大会発表抄録』98-99頁
松岡洋子・足立祐子（2007）「外国人移住者統合プログラムの特徴――ドイツの事例を中心に――」松岡洋子（2007b）『移住者と受入住民の多文化的統合を視座とした共通言語教育』，平成16年度～平成19年度科研費基盤研究（B）（1）研究

齋藤裕子（2007）「ドイツの移民テストと主導文化――多文化主義からの離脱――」『関西大学人権問題研究室紀要』55号，1-17頁
佐藤郁哉（2002）『フィールドワークの技法』新曜社
佐藤郁哉（2006）『フィールドワーク　増訂版』新曜社
佐藤郡衛（2003）『改訂新版　国際化と教育――異文化間教育学の視点から――』放送大学教育振興会
佐藤郡衛（2007）「異文化間教育学の固有性をめぐる試論」小島勝『異文化間教育に関する横断的研究――共通のパラダイムを求めて――』平成16年度～18年度科学研究費補助金基盤研究B（1）研究成果報告書，43-54頁
佐藤郡衛（2008）「異文化間教育学から見たニューカマー支援と連携――関係性に注目して――」『異文化間教育』28号，異文化間教育学会，44-51頁
佐藤郡衛・吉谷武志編（2005）『ひとを分けるもの つなぐもの――異文化間教育からの挑戦――』ナカニシヤ出版
佐藤郡衛・横田雅弘・吉谷武志（2006）「異文化間教育学における実践性――『現場生成型研究』の可能性――」『異文化間教育』23号，異文化間教育学会，20-36頁
庄司博史編（2009）『移民とともに変わる地域と国家』国立民族学博物館
杉町真由美（1999）「戦後西ドイツにおける外国人労働者政策の推移――『労働力』から『移民』へ――」『人間文化学研究集録』第9号，大阪府立大学大学院，15-27頁
杉町真由美（2002）「ドイツにおける外国人労働者の定着をめぐる論争」『経済学雑誌』103（3），大阪市立大学，102-115頁
高田一宏編（2007）『コミュニティ教育学への招待』部落解放人権研究所
高橋満（2009）『NPOの公共性と生涯学習のガバナンス』東信堂
立花有希（2006）「ドイツにおける外国人教育理論の転換点――外国人教育学批判に注目して――」『異文化間教育』23号，異文化間教育学会，95-108頁
立花有希（2010）「ドイツにおける移民児童生徒に対する言語教育の展開――ヘッセン州の言語教育政策史を中心とする考察――」（早稲田大学大学院教育学研究科博士学位申請論文）http://hdl.handle.net/2065/36431（最終アクセス2015年10月26日）
手塚和彰（1990）『労働力移動の時代――「ヒト」の開国の条件』中公新書
ジェラード・デランディ著，山之内靖・伊藤茂訳（2006）『コミュニティ――グローバル化と社会理論の変容』NTT出版
内藤正典編（1991）『ドイツ再統一とトルコ人移民労働者』明石書店
内藤正典編（1995）『トルコ人のヨーロッパ――共生と排斥の多民族社会――』明石書店
内藤正典編（1996a）『もう一つのヨーロッパ――多文化共生の舞台――』古今書院
内藤正典（1996b）『アッラーのヨーロッパ――移民とイスラム復興――』東京大学出版会
内藤正典（1998）「トルコ人移民のまなざし」川田順造ほか編『岩波講座　開発と文

ドイツの保育施設における事例から――」『異文化間教育』30号，異文化間教育学会，78-90頁
伊藤亜希子（2013）「ドイツにおける参加を通じた移民の統合」近藤孝弘編『統合ヨーロッパの市民性教育』名古屋大学出版会，216-230頁
伊藤亜希子（2015）『多文化社会ドイツにおける排除と共生の葛藤に学ぶ教育に関する研究』平成24年度 - 平成26年度科研費若手研究（B）研究成果報告書
上藤文湖（2006）「ベルリンにおける外国人政策と〈多文化社会〉論争――〈多文化〉を巡る社会変容の分析に向けて――」『社会学評論』57（2），日本社会学会，369-384頁
江淵一公編（1997）『異文化間教育研究入門』玉川大学出版部
梶田孝道（1993a）『統合と分裂のヨーロッパ』岩波新書
梶田孝道（1993b）『新しい民族問題』中公新書
梶田孝道編（1996）『国際社会学』（第二版）名古屋大学出版会
金箱秀俊（2010）「移民統合における言語教育の役割――ドイツの事例を中心に――」『レファレンス』60（12），国立国会図書館及び立法考査局，51-76頁
久保山亮（1996）「『二つの文化のはざま』という神話――ドイツのトルコ人第二世代の事例を中心に――」東京大学相関社会学編集委員会編『相関社会科学』第6号，2-22頁
久保山亮（2003）「ドイツの移民政策――移民国家型政策へのシフト？」駒井洋監修，小井土彰宏編『移民政策の国際比較』明石書店，117-178頁
久保山亮（2009）「ドイツの移民政策における自治体と中間的組織―― 1990年代後半からの政策転換と“統合”から締め出される『事実上の定住者』――」庄司博史編『移民とともに変わる地域と国家』国立民族学博物館，257-278頁
桑原靖夫（1991）『国境を越える労働者』岩波新書
小島勝（2007）『異文化間教育に関する横断的研究――共通のパラダイムを求めて――』平成16年度～18年度科学研究費補助金基盤研究B（1）研究成果報告書（研究代表者小島勝）
小林薫（2009）「ドイツの移民政策における『統合の失敗』」『ヨーロッパ研究』第8号，東京大学ドイツ・ヨーロッパ研究センター，119-139頁
駒井洋監修，小井土彰宏編『移民政策の国際比較』明石書店
小峰総一郎（2007）『ドイツの中の「デンマーク人」――ニュダールとデンマーク系少数者の教育――』学文社
近藤潤三（2002）『統一ドイツの外国人問題――外来民問題の文脈で――』木鐸社
近藤潤三（2007）『移民国としてのドイツ――社会統合と平行社会のゆくえ――』木鐸社
近藤孝弘（1996）「選択肢としての外国人教育――ドイツの事例から――」東京学芸大学海外子女教育センター編『東京学芸大学海外子女教育センター研究紀要』第8集
近藤孝弘編（2013）『統合ヨーロッパの市民性教育』名古屋大学出版会
齋藤純一（2000）『公共性』岩波書店

参考文献

【日本語文献】

安立信彦（1998）「移民のいない多文化主義――ドイツにおける外国人統合問題――」川田順造ほか編『岩波講座　開発と文化 4　開発と民族問題』岩波書店，169-183 頁

足立祐子（2009）「ドイツの現在と新潟」春原憲一郎編『移動労働者とその家族のための言語政策――生活者のための日本語教育』ひつじ書房，93-120 頁

天野正治（1993）『日本とドイツ　教育の国際化』玉川大学出版部

天野正治編（1997）『ドイツの異文化間教育』玉川大学出版部

天野正治・村田翼夫編（2001）『多文化共生社会の教育』玉川出版部

生田周二（1998）『統合ドイツの異文化間ユースワーク』大空社

生田周二（2004）「ドイツのソルブ民族をめぐる教育と課題」岡山部落問題研究所『人権 21・調査と研究』No. 168，52-61 頁

石川真作（2012a）「『移民国家』ドイツの社会空間――『並行社会』と『統合』の狭間で」石川真作・渋谷努・山本須美子編『周縁から照射する EU 社会――移民・マイノリティとシティズンシップの人類学――』世界思想社，151-173 頁

石川真作（2012b）『ドイツ在住トルコ系移民の文化と地域社会――社会的統合に関する文化人類学的研究――』立教大学出版会

伊藤亜希子（2003）「ドイツにおける外国人の子どもに対する母語教育の課題――常設文部大臣会議の決議から――」『九州教育学会研究紀要』30 号，267-274 頁

伊藤亜希子（2006a）「就学前教育における異文化間教育の構想に関する一考察――ドイツ・ビーレフェルト市の構想を事例として――」『国際教育文化研究』Vol.6，九州大学大学院人間環境学研究院国際教育文化研究会，69-80 頁

伊藤亜希子（2006b）「ドイツにおける外国人の子どもや親に対する教育支援――地方都市ビーレフェルトの事例から――」『九州教育学会研究紀要』33 号，213-220 頁

伊藤亜希子（2007a）「ドイツにおける移民支援機関の設立とその社会的背景」『国際教育文化研究』Vol.7，九州大学大学院人間環境学研究院国際教育文化研究会，49-60 頁

伊藤亜希子（2007b）「ドイツにおける移民家庭への言語教育支援――保育所におけるイニシアチブ・グループの取り組みから――」『九州教育学会研究紀要』34 号，51-58 頁

伊藤亜希子（2008）「異文化間トレランスの向上に関する一考察――ドイツにおける異文化間能力を巡る議論から――」『飛梅論集』九州大学大学院教育学コース院生論文集，第 8 号，九州大学大学院人間環境学府，1-16 頁

伊藤亜希子（2009）「保育者と移民家庭との異文化間の関係づくりを目指す試み――

略称名

人　名

キ

索　引

事項名

〈著者紹介〉

伊藤亜希子（いとう・あきこ）

1979年，鹿児島県生まれ。福岡大学人文学部講師。博士（教育学）。

九州大学大学院人間環境学府発達・社会システム専攻教育学コース博士後期課程単位修得後退学，山梨大学大学教育研究開発センター助教を経て，現職。

主著に，『多文化社会ドイツにおける排除と共生の葛藤に学ぶ教育に関する研究』（2012～2014年度科研費若手研究（B）研究成果報告書，2015年），「ドイツにおける参加を通じた移民の統合」近藤孝弘編著『統合ヨーロッパの市民性教育』（名古屋大学出版会，2013年），「保育者と移民家庭との異文化間の関係づくりを目指す試み――ドイツの保育施設における事例から――」（『異文化間教育』30号，2009年）など。

移民《いみん》とドイツ社会《しゃかい》をつなぐ教育支援《きょういくしえん》
異文化間教育の視点から

2017年2月24日　初版発行

著　者　伊藤 亜希子
発行者　五十川 直行
発行所　一般財団法人　九州大学出版会
〒814-0001 福岡市早良区百道浜3-8-34
九州大学産学官連携イノベーションプラザ305
電話　092-833-9150
URL　http://kup.or.jp/
印刷・製本／シナノ書籍印刷（株）

ISBN978-4-7985-0193-2